日本・モンゴル関係の
近現代を探る
国際関係・文化交流・教育問題を中心に

ボルジギン・フスレ 編

アジア研究報告シリーズ
No.7

風響社

まえがき

ボルジギン・フスレ

（Husel Borjigin）

　2007 年からわたくしが企画し，2008 年に正式にはじまったウランバートル国際シンポジウムは，日本とモンゴル，あるいは北東アジア諸国の政治・経済・軍事・文化とかかわる課題をテーマとして，これまで 10 回もの回を重ねてきた。その間，参加者から，若手研究者に研究発表や交流の場を提供してほしいという要望が寄せられた。その期待に応えるべく，日本とモンゴルの国交樹立 40 周年を迎えた年に第 1 回日本モンゴル青年フォーラム「新世紀を迎えた日本とモンゴル」を企画し，在モンゴル日本大使館，モンゴル・日本人材開発センターの後援，および公益財団法人三菱 UFJ 国際財団とかめのり財団の助成を得て，2012 年 8 月にウランバートルで開催した。幸いにも，それに続くものとして，公益財団法人東芝国際交流財団の助成金を得て，2013 年 9 月に第 2 回日本・モンゴル青年フォーラム「東アジアの秩序の再編における日本とモンゴル」，さらに 2014 年 8 月に第 3 回日本・モンゴル青年フォーラム「日本とモンゴル：過去から未来へ」をウランバートルで開催することができた。

　フォーラムの開催期間中，参加者は研究発表をおこなったほかに，日本人抑留死亡者記念碑やダンムバダルジャー寺の日本人死亡者慰霊堂，および日本政府の支援で建設された「太陽橋（日本橋）」などの施設も訪れ，両国友好関係への理解も促進された。また，フォーラムについて，『ウデリーン・ソニン（日報）』や『モンゴル通信』，『昭和学報』，CTV など，日モ両国の新聞社，テレビ局 10 数社による報道がされた。

　3 回の青年フォーラムで，日本，モンゴルだけではなく，中国，韓国等の国々の若手研究者も加え，計 60 本の論文が報告された。主に北東アジア社会の複雑な状況を視野に入れながら，日本とモンゴル両国の関係はどのようなプロセスをへて構築されたか，これからどのように構築していくべきかなどをめぐって，

特色ある議論が持続的に展開されてきている。

　本書は，3回のフォーラムで報告された60本の論文から10本を選び，さらに2014年12月に東京外国語大学でおこなわれたワークショップ「日本・モンゴルの国連加盟と国際関係」で報告された2本の論文も加え，中堅・若手研究者による近代以降の日モ関係についての研究成果をとりまとめた論文集である。刊行にさいしては，第3回フォーラムの開会式で挨拶してくださった昭和女子大学理事長・学長坂東眞理子先生，一橋大学名誉教授田中克彦先生，在モンゴル日本大使館参事官林伸一郎氏のご挨拶文を収録させていただいた。

　本書は，それぞれの執筆者が，分析の角度や専門分野がことなりつつも，フォーラムの趣旨のひとつである「日モの相互理解」という課題に答えようと努力を傾けたものである。それぞれの論文は執筆者の流儀にしたがったため，表記の不統一などの問題点があるが，ご容赦いただければ幸いである。

　日本において，数ある公益財団の中で，日モにおける学術交流，とりわけ日モ青年交流を助成対象とする財団は極めて少ない。2011年の東日本大震災・原発事故の影響も重なって，フォーラム開催のための資金調達は非常に厳しいものだった。それだけに，このような状況のなかでの3回にわたる日本・モンゴル青年フォーラムの開催に対して，公益財団法人東芝国際交流財団をはじめとする，日本の民間財団のご支援は誠に得がたく，貴いものである。

　青年フォーラムの開催をささえてくださった坂東眞理子先生をはじめ，モンゴル国立教育大学学長 D. ムフジャルガル（D. Munkhjargal）氏，同大学国際交流部長 N. ドラムジャブ（N. Dulamjav）氏，モンゴル国立大学理事・国際言語文化学部長 S. バトトルガ（S. Battulga）氏，モンゴル科学アカデミー国際研究所副所長 D. シュルフー（D. Shurkhuu）氏などの方々，そして，在モンゴル日本大使館，モンゴル日本人材開発センターの方々にはたいへんお世話になった。また，各回の青年フォーラムの開会式で，モンゴル科学アカデミー会員・国際モンゴル学会事務局長 D. トゥムルトゴー（D. Tumurtogoo）氏，モンゴル国外務省政策企画研究局長（現駐キューバモンゴル大使）・モンゴル日本学会会長 Ts. バトバヤル（Ts. Batbayar）氏，田中克彦先生，林伸一郎氏が，挨拶あるいは祝辞を述べてくださった。この場を借りて，上記の方々，団体，財団からのご支援・ご協力にあらためて感謝申しあげたい。さらに，一部の助成金申請において推薦状を書いて下さった桜美林大学教授中村雅子先生，論文集の一部の翻訳を担当してくださった三矢緑氏，出版をお引き受けくださり格別なご配慮をくださった風響社の石井雅社長に心よりお礼を申しあげたい。

挨拶

昭和女子大学理事長・学長
坂東眞理子
（Bando Mariko）

みなさん，おはようございます！

　本日は，モンゴル国立教育大学学長 Munkhjargal（ムンフジャルガル）様，国際モ
ンゴル学会事務総長・科学アカデミー会員 D. Tumurtogoo（トゥムルトゴー）様，
モンゴル教育科学省戦略政策企画局長 B. Nasanbayar（ナサンバヤル）様，在モン
ゴル日本国大使館参事官の林伸一郎様をはじめ，このようにたくさんの皆様に
お集まりいただき，ありがとうございます。私は，後援団体のひとつ昭和女子
大学理事長・学長を務める坂東眞理子と申します。

　20世紀以降，日本とモンゴルは密接な関係を持つようになりました。

　ご存じのように，日本では，鳥居龍蔵や江上波夫などがモンゴル研究におけ
る先駆的な業績で広く知られています。また，井上靖や司馬遼太郎に代表され
る多くの作家がモンゴルに題材をとった名作を残すなど，各分野でモンゴルと
縁を結んだ人が多くいます。今日も，日本では多くの人がモンゴルに強い関心
を持っています。

　昭和女子大学は，1920年に創立された歴史ある大学で，4学部（①人間文化学部，
②グローバルビジネス学部，③人間社会学部，④生活科学部）12学科（①日本語日本文学科，
英語コミュニケーション学科，歴史文化学科，国際学科，②ビジネスデザイン学科，③心理
学科，福祉社会学科，現代教養学科，初等教育学科，④環境デザイン学科，健康デザイン学科，
管理栄養学科）から成り，約5400人の学生が在籍しています。近年では，文部科
学省のグローバル人材育成推進事業の採択により，グローバルに活躍できる女
性の人材育成に努めています。アメリカのボストンに海外キャンパスがあり，
英語教育を盛んに行っています。また最近では積極的に海外協定校を増やすな
ど，アジア言語教育にも力を入れています。

本学では，専任教員の内，モンゴル研究に関わる者が4名もいます。そして，留学生の内，モンゴル国と内モンゴル，ロシアのブリヤートからの大学院生，学部生も何人もいます。日本モンゴル学会や，モンゴルを研究対象とする国際シンポジウムなども何回も開催されてきました。つまり，本学もモンゴルと深い縁があるのです。

　日本とモンゴルの外交樹立から40年あまりがたち，両国の関係は政治・経済・教育・文化・スポーツなどすべての分野において発展しています。1990年代以降，モンゴルは日本に国連非常任理事国の席をゆずり，日本の安保理常任理事国入りを支持してきましたし，日本は，モンゴルの民主化および経済発展に支援・協力してきました。さらに，2014年7月22日，日本とモンゴルの両政府は経済連携協定（EPA）で基本合意しました。

　この意味で，青年の視点から20世紀以降の日モ関係を検討し，そこから，日モ関係，ひいては東アジア諸国の関係をどのように構築していくべきかを分析し，特色ある議論を展開することを目的とする今回のフォーラムの開催は，非常に時機にかなったものであり，その意義も大きいと思われます。

　最後に，ご来場の皆様，新世紀を担ってゆく若い研究者，学生の皆様にとって，今回の青年フォーラムが実り多いものとなることを祈って，私のささやかな挨拶とさせていただきます。

第3回日本・モンゴル青年フォーラムへのメッセージ

一橋大学名誉教授
田中克彦
（Tanaka Katsuhiko）

このフォーラムも，2012年に第1回を開いてから，3回目を迎えました。モンゴル研究には，すでに長い伝統がありますが，このフォーラムは，モンゴルが社会主義体制を放棄し，新たに進むべき自由の道を模索する過程で生まれ，すでにでき上がった，権威主義的で老化した研究体制から，新たに発見的な研究テーマ，研究方法を勇敢に発表する場として生まれました。

私は今は青年ではありませんが，はじめてモンゴルを訪れた45年前の1968年にはまだ青年でした。その頃は，日本からモンゴルに来るのに4日間はかかりました。

当時は日本とモンゴルの間には国交がないために，日本にモンゴルの大使館がなく，モンゴルのビザを得るために，まずソ連のビザを取り，ソ連にあるモンゴルの大使館でビザをもらう必要がありました。その後，ほぼ半世紀の間にモンゴルが経験した変化は驚くべきものです。さらに1991年になると，ソ連が解体して，モンゴルは完全な独立国になりました。

モンゴルは独立を得た結果，世界の諸国と全面的な交流を発展させる自由を得ました。奇妙なことに，1990年頃までのモンゴルはアジアではなく，ソ連と東欧諸国との交流が密接で，経済の面ではアジアの国というよりは，東欧圏に属していました。それが今や，アジア諸国としっかり結ばれるようになりました。そのような過去の経験も活かしながら，モンゴルが発展することが期待されます。とりわけ最近のモンゴルは地下資源がもたらす可能性のために，世界中から熱い注目を浴びるとともに，その特色ある自然環境の保護への関心もたかまっています。

私は第1と第2回フォーラムのすべての発表を聞き，討論に参加して，この

フォーラムがすでに現代社会の現実から新しいテーマを発見し，創造的な研究への道を開拓しつつあるさまを知って感動しました。

　この歩みを止めてはなりません。今回も皆さんが積極的かつ自由に，フォーラムに参加され，急速に変化しつつあるモンゴル社会の観察と分析を深めるであろうと期待しています。

挨拶

在モンゴル日本大使館参事官
林伸一郎
（Hayashi Shinichirou）

　お集まりの皆様。日本大使館の林でございます。本日は第3回日本・モンゴル青年フォーラム「日本とモンゴル：過去から未来へ」にご招待いただき，大使館を代表してご挨拶できることを光栄に思います。

　今年は文化交流取極締結40周年という節目の年でもあります。両国間の学術交流は，これまで順調に発展してきています。本日の青年フォーラムは，20世紀以降の日モンゴル関係の検討を通じて日本とモンゴルとの友好関係の経験から何が得られるかを考えるものだとのことですが，皆様のような若手の研究者同士が同じテーマで議論を交わし，相互理解につなげていくということは，あらゆる国同士のつきあいの中で最も重要で効果的なものだと考えます。本日，皆さんが行った活発な議論が，今後の両国の学術分野及び両国の相互理解の深化に貢献するものと信じています。そして，本日の学術会議開催にあたりご尽力されたすべての関係者の皆様に御礼を申し上げますと共に，本日の学術会議のご成功を祈念し，挨拶とさせていただきます。ご清聴ありがとうございました。

目次

まえがき ……………………………………（ボルジギン・フスレ）*1*

挨拶 …………………………（昭和女子大学理事長・学長　坂東眞理子）*3*

第3回日本・モンゴル青年フォーラムへのメッセージ
　……………………………………（一橋大学名誉教授　田中克彦）*5*

挨拶 ………………………（在モンゴル日本大使館参事官　林伸一郎）*7*

モンゴル国の国連加盟 ………………（G. ミャグマルサムボー）*17*

　はじめに　*17*
　1　モンゴルの国連加盟　*17*
　2　国連における活動　*20*
　おわりに　*23*

モンゴルの国連加盟における台湾政権の対応
　………………………………………（ボルジギン・フスレ）*25*

　はじめに　*25*
　1　国連加盟の試み（1946 ～ 48 年）　*26*
　2　モンゴルの国連加盟をめぐる台湾政権の攻防　*28*
　3　1961 年のモンゴルの国連加盟と台湾政権の対応　*30*
　おわりに　*33*

1910 年代フルンボイル地域における日本人社会
　………………………………………………（ソルヤー）*41*

　はじめに　*41*
　1　外モンゴル革命前後
　　　フルンボイル地域における日本人の活動　*42*

目次

  2　ロシア革命以降のフルンボイル地域における日本人社会　*47*
　おわりに　*49*

1925 年の満鉄外モンゴル調査隊拘束事件と
モンゴル人民共和国……………………（青木雅浩）　*55*

　はじめに　*55*
　　1　1925 年の満鉄外モンゴル調査隊拘束事件について　*56*
　　2　本事件に対するモンゴル人民共和国の姿勢　*62*
　おわりに　*67*

日本人の対モンゴル観，モンゴル人の対日本観
　　：調査データからの検討　………………（湊　邦生）　*73*

　はじめに　*73*
　　1　日本人の対モンゴル観　*74*
　　2　モンゴル人の対日本観　*77*
　おわりに　*83*

20 世紀初期における日本とモンゴルの文化交流
　　：ロブサンチョイドンを事例に　（シバウチン・チョロモン）　*89*

　はじめに　*89*
　　1　日本におけるモンゴル語教育の必要性と背景　*90*
　　2　東京外語初代モンゴル人教師ロブサンチョイドン　*93*
　おわりに　*99*

現代モンゴル人の外国人観の一考察
　　：Ｂ.リンチェン『曙光』を題材として

　　　　　　…………………………………（池部尊則）　*103*

　はじめに　*103*

11

1　なぜ『曙光』か？　*103*

　　　2　内容の検討　*105*

　　　3　現代モンゴル人の外国人観の形成　*110*

　　おわりに　*115*

モンゴルをめぐる日本と中国の外交戦略

　　　　：ポスト冷戦時代を中心に………………………（泉田浩子）　*119*

　　はじめに　*119*

　　　1　モンゴルの外交政策の変化　*120*

　　　2　日本とモンゴルの関係　*120*

　　　3　中国とモンゴルの関係　*121*

　　　4　文化外交：日中のソフト・パワー　*122*

　　　5　政治外交　*125*

　　　6　経済外交　*126*

　　おわりに　*127*

1990年代前期モンゴルにおける歴史教育実践

　　　　：O教師のライフヒストリーにみる教師観・歴史観の形成

　　　　………………………………………（髙橋　梢）　*137*

　　はじめに　*137*

　　　1　分析の枠組み　*138*

　　　2　O教師のライフヒストリー　*141*

　　　3　分析的考察　*147*

　　おわりに　*149*

モンゴルの教員養成課程への授業研究

　　　　関連科目導入の意義……（ノルジン・ドラムジャブ）　*153*

　　はじめに　*153*

　　　1　モンゴルにおける教育政策の展開　*154*

2　社会体制変化後の教育改革　*156*
3　JICA 指導法改善プロジェクト　*157*
4　教員養成課程における授業研究の組織的導入の必要性　*158*
おわりに　*159*

日本とモンゴルにおける，教育の国際化に関する考察
………………………………………………………（井場麻美）*161*

はじめに　*161*
1　国際カリキュラムとは　*161*
2　日本における国際バカロレア　*162*
2　日本における国際バカロレアに関する取り組み　*163*
3　モンゴルにおけるケンブリッジスタンダード　*166*
おわりに　*177*

内モンゴル東部地域における教育の一考察………………*181*
　　　　：ホルチン左翼後旗を中心として…………（ボヤント）*181*

はじめに　*181*
1　歴史的・政治的背景　*182*
2　一中における「民族分裂集団」案件のプロセス　*187*
おわりに　*196*

日本・モンゴル関係の近現代を探る
国際関係・文化交流・教育問題を中心に

モンゴル国の国連加盟

G. ミャグマルサムボー

（G. Myagmarsambuu）

はじめに

　第二次世界大戦が人類の歴史に巨大な惨禍をもたらし，苦い教訓を残したため，戦後，人類はそれと異なる姿勢で未来に臨むことが必要になった。国家間の紛争を武力ではなく話し合いという方法で解決し，世界平和を確立するために，各国が相互理解と協力をすることが極めて重要であることをこの戦争は示したのであった。戦争の過程でそのような協力の基礎が築かれた結果，国際連合が設立されたことは周知のとおりである。

1　モンゴルの国連加盟

　第二次大戦期，モンゴル人民共和国は反ファシズム連合に加わり，戦火を消すために貢献した。モンゴルの独立に対する国際レベルでの承認問題と，第二次大戦の終わりにモンゴルが対日参戦する問題は，連合国の首脳会議の際に認められた。たとえば，ヤルタ会談でソ連の対日参戦の条件を議論して締結された文書〔ヤルタ協定〕の冒頭には「外蒙古（蒙古人民共和国）の現状を維持すること」との規定がある。

　モンゴル政府は自国の独立の強化と，世界平和の確立への貢献という観点から対日参戦の決定を下した。モンゴルの国家小会議と政府が 1945 年 8 月 10 日に発した対日宣戦布告文書には，1936 年にソ連との間で締結された相互援助議定書により負った義務を履行すること，共通の敵を殲滅しようという，民主主義諸国と自由を希求する世界人民大衆の一致した意志に団結し，連合国の行動

に貢献するため参戦することになった旨を表明した[1]。モンゴルはこの義務を立派に果たしたのである。その結果モンゴルは1946年2月13日，中華民国と外交関係を樹立し，モンゴルとソ連の間では1946年2月27日に友好相互援助条約が締結された。モンゴルの現状を米国，英国などの諸大国が認め，中国がわが国の独立を承認し，ソ連と相互援助条約を締結したことは，モンゴルの国際的権威や立場を強めた。そのようなわけでモンゴル政府は1946年6月21日，権威ある国際機関たる国連への加盟を初めて申請したのである。申請書には，モンゴルが対独・対日の第二次世界大戦に積極的に参加したことが述べられ，安全保障理事会と総会が，連合国共通の行動においてモンゴル人民大衆の果たした貢献に目を向け，モンゴルの国連加盟申請を承認することを確信する旨が表明された。また，モンゴルは国連憲章のすべての条項を厳格に遵守することも言明した[2]。モンゴル政府は国連加盟の方針を決定する際，自国の独立の強化と平和を重んずる外交政策をとり，国連加盟諸国との関係拡大，国際社会における独自の地位の獲得，それにもとづいた世界平和確立の事業のために，世界の諸国とともに取り組むことを目指していた。しかし，モンゴルが国際社会に加わる問題は少なからぬ障害に遭遇していた。国連安保理でモンゴルの国連加盟申請が初めて議論された際，賛成は6か国で，米国，英国，オランダは反対，オーストラリア，エジプトは棄権だった。その後，わが国は国連加盟申請を1948，1955，1956の各年に繰り返し提出した。

　モンゴルの国連加盟問題は未解決のまま後回しにされていたものの，わが国の政府と国民は平和のための闘いを続けていた。モンゴル国民の代表が世界のいくつもの平和会議，なかでもアジア太平洋諸国の平和大会にたびたび参加して自国民のねがいを表明し，平和のため，諸国民の友好と協力の発展のため闘っていることを表明した。1950年4月，モンゴルの国家小会議幹部会は平和擁護世界大会常任委員会のアピール〔訳注：ストックホルム・アピール〕に対する承認と支持を表明する宣言を発表した。1949年には平和擁護モンゴル大会，1950年10月には第1回モンゴル全国民平和大会（Энх тайвны талынхны бүх Монгол үндэсний анхдугаар их хурал）が開催され，平和擁護モンゴル国民委員会〔モンゴル平和委員会〕が設立された。モンゴル国家小会議幹部会は1951年2月に，戦争のプロパガンダを禁じる「平和擁護法」を制定している[3]。

　当時アジア大陸，とりわけ日本では平和をめざし，原水爆に反対する闘争が強力に展開されていた。日本では原水爆禁止協議会が結成され，原子・水素兵器を禁止宣言に3400万人あまりから署名を集め，1955年，第1回目の原水爆禁

止世界大会が広島で開催された。この大会は毎年催され，1957年8月におこなわれた第3回大会には作家のTs. ダムディンスレンを団長とするモンゴル人民共和国代表団が初めて参加した。ダムディンスレンが大会代表団を代表しておこなった「モンゴルでは，神様に悪魔がついてくると言い習わされている。まさにその通りに，原子力を発見した科学の神に原爆という悪魔がついて来た。この悪魔を退治し，死をもたらす道具を生の道具にしなければならない」との発言を，大会に参加した代表者たちと日本の世論は賛意をもって受け止め，日本の各紙はこの発言を特に掲載したのだった。8月17日，藤山外相は海外代表の団長らの訪問を受けた。藤山外相とモンゴル代表団との会談の際，ダムディンスレンは「わが国は国連加盟の意思表示を何度もおこなっているのに，今に至るまで加盟できずにいる。わが国の国連加盟を多くの国，特にアジアの諸国は支持している。日本も同様に支持してくださると私は信じている」と述べている。モンゴル側は日本との関係を発展させ，国連加盟に対する日本の支持を得ることに関心があったことをダムディンスレンの発言は裏づけている。原水爆禁止世界大会に参加した代表団は度重なる集会や対話に参加し，日本人民の原爆禁止の闘いと心は一つであることを表明し，広島市を訪れて原爆の放射線の被害を受けた子どもたちと会っている。それによってモンゴルが世界平和の擁護，大量破壊兵器禁止の闘いと連帯していることを示したのである。1957年以降日本でおこなわれた幾度もの原水爆禁止世界大会にわが国の代表団は積極的に参加している。こういったことがその後，モンゴルの国連加盟にしかるべく作用したことは疑いない。

1950年代末から1960年代はじめにかけて，植民地システムは崩壊し，他国の植民地だったアジア・アフリカ諸国は独立を獲得し，国連に加盟した。それと並行してモンゴルの対外関係も拡大し，わが国と外交関係をもつ国の数が増加するとともに，モンゴル側からの平和主義的イニシアチブや積極的活動が各国の注意を引きつつあった。たとえば，1956年に開催されたアラブ連盟理事会はモンゴルの国連加盟支持の決定を打ち出したし，インドや日本といった国ではモンゴル支援の友好協会が設立された。モンゴルの人民大会議は1957年7月8日，すべての国連加盟国の議会に向けモンゴルの国連加盟申請への支持を呼びかけている。

1961年10月25日，安保理はモンゴル・モーリタニア両国の国連加盟について議論し，さらに，11の社会主義国とインド，インドネシア，イラク，エジプトの代表が共同で提出した決議案が第16回国連総会で議論され，1961年10月

27日，モンゴル人民共和国は国連加盟国として承認された。これはモンゴル国の独立国としての歴史に大きな位置を占める重要な歴史的できごととなったのである。モンゴルが全権を有する加盟国として国連に加わったことは，みずからの独立を世界中に承認させたと同等のできごとであったと認める点でわが国の研究者らの見解は一致している。

2 国連における活動

モンゴル政府は国連憲章の目的と原則を実行するために積極的に活動し，自国が国際関係における一つのすぐれた主体であると示すことを目指していた。特に，全般的平和・安全を擁護するための国連の活動に積極的に参加し，貢献に努めていた。たとえば，1960年代，インドシナ半島で続いた戦争の停止，ジュネーブ協定の厳格な遵守にもとづくこの地域の国益保障，アラブ－イスラエルの武力衝突の終結，アラブの占領地からのイスラエル軍撤退，パレスチナにおけるアラブの法的権利の保障に向けたイニシアチブは，モンゴルの人民大会議と政府の度重なる声明や，国連のモンゴル代表部の発言に反映されていた。モンゴルはアジア大陸での集団安全保障の確立という問題に特別の注意を払い，これに関するソ連やインドなどの意見を支持するとともに，それらの実施を目指す具体的な提案をした[4]。

モンゴルは，武装解除を国連で議論しようとする提案国であった。核実験の禁止と不拡散，戦争における生物・化学兵器使用の全面禁止についての国際条約に参加した最初の締約国に含まれていたことから，1969年にはモンゴル代表がジュネーブの軍縮委員会のメンバーに加えられた。

モンゴルは国連の専門機関および地域諸機関の活動にも積極的に参加してきた。たとえば，1965年にはオラーンバータル市で「社会生活における女性の役割」をテーマとしたアジア・極東諸国のセミナー，1967年には世界保健機構（WHO）の東南アジア地域委員会の会議を開催した。モンゴル代表部は1967，1968年に第22，23回国連総会の植民地問題担当委員会の報告者と副議長，1969年には第24回総会の副議長に選出され，1968年，モンゴルはWHOの執行委員会メンバーとして3年の任期で選出された。

国連に加盟したことはモンゴルの対外関係と国際的権威と地位の向上に重要な作用を及ぼした。このことは，1963年に英国，オーストリア，フィンランド，1964年にはスイス，スウェーデン，1965年にフランスといった西側諸国がモン

ゴルと外交関係を樹立したことで裏づけられる。

こうして，モンゴルは国連およびその他の国際機関の活動にさらに積極的に参加するようになった。1970 〜 1980 年代だけでもわが国は 60 あまりの国際協定に参加したし，1978 年にはモンゴルの提案により国連の特別会議が，軍縮に資する国際軍縮週間の毎年実施を決定し，1984 年に開催された第 39 回国連総会はわが国の提案により「人民の平和への権利宣言」を採択した。わが国は国連の一部の委員会や専門機関，とりわけアジア極東経済委員会，WHO，ユネスコといった機関の活動に積極的に参加した[5]。なかでもユネスコとモンゴルの間では教育・文化に関する多方面にわたる関係と協力が生まれ発展を続けてきた。

このようにモンゴルは国連加盟以来，国際社会の活動に積極的に関与してきた。特に世界平和の確立，軍縮，戦争の脅威の一掃の面でモンゴル政府は特別の注意を払い，国際的な注目を集めるイニシアチブを発揮し，認められてきたと評価することができる。しかしモンゴルの対外政策が「社会主義システム」の共通の利益の支配を受け，イデオロギーとソビエトの影響下で決定されていた点に言及せずにすませることはできない。このことは，国連とモンゴルとの関係・協力にもマイナスに働き，わが国が国連とそれに属する諸機関の活動にさらに積極的に参加して成果を挙げ，支持や援助を受ける機会を失うこともあった点に触れずにおくことはできないのである。

モンゴルと国連の協力の新時代は 1990 年代から始まった。モンゴル国は民主主義と市場という社会関係に移行し，自立した，複数のよりどころを持つ対外政策によって立つようになったことにより，国連および諸国との関係に根本的な変化が生まれたのである。1992 年に新たに採択された憲法には，モンゴル国の対外政策の基本原則について「国際社会が共通して承認した基準と原則にもとづき，平和を重んじる対外政策を実施する[6]」と規定している。また，1994 年に採択されたモンゴル国「対外政策の基本概念」には，「モンゴル国の外交政策の第 4 の方針は，国連およびその専門機関である国際通貨基金，世界銀行，アジア開発銀行といった金融・経済機関との協力[7]」と規定されている。この政策と目的にしたがってモンゴル国の対外関係は 1990 年代以降，活発に発展しつつある。

モンゴル国が逆戻りすることなく民主主義の道へと移行したことによって，国連との間で結んだ関係と協力とを拡大し，国連からさまざまな支援を受ける機会が急激に増大した。新たな歴史的環境におけるモンゴル国と国連の関係・協力の発展ぶりを，以下に挙げるほんの 2 つばかりの例によって簡略にはっき

りと見て取ることができる。

モンゴル国の非核地帯地位

　現代において人類が直面している最大の脅威の1つが核兵器の危険である。ゆえに，国連は核兵器の不拡散と廃絶について数多くの重要な決定をしている。核兵器に関して国連が実施している政策と活動をモンゴル国は早くから積極的に支持し，協力してきたという経験がある。モンゴル国は1992年に自国の領土を非核兵器地帯と宣言し，国連総会は1998年に決議「モンゴル国の国際的安全保障と非核地位」を無投票で採択し，モンゴル国は自国の領土を非核地帯として宣言したことを総会の加盟諸国および安保理常任理事国に報告し，協力と支持を呼びかけた。モンゴルの国家大会議による2000年2月の「非核法」採択は，画期的なできごととなった。同年10月には国連安保理の常任理事国5か国がモンゴルの安全を確認するものとして国連総会と共同で声明を発表した。2001年9月にはモンゴルと国連安保理常任理事国の非政府諸組織（NGO）の代表が非公式に会談し，モンゴル国の非核地位を国際レベルで法的に保障する方法について話し合い，助言を提示した[8]。

国連の平和維持活動とモンゴル国

　モンゴル国と国連の協力の重要な方向の1つは，平和維持活動である。

　国連の平和維持常備軍システムへの貢献について，モンゴル国政府と国連の間で1999年9月，申し合わせ事項の覚書に署名がされた。これがモンゴル国軍チームを国連平和維持活動に参加させる根拠となった。この結果，2002年，少佐のCh. ユルールツェンゲルとR. ダワードルジがコンゴに国連の軍事監視員として初めて赴いたことが，わが国の軍事要員による国連平和維持活動への参加の始まりとなった。モンゴル国は2009年，チャドにおける平和維持軍に軍事要員264名からなる大隊を派遣したことで，国連平和維持活動に対する兵員派遣数上位20か国に含まれることとなった。現在のところ，モンゴル国軍の5000名あまりの軍事要員が国連の委託による平和活動で任務を遂行している。

　潘基文国連事務総長が2009年にわが国を訪問した主な目的の1つはモンゴル国軍の平和維持活動訓練の視察であった。潘基文氏はモンゴル国防相と面会し，国際平和を支える活動に参加したモンゴル国軍の軍事要員と会い，オラーンバータルにほど近いタバントルゴイという場所にある平和維持訓練センターの活動を視察した。このことは，今後における国際平和維持活動へのモンゴル国軍の

参加と任務の拡大に国連の側が関心を持っていることの表れである。モンゴル国家大会議は2011年11月24日の会議で「国連の平和維持活動とその他の国際活動に対するモンゴル国からの軍事チーム参加の一環として実施中の業務と今後講じる措置について」議論している。

おわりに

歴代の国連事務総長，クルト・ワルトハイムは1977年，ペレス・デクエヤルは1987年，コフィー・アナンは2002年，潘基文は2009年にそれぞれモンゴル国を訪問した。このことは，国連とモンゴル国の協力の発展にとって重要な後押しとなった。2011年，モンゴルは国連加盟50周年を迎えた。記念事業の一環として「国連デー：文化の多様性を祝って」をテーマとしたモンゴル芸術の公演が国連本部でおこなわれ，モンゴルの国民的なモリンホール（馬頭琴）やオルティーン・ドーの美しいしらべが国連の大会議場に響き，諸加盟国の代表や観客の耳を楽しませた。

国連加盟以降の期間にわが国は国連の26の専門機関のメンバーとなり，世界144か国と外交関係を樹立し，総会では70あまりの決議案を提出して採択され，500あまりの決議・決定に共同起草者として参加し，140あまりの国際条約を批准し，50あまりの国際・地域機関の正規メンバーとなった。このことは，わが国が国際社会の活動にいかに積極的に参加し，成果を挙げてきたかを裏づける証拠にほかならない。これまでにモンゴルは国連システムの諸機関から2億6000万米ドルあまりの無償開発援助を受けている[9]。このことは，わが国を国連の正式加盟国として国際社会がいかに支持し，わが国といかに積極的に協力して来たかを示す証拠である。

註

1　*МАХЦ-ийн түүхэнд холбогдох баримт бичгүүд. 1921-1945*, УБ., 1974. Тал 589-590（『モンゴル人民革命軍歴史関連文書集　1921 - 1945』，ウランバートル，1974年，pp. 589-590）。

2　*БНМАУ-ын гадаад харилцааны баримт бичгийн эмхтгэл. Боть I (1921-1961)*, УБ., 1964. Тал 109（『モンゴル人民共和国の対外関係文書集　第1巻［1921 - 61年］』，ウラバートル，1964年，p. 109）。

3　*Монгол улсын түүх. Тавдугаар боть. (XX зуун)*, УБ., 2003. Тал 258-259（『モンゴル国史［20

世紀]』第 5 巻，ウラバートル，2003 年，pp. 258-259)。

4 *Монгол улсын түүх. Талдугаар боть. (XX зуун)*, УБ., 2003. Тал 282-283(前掲『モンゴル国史』第 5 巻，pp. 282-283)。

5 *Монгол улсын түүх. Талдугаар боть. (XX зуун)*, УБ., 2003. Тал 356-357(前掲『モンゴル国史』第 5 巻，pp. 356-357)。

6 *Монгол улсын Үндсэн хууль*, Аравдугаар зүйл, 1 дүгээр заалт (『モンゴル国憲法』第 10 条第 1 項)。

7 *Монгол улсын Гадаад бодлогын үзэл баримтлал* (『モンゴル国の対外政策の基本概念』)。

8 А. Төвшинтөгс, *Хүйтэн дайны дараах Монголын аюулгүй байдлын гадаад орчин (Судалгааны бүтээлийн түүвэр)*, УБ., 2012. Тал 234-235 (А. トゥブシントゥグス『冷戦後におけるモンゴル安全保障の外部環境（論集)』，ウランバートル，2012 年，pp. 234-235)。

9 Д. Наранцэцэг, "Дэлхийн хамтын нийгэтлэгт эзлэх Монгол улсын байр суурь", *MONGOLICA*. Vol. 22(43). УБ., 2009. Тал 171 (D. ナランツェツェグ「国際社会に占めるモンゴルの位置」『MONGOLICA』Vol. 22[43], ウランバートル , 2009 年，p. 171)。

参考文献

А. Төвшинтөгс, *Хүйтэн дайны дараах Монголын аюулгүй байдлын гадаад орчин (Судалгааны бүтээлийн түүвэр)*, УБ., 2012 (А. トゥブシントゥグス『冷戦におけるモンゴル安全保障の外部環境（論集)』，ウランバートル，2012 年).

БНМАУ-ын гадаад харилцааны баримт бичгийн эмхтгэл. Боть I (1921-1961), УБ., 1964 (『モンゴル人民和国の対外関係文書集 第 1 巻［1921 − 61 年]』，ウラバートル，1964 年).

Д. Наранцэцэг, "Дэлхийн хамтын нийгэтлэгт эзлэх Монгол улсын байр суурь", *MONGOLICA*, Vol. 22(43). УБ., 2009 (D. ナランツェツェグ「国際社会に占めるモンゴルの位置」『MONGOLICA』Vol. 22[43], ウランバートル，2009 年).

МАХЦ-ийн түүхэнд холбогдох баримт бичгүүд. 1921-1945, УБ., 1974 (『モンゴル人民革命軍歴史関連文書集 1921 − 1945』，ウランバートル，1974 年).

Монгол улсын Гадаад бодлогын үзэл баримтлал (『モンゴル国の対外政策の基本概念』).

Монгол улсын Үндсэн хууль. (『モンゴル国憲法』).

Монгол улсын түүх. Тавдугаар боть. (XX зуун), УБ., 2003 (『モンゴル国史［20 世紀]』第 5 巻，ウラバートル，2003 年).

(訳＝三矢 緑)

モンゴルの国連加盟における台湾政権の対応

ボルジギン・フスレ

（Husel Borjigin）

はじめに

　1961 年のモンゴル（当時のモンゴル人民共和国）の国連加盟は，同国の国際政治や外交史において重要なできごとである。モンゴルの国連加盟をめぐって，学界では数多くの議論がかさねられてきた。モンゴルでは，同国の国連加盟におけるモンゴル・ソ連友好関係を主眼とする伝統的解釈[1]から，近年では，モンゴル・日本関係，モンゴル・アメリカ関係が脚光を浴びるようになっている[2]。他方，台湾と中国では，台湾・アメリカ関係ないし日台関係，中ソ関係，中国・アメリカ関係の枠組みでのみ捉えられ，アメリカがモンゴルの国連加盟を認めたのは，国連における中華人民共和国の代表権を阻止するためであったと考えてきた[3]。なかには，モンゴルの国連加盟は「歴史的必然」だとかんがえる者もいれば[4]，アメリカがモンゴルを独立国家とみなしてその国連加盟を許可し，中国の利益を犠牲にしたことを批判する者もいる[5]。日本では，日本・台湾，日本・アメリカ，台湾・アメリカ関係史，あるいは中ソ関係史のなかでモンゴルの国連加盟が位置付けられている[6]。欧米では，ケネディ外交，とりわけ同時代のアメリカ政府の中国・台湾・ソ連外交の独自性，あるいは当時の衛星国としてのモンゴルとソ連の関係が研究の論点となっているが[7]，近年では，冷戦時代というより，むしろ国交樹立の 1987 年以降のアメリカ・モンゴル関係が検討の的になっている[8]。

　先行研究に示されているように，モンゴルの国連加盟は，冷戦時代の複数の枠組みのなかで，さまざまな視点から検討できる。モンゴルは，1946 年 6 月から国連加盟を申請しつづけ，15 年かけて 1961 年 10 月にやっと加盟を実現した。本報告はモンゴルの国連加盟をめぐって，当時の台湾政権の対応を中心に考察

25

する。従来，このテーマについて，沈碧雲，張紹鐸などが英語や中国語の資料を利用し，アメリカ政府の外交政策の戦略的転換や台湾・アメリカ間の外交交渉を詳細に検討しているが，沈碧雲の同研究がなされた時代，台湾ではまだ多くの外交史料が公開されていなかった[9]。先行研究を巧みに利用して蔣介石外交の二面性を明らかにした張紹鐸の研究がその根拠とした資料は主に公刊された台湾，アメリカの外交史料であり[10]，公刊されていない台湾の総統府・副総統府の史料や外交部（外務省）の資料などは利用していない。ほかの研究においても，主に1961年の蔣介石の台湾政権とアメリカの交渉に集中しており，とりわけ，アメリカの政策転換や台湾政権のフランス，ブラザビル・グループ（アフリカの旧フランス領諸国のグループ），ラテンアメリカ諸国との交渉などについての検討は欠けている。本研究はモンゴルの国連加盟の空白のひとつを埋めるために，近年，筆者が台湾での調査で収集した，これまでの研究で利用されていない総統府・副総統府及び外交部の資料に基づき，モンゴルの国連加盟をめぐる台湾政権の対応の一側面を分析するものである。

1　国連加盟の試み（1946 ～ 48 年）

国際連合（以下，「国連」とする）は，国際連盟をもとに，アメリカ，ソ連，イギリス，フランス，中華民国といった第2次世界大戦における連合国を中心として，1945年10月24日に正式に発足した（原加盟国は51ヵ国，現加盟国は193ヵ国）。モンゴルの国連加盟を考察するには，第2次世界大戦後における東アジアをめぐる国際秩序の形成の歴史的文脈にまで立ち返らねばならない。よく知られているように，1945年10月の国民投票を経て，1946年1月5日，中華民国政府はモンゴル人民共和国の独立の承認を公表した[11]。同年2月，モンゴル人民革命党中央委員会書記スレンジャブがモンゴル人民共和国代表団を率いて中国を訪問し，重慶で中華民国政府主席蔣介石や外交部長王世杰らと会見した。同月13日，モンゴル人民共和国と中華民国は外交関係を結んだ[12]。モンゴルと中華民国の国交樹立を1946年2月10日だとする研究者もいるが[13]，実際には，この日，モンゴル代表団はまだ重慶で王世杰外交部長（外相）をはじめとする中国政府の代表と会談をおこなっており，外交関係樹立に関する覚書を交わしていない[14]。

1946年6月21日，ソ連の支持を得て，モンゴル首相チョイバルサンは国連事務総長トリグブ・リー（Trygve Halvdan Lie, 1896 ～ 1968 年）に電報をおくり，

26

モンゴルの国連加盟に関する意思を表明した[15]。同年8月17日に，モンゴル国家計画委員会議長ツェデンバルを団長とするモンゴル代表団がニューヨークにおもむき，同月28日におこなわれた安全保障理事会（以下，「安保理」とする）会議でモンゴルの事業と国連加盟の申請を報告した。同会議で，モンゴル，スウェーデンなど計9ヶ国の加盟申請は審議されたが，投票では，アフガニスタンとアイスランド，スウェーデン，タイの4ヶ国のみが承認され，モンゴルなど5ヶ国の加盟は否認された。モンゴルに対して，投票権を持つ11ヶ国のうち，賛成6（ソ連，フランス，中国［中華民国］，ポーランド，メキシコ，ブラジル），反対3（アメリカ，イギリス，オランダ），棄権2（オーストラリア，エジプト）であった[16]。ソ連はポルトガルなど3ヶ国に反対票を投じた。「モンゴルの国際的地位のことをあらためたい」という駐国連中華民国政府代表の発言を根拠に，学界では，蒋介石政権のこの時の立場は「賛成票とは言えない」という意見もあるが[17]，結果として，中華民国が賛成票を選んだのは事実である。

　中華民国外交部（外務省）は，同年10月19日に南京でおこなわれた全国臨時参議会会議において，同国が安保理でモンゴルの国連加盟に賛成票を投じた理由について，書面（文書）による公式的な説明を提出した。それによれば，中華民国はすでに同年1月5日にモンゴルの独立を承認したため，その国連加盟採決において公的に横やりをいれることをしてはならなかったという[18]。

　翌1947年8月18日，モンゴルの国連加盟申請が再度安保理で審議されたが，投票の結果，賛成3（ソ連，ポーランド，シリア），反対3（アメリカ，イギリス，中国），棄権5（フランス，オーストラリア，ベルギー，ブラジル，コロンビア）となって，加盟はやはり実現できなかった。中華民国は，同年7月にモンゴルと新疆に接するバイダグ・ボグド（北塔山）地域でおきた国境紛争をモンゴルの中国に対する侵略とみなし，それを理由に反対票を投じた[19]。前年，モンゴルの加盟を支持していたフランスとブラジルがこの時「棄権」を選んだことからみると，安保理での中華民国のモンゴルに対する批判はある程度効果があったと思われる。とはいえ，実際，この時期，国連を主導できたのはやはりアメリカとソ連であった。1946と47年の2回の投票で，反対票を投じたアメリカとイギリスはかつてのヤルタ協定の調印国である。1945年2月のアメリカ・イギリス・ソ連3国首脳会談でむすばれた「ヤルタ協定」では，「外モンゴル（モンゴル人民共和国）の現状維持」（第2条）という項目が定められたが，アメリカとイギリスはあくまでもソ連の対日参戦の条件として提出した同項目をみとめたのであり，国際秩序の編成におけるソ連の勢力の拡大や，その忠実な盟友モン

ゴルの国連加盟は，けっして望まなかった。

2　モンゴルの国連加盟をめぐる台湾政権の攻防

　一方，1948年9月朝鮮民主主義人民共和国（以下，「北朝鮮」とする）が成立し，翌10月にモンゴルと国交関係を樹立した。さらに1949年10月に中華人民共和国が誕生し，同月6日，モンゴルと国交関係をむすんだ。中国の政権を失った後，蔣介石の中国国民党政権は台湾に移った（以下，「台湾政権」とする）。このように，東アジアの秩序は新たに再構築されることになり，ソ連・中国・モンゴル・北朝鮮対アメリカ・日本・台湾・韓国という東アジアの冷戦秩序が形成された。

　こうした状況のなか，モンゴルの国連加盟を実現させるため，イニシアチブをとったのはソ連であった。1949年10月31日の第4回国連総会第25回会議で，ソ連の提案のもと，モンゴルを含む13ヵ国の国連同時加盟の審議がおこなわれた。うたがいなく，ソ連には，アメリカ陣営の立場にたつ国とモンゴルの国連加盟を一括して採択させるという苦心があった。しかし，投票の結果，それは拒否された。

　翌1950年の第5回国連総会で，同じくソ連の提案のもと，モンゴルを含む14ヵ国の国連同時加盟の審議がおこなわれたが，それも拒否された。モンゴルの国連加盟を支持したのは，いうまでもなく，ソ連をはじめとする東側諸国であったのに対し，それにつよく反対したのはアメリカを中心とする西側諸国であった。反対の理由としては，主に「モンゴルが独立国家として証明されるには時間が必要」ということだったとされている。これに対し，ソ連をはじめとする東側諸国は，「モンゴル人民共和国は主権国家としてのすべての要素をもっており，また，対日戦争に参加し，重要な位置を占めていた」と主張し，同国の国連加盟を支持しつづけた[20]。国連成立当初の加盟国51ヵ国のうち，アメリカを支持する国はソ連より数の上でリードしており，国連総会の各議案の票決において，ソ連にとってはやや不利な面があった。そのため，新しい国の国連加盟において，ソ連は数ヶ国の一括加盟の案をつくりだした。西側の立場にたつ国の国連加盟の申請の際に，ソ連は必ずモンゴルを含む東側の立場にたつ国々もあわせて申請させる。ソ連陣営の立場にたつ国の加盟が否定される場合，常任理事国のソ連はアメリカ陣営の立場にたつ国の加盟に対し「拒否権」を行使する。結局，この数ヶ国の一括加盟の審議方法は，ソ連陣営とアメリカ陣営が互いに牽制しあうシステムになっていた。国連成立当初の加盟国は51ヵ国で，

28

1946 年にはスウェーデンなど 4 ヵ国が加わり，1947 年にはイエメンとパキスタ
ン，1948 ～ 50 年にはイスラエルとインドネシア，ビルマ（現在のミャンマー）
がそれぞれ加盟を果たした。しかし，1951 年から 1954 年の 4 年の間に加盟申請
をした国はいずれも承認されなかった。その間，台湾政権は 1953 年 2 月 25 日に，
ソ連による中国共産党に対する援助は 1945 年 8 月に結んだ「中ソ友好同盟条約」
の違反だという理由で，同条約を廃止する（いわゆる「中華民国控蘇案」）と通
告した。台湾政権の言い分によれば，それはモンゴルの独立承認をとりけすも
のとされた[21]。

　1950 年代なかばになると，モンゴルを含む数ヶ国の国連一括加盟案は日本と
もかかわるようになった。周知の通り，かつて国際連盟常任理事国であった日
本は，1933 年 3 月 27 日に正式に同連盟を脱退したこと，その上，第 2 次世界大
戦で敗戦国となったこともあり，国連への加盟には紆余曲折を伴った。モンゴ
ルの国連加盟を実現させるため，ソ連は，日本という，アジアにおけるアメリカ
の最も重要な同盟国の加盟とあわせて国連にうけいれさせる戦略をたて，関係
諸国に働きかけた。それは日本人抑留者の帰還などともかかわりをもたされた。
1945 年 8 月にモンゴル人民共和国により拘束され，1954 年 6 月にモンゴルから
中国にひきわたされた小山義士ら 4 人は中国で 1 年余り拘束された後，1955 年
12 月 14 日に興安丸で日本にむかった[22]。小山らがこの時に日本に送還されたの
は偶然ではなく，象徴的な意味があった。実際，同月 15 日，国連加盟を申請し
た 18 ヵ国（東側 5 ヵ国，西側 13 ヵ国）を一括してうけいれるという，スウェー
デンをはじめとする 28 ヵ国の提案が国連総会で支持をえた。小山らが 12 月 18
日にやっと日本に帰国できた時，国連ではまさに，モンゴルと日本など 18 ヵ国
の一括加盟に対する審議がおこなわれていた[23]。中国も，この時期から，日本人
抑留者の日本への送還を，国交樹立を含む対日外交交渉の一枚のカードとして
利用していた。1950 年 7 月，中国はソ連から日本人捕虜 969 名をうけいれ，そ
れにもともと中国で拘束された日本人捕虜をくわえ，1954 年 9 月の段階で，中
国に生存する日本人捕虜は 1069 名いた。1955 年 11 月，中国の最高指導者毛沢
東は，「日本戦犯 1019 名のうち，600 ないし 700 名は近いうちに釈放する」と公
表した[24]。また，周恩来首相は同年 4 月にインドネシアでおこなわれたアジア・
アフリカ会議（Asian-African Conference，すなわちバンドン会議）でアメリカと
の衝突はぜひとも避けたいことを表明し，さらに同年 8 月にジュネーヴでおこ
なわれた会談で，朝鮮戦争で拘束したアメリカ捕虜 10 数名の釈放を宣言した[25]。
　台湾政権は，ソ連の意図を十分認識しており，アメリカなどの国に働きかけ，

モンゴルの国連加盟を懸命に阻止しつづけた。これまでの研究では，モンゴルの国連加盟に対して，アメリカ政府の政策転換は，1961年1月のケネディ（John F. Kennedy, 1917 〜 63年）政権の樹立を境としているが，実際には，1949年のモンゴルの国連加盟に対する安保理の投票において，アメリカは棄権を選んでいる[26]。また，台湾の外交官薛毓麒（Xue Yuqi, 1917 〜 2001年）の証言によれば，次に述べる安保理の投票の前に，アメリカ大統領アイゼンハワー（Dwight David Eisenhower, 1890 〜 1969年）は蔣介石にすくなくとも2度電話をかけ，モンゴルの国連加盟に対して拒否権を行使しないように，説得した。しかし，蔣介石の態度は強硬で，ニューヨークの中国代表部や駐アメリカ台湾大使館などの関係者に，モンゴルの加盟に拒否権を行使するよう指示した[27]。安保理での審議の前に，ソ連側は，台湾政権がモンゴルの加盟に対し拒否権を行使する場合，ソ連は日本の加盟に拒否権を発動すると明言している。そのため，日本とアメリカは台湾政権に，モンゴルの国連加盟を否決しないように働きかけつづけた。カナダなどの国もモンゴルの国連加盟を支持し，台湾政権のやり方に不満をあらわした[28]。

1955年12月，国連加盟を申請した18ヵ国（東側5ヵ国，西側13ヵ国）を一括してうけいれるという，スウェーデンをはじめとする28ヵ国の提案が国連総会で支持をえた。しかし，すでに知られているように，同月17日，台湾政権が安保理でモンゴルの加盟に対し拒否権を行使し，ソ連が日本の加盟に拒否権を行使したため，モンゴルと日本を除く16ヵ国のみが承認された。加盟できなかった日本は台湾政権に対して，遺憾の意をあらわした[29]。『ニューヨーク・タイムズ』（*The New York Times*）などアメリカの一部の新聞ですら，台湾政権を批判する立場にたった[30]。

1955年12月，国連総会での審議において，モンゴルと日本は比較的有利な位置にあったが，このように，常任理事国という特権をもつ政権の反対により，その国連加盟の夢はかなわなかった。

3　1961年のモンゴルの国連加盟と台湾政権の対応

モンゴルと日本の国連加盟は1955年12月に果たせなかったが，このことによって，両国は互いに対する関心を強めることとなった。翌1956年3月8日，日本の共同通信の記者が北京で駐中国モンゴル国大使館2等書記官ツェレンツォゴルと会談した際，「昨年，国連加盟の申請をした経験によって，日本の国民は

モンゴルに対してたいへん関心をもつようになった」とかたった[31]。

　1956 年 10 月に日本とソ連は国交を回復し，同年 12 月の安保理でモンゴルと日本の国連加盟は再度審議され，日本の加盟は承認されたものの，モンゴルの加盟は認められなかった。モンゴルの加盟に対する投票の結果は，賛成 4（イラン，ペルー，ソ連，ユーゴスラビア），反対 2（台湾，キューバ），棄権 5（オーストラリア，ベルギー，フランス，イギリス，アメリカ）であった。1957 年 9 月の安保理での審議では，賛成 2(ソ連，スウェーデン)，反対 5(台湾，アメリカ，フィリピン，コロンビア，キューバ)，棄権 4（オーストラリア，フランス，イギリス，イギリス）となって，ふたたび否決された[32]。否決された主な理由のひとつは，上でもとりあげた「モンゴルが独立国家として証明されるには時間が必要」ということだったが，関係諸国のなかでは，各国に代表をモンゴルに送らせ，その独立国家としての資格を検証させたらいいではないかという議論もあったが[33]，台湾の指導層内部では，それは 1945 年 10 月のモンゴルの国民投票に対する中華民国の代表派遣とおなじで，二の舞を演じることにすぎないと考え，断念させた[34]。

　当時の台湾政権は，モンゴルの国連加盟に反対しただけではなく，モンゴルの国際連合アジア極東経済委員会（ECAFE，現アジア太平洋経済社会委員会）や万国郵便連合（UPU）などの組織への加入も阻止しつづけた[35]。

　他方，1960 年のアメリカ大統領選挙で，民主党候補のケネディ（John F. Kennedy, 1917 ～ 63 年)が僅差で共和党のニクソン（Richard Nixon, 1913 ～ 94 年）に勝利し，翌 1961 年 1 月 20 日に第 35 代大統領に就任した。ケネディ政権は，発足直前からすでに極東地域に対する政策を慎重に検討し，みなおしはじめていた。ケネディ政権の政策転換の理由としては，すでに指摘されているように，以下のいくつかの点が考えられる。第 1 に，国際社会，とりわけ東南アジア諸国，アフリカ諸国におけるソ連と中国の影響力が次第に高まったこと。第 2 に，モンゴルが政治，経済，文化などの分野においてすでに向上してきていたこと[36]。また，筆者の考えでは，1959 年 1 月のキューバ革命で，親アメリカのフルヘンシオ・バティスタ政権が打倒され，フィデル・カストロの革命政権が樹立されたことは重要だったと思われる。これについては，別稿にゆずりたい。

　政権交代において，アメリカ国務省極東局国務次官補（東アジア・太平洋担当）パーソンズ（J. Graham Parsons, 1907 ～ 1991 年）は，新政権の国務長官ラスク（Dean Rusk, 1909 ～ 94 年）に，国務省の一部の幹部により作成された極東政策に関する秘密文書をわたした。その第 1 項は「共産党中国（中華人民共和国）

の周辺の国々での自由を発展させること」であった。これは，アメリカの対モンゴル政策の見直しも意味するものであった[37]。

それに先立つ 1960 年 12 月 3 日，国連安保理が独立したばかりのモーリタニアの国連加盟申請について討議した際，ソ連代表はただちにモンゴルの国連加盟案を提起した。すでに指摘されているように，ソ連の意図にはモンゴルの国連加盟をモーリタニアの国連加盟にリンクさせる意味があった。(すなわち，モンゴルの国連加盟が安保理に否定される場合，ソ連はモーリタニアの加盟に拒否権を行使するということである)[38]。その後，ソ連の提案が採択されなかったため，ソ連はモーリタニアの国連加盟に拒否権を発動した。

ケネディ政権発足後の 1961 年 2 月 4 日，国務省の幹部ストーセル（Walter J. Stoessel, 1920 ～ 86 年）はさらに「アメリカの外モンゴル政策」という報告書を同省に提出した。これはアメリカのモンゴル承認および国連加盟問題を中心的内容とするものだった。その後，国務省内部では，引き続きこれらのことが繰り返し検討された。

同年 4 月，ソ連はブラザビル・グループの諸国の立場も配慮し，モンゴルとモーリタニアを同時に加盟させる案を国連に提出した。

同年 5 月 3 日，欧州局国務次官補コーラー（Foy D. Kohler, 1908 ～ 90 年）が国務省で検討した意見をまとめた。その結論はモンゴルの独立および国連加盟の承認はアメリカの国益になるというものだった[39]。すなわち，アメリカがモンゴルの独立を承認し，ウランバートルに大使館を設置することで，中ソに関する情報を収集することができるだけではなく，両国に対する牽制の意義もあるという内容である。それを受けて，国務長官ラスクがケネディ大統領に，「アメリカは外モンゴルの主権の問題を再検討し，国連への加盟を支持するか，（関係諸国と）一緒に提案すべきだ」と提案した。

ケネディ政権の極東政策のみなおしを察知した台湾政権は，同政権の駐国連代表部や，駐アメリカ大使館や外交部だけではなく，政府代表団の派遣などをとおして，アメリカ政府と交渉し，モンゴルの独立と国連加盟の承認に懸命に反対した。このプロセスについては，陳慧中，張紹鐸などがすでに詳しく考察しているので[40]，ここではくりかえさない。ただし，この交渉についてのこれまでの研究の問題点をいくつか指摘しておきたい。第 1 に，上で述べたように，アメリカがモンゴルの国連加盟を拒否しなかったのは，モンゴルをとおしての中ソに関する情報収集と両国の牽制という戦略的意図があったからで，一部の研究者がいうように，単にアメリカが国連における中華人民共和国代表権を阻

止するためであったとは限らない。第2に，極東地域に対するケネディの方針
は 1961 年にみなおされたが，アメリカ政府内部では中国やモンゴルに対する考
え方は一枚岩ではなく，複数の意見があった。台湾政権の干渉もあり，1961 年，
モンゴルは国連に加盟したものの，アメリカとの国交はかなわず，結局，両国
の国交の樹立は何度も延ばされ，1987 年になってやっと実現したのである。第
3に，台湾政権内部の意見も完全に一致したものではなく，実際，駐アメリカ大
使葉公超（Ye Gongchao, 1904 ～ 81 年）と外交部長沈昌煥（Shen Changhuan, 1913
～ 98 年）の間では考え方がことなっていた。強硬な態度をとる外交部長沈昌煥
が，モンゴルの国連加盟に対していかなる条件もうけいれず反対票を投じるべ
きだと主張するのに対し，駐アメリカ大使葉公超は，何よりも国連における台
湾政権の議席を維持することを重視していた[41]。結果として，台湾はその後国連
の議席と常任理事国としての資格を 10 年持ちつづけたが，葉公超は 1961 年 10
月に突然台湾に呼び戻されて職務を解かれ[42]，スケープゴートになった。第4に，
これまでの研究のなかには，台湾のモンゴル国連加盟に対する阻止は主に蒋介
石個人の意志によるものとされ，強調される傾向があるが，実際には，対アメ
リカ交渉において，蒋介石は常に外交部長沈昌煥など重要な人物とも協議しつ
づけている。この時期の蒋介石からのアメリカ大統領などに宛てた厳しい言葉
づかいの電報・手紙の多くも，蒋介石周辺の複数の側近などと議論され，決定
されたものである[43]。

　ソ連がモーリタニアの加盟を利用してモンゴルの加盟を提起することを意識
した台湾政権は，アメリカ政府と交渉すると同時に，同政権の外交部や国連駐
在機構，大使蒋廷黻（Jiang Tingfu, 1895 ～ 1965 年），駐欧米諸国の大使館（とり
わけ駐フランス大使館），駐西アジア，ブラザビル・グループ，ラテンアメリカ各
国の大使館，および台湾に駐在する各国の大使館に対して，台湾政権はモーリ
タニアの国連加盟を支持するが，モンゴルの国連加盟には反対するとして，モ
ンゴルとモーリタニアの同時加盟をさせないよう働きかけをつづけた[44]。

　10 ヶ月間近くにわたるアメリカと台湾政権の交渉をへて，1961 年 10 月中旬，
蒋介石の台湾政権は，モンゴルの国連加盟に対し拒否権を行使しないことをき
めた。

おわりに

以上の考察からわかるように，モンゴルの国連加盟において，ソ連はもとよ

り，アメリカ，台湾政権の役割は非常に重要であった。1946年の国連安保理での審議を除き，1960年までの各回の投票において，台湾は終始反対していた。アメリカの場合は，けっしてすべての投票に反対したわけではなく，時には棄権し，1955年にはさらに，台湾に拒否権を行使しないようよびかけた。モンゴルの国連加盟を阻止するため，台湾政権は，アメリカだけではなく，ヨーロッパや西アジア，ブラザビル・グループ，ラテンアメリカなどの国々に働きかけつづけた。モンゴルを含む極東地域に対するアメリカ政府の政策の戦略的転換は，国際情勢の変化と，モンゴルの地政学上の重要性によるものであり，それは今日でも，モンゴルの国際的地位に反映されている。

註

1 モンゴル科学アカデミー歴史研究所編著，二木博史，今泉博，岡田和行訳『モンゴル史』（[2] 恒文社，1998年）。

2 Д. Наранцэцэг, "Дэлхийн хамтын нийгэмлэгт эзлэх Монгол улсын байр суурь", *MONGOLICA*. Vol 22(43)., Улаанбаатар, 2009（D. ナランツェツェグ「国際社会に占めるモンゴルの位置」*MONGOLICA*. Vol 22[43], ウランバートル，2009年）。Ts. バトバヤル著，ナチンションホル訳「モンゴルと日本の国交正常化の政治史（1960～1972年）」（『モンゴルと日本』第47巻第2号［総126号］，2013年，pp. 79-99）。ダグワーオチル・ボムダリ「モンゴルの国連加盟をめぐる台湾との関係（1944～1961年）」（『危機管理研究』第21号，2013年，pp.46-52）。他。

3 沈碧雲『外蒙古進入連合国之研究』（国立大学政治大学外交研究所修士論文, 1980年）。陳志奇『美国対華政策30年』（中華日報社，1981年）。陶文釗『中美関係史（1949～72年）』（上海人民出版社, 1999年）。胡為真『美国対華「一個中国」政策之演変』（台湾商務印書館，2001年）。牛大勇「肯尼迪政府与1961年連合国中国代表権問題之争」（『中共党史研究』2000年第4号, pp. 78-84）。牛大勇，沈志華『冷戦与中国的周辺関係』（世界知識出版社, 2004年）。梁志「1961年中国在連合国的代表権問題中的蒙古因素」（『当代中国史研究』第8巻第1号，2001年，pp. 47-56）。周谷『外交秘聞：一九六〇年代台北華府外交秘辛』（聯經出版，2006年）。張紹鐸『国連中国代表権問題をめぐる国際関係（1961～71年）』（国際書院，2007年）。陳慧中『甘迺迪政府処理外蒙入会聯合国之決策過程』（淡江大学美国研究学系［研究所］組碩士論文，2003年）。陳紅民「蒋介石与1961年連合国"外蒙入会案"」（『社会科学期刊』2012年第2号, pp. 123-131）。温強『肯尼迪政府与中国：「遏止但不孤立」政策的縁起』（天津古籍出版社，2005年）。他。

4 梁志，前掲「1961年中国在連合国的代表権問題中的蒙古因素」（p. 55）。

5 唐小松「1961年美蒋関与外蒙古連合国代表権問題的論争」（『史学月刊』2003年第1号，pp. 61-65）。

6 大村立三『2つの中国』（弘文堂，1961年）。佐藤紀久夫「国連総会と国府の出方：モ

ンゴル加盟問題が焦点」(『世界週報』1961 年 8 月号, pp.12-13)。坂本是忠『モンゴル
の政治と経済』(アジア経済研究所, 1969 年, pp. 65-67)。同『辺疆をめぐる中ソ関係
史』(アジア経済研究所, 1974 年)。同「中ソ間におけるモンゴルの地位」(アジア・
アフリカ国際関係研究会『中国をめぐる国境紛争』[アジア・アフリカ国際関係史叢書
第 2 巻] 巌南堂, 1977 年, pp. 107-124)。清水麗「台湾における蒋介石外交：1961 年の
国連問題をめぐる原則と妥協」(『常磐国際紀要』第 6 号 [常磐大学国際学部], 2003 年,
pp. 73-94)。川島真, 清水麗他『日台関係史：1945 ～ 2008』(東京大学出版会, 2009 年).
石川誠人「信頼性の危機と維持：1961 年国連中国代表権問題をめぐる米華関係」(『中
国研究月報』第 61 巻第 12 号, 2007 年, pp. 21-33)。他。

7　George G. S. Murphy, *Soviet Mongolia, A study of the Oldest Political Satellite*, Berkeley:
University of California Press, 1966. Gerard M. Friters, *Outer Mongolia and Its International
Position*, Baltimore: Johns Hopkins Press, 1949. Gordon H. Chang, *Friends and Enemies: the
United States, China, and the Soviet Union, 1948-72*, Stanford: Stanford University Press, 1990.
William Bundy, *A Tangled Web, The Making of Foreign Policy in the Nixon Presidency*, New York:
Hill and Wang, 1998.

8　Alicia J. Campi, "U.S. Government Policies Towards Mongolia in the Last 20 Years – a Review",
Mongolian & Tibetan Quarterly, Vol.19, No.3, 2010, pp. 82-95; Alicia J. Campi, "Mongolia's
Strategic Views on the Roles of Russia and China in its Future Development", *Mongolian &
Tibetan Quarterly*, Vol.21, No.2, 2012, pp. 80-95.

9　沈碧雲, 前掲『外蒙古進入連合国之研究』。

10　張紹鐸, 前掲『国連中国代表権問題をめぐる国際関係 (1961 ～ 71 年)』。

11　『国民政府公報』(第 951 号, 1946 年 1 月 7 日)。王永祥『雅爾達密約與中蘇日蘇関係』
(東大図書公司, 2003 年, p. 427)。

12　外交部西亜司「外蒙申請加入連合国問題大事記」(1961 年 8 月 18 日, 外交部档案, 中
央研究院近代史研究所 [台北], 11-AFR-02075)。

13　O. Батсайхан, *Монгол үндэстэн бүрэн эрхт улс болох замд* , Улаанбаатар, 2007, тал 353 (O.
バトサイハン『モンゴル民族の独立への道に』, ウランバートル, 2007 年, p. 353)。

14　外交部西亜司, 前掲「外蒙申請加入連合国問題大事記」。万仁元, 方慶秋主編『中華民
国史史料長編』(第 68 集, 南京大学出版社, 1993 年, p. 479)。なお, 両国の国交締結
とその交渉について, 田淵陽子「1946 年 2 月外交関係樹立をめぐるモンゴル人民共和
国と中華民国：『エリンチンソノム記録』をもとに」(『現代中国』No.77, 2003 年, pp.
67-82) を参照。

15　台湾の資料によれば, 国連がモンゴルの国連加盟申請を受理したのは 1946 年 6 月 24
日である。外交部西亜司, 前掲「外蒙申請加入連合国問題大事記」。

16　*UN Security Council*, Official Records, First Year, 1946, p. 42.

17　ダグワーオチル・ボムダリ, 前掲「モンゴルの国連加盟をめぐる台湾との関係 (1944
～ 1961 年)」(p.48)。

18　外交部西亜司, 前掲「外蒙申請加入連合国問題大事記」。

19　坂本是忠, 前掲「中ソ間におけるモンゴルの地位」(pp. 113-114)。

20 沈碧雲，前掲『外蒙古進入連合国之研究』（pp. 69-70）。

21 ボルジギン・フスレ「1945 年のモンゴル人民共和国の中国に対する援助：その評価の歴史」（『SGRA レポート』第 24 号，2004 年，p. 12）。

22 「中共から百三十人，中国赤十字から三団体に入電，モンゴル戦犯四人も送還」（『朝日新聞』［日刊］1955 年 11 月 6 日）。

23 ボルジギン・フスレ「日本人抑留者の帰還をめぐる国際関係についての一考察」（『学苑』895 号，pp. 38-52）。

24 「中共，戦犯を近く送還，6，700 人：毛主席が言明」（『朝日新聞』［夕刊］，1955 年 11 月 30 日）。ボルジギン・フスレ，前掲「日本人抑留者の帰還をめぐる国際関係についての一考察」（p. 43）。

25 鄭函儒『冷戦初期美国対蘇連之政策：従杜魯門到艾森豪』（台湾淡江大学美洲研究所修士論文，2011 年，p. 122）。

26 安保理で投票した 11 ヶ国の内，賛成 2（ソ連，ウクライナ），反対 2（台湾［中華民国］，カナダ），棄権 7（アメリカ，キューバ，エジプト，ノルウェー，イギリス，フランス，アルゼンチン）であった。外交部西亜司，前掲「外蒙申請加入連合国問題大事記」。

27 頼樹明『薛毓麒：走過連合国的日子』（希代［台北］，1994 年，pp. 70-71，79）。

28 「蒋代表 44 年 12 月 29 日致葉部長函中文節訳」（総統府・副総統府档案，国史館［台北］，002-080106-00020-004）。

29 「モンゴル加盟に拒否権，国府国連代表正式に発表，日本の加盟危し」（『日本経済新聞』［夕刊］，1955 年 11 月 30 日）。「日本の "来年加盟案" も否決，ソ連またも拒否権，外蒙抱合せソ連案も葬らる」（『毎日新聞』［夕刊］，1955 年 12 月 16 日）。

30 前掲，「蒋代表 44 年 12 月 29 日致葉部長函中文節訳」。

31 "Монгол Японы улс төрийн харилцааны баримт бичиг, 1947-56 он（モンゴル・日本間の政治的関係に関する資料，1947 〜 56 年）"，モンゴル外務省中央文書館，59-1-43.

32 外交部西亜司，前掲「外蒙申請加入連合国問題大事記」。

33 外交部『外蒙企図進入連合国（1946 年 11 月〜 1956 年 9 月）』（外交部档案，中央研究院近代史研究所［台北］，MT: 12A）。

34 外交部『茅蒙加入連合国（1960 年 12 月〜 1961 年 9 月）』（外交部档案，中央研究院近代史研究所［台北］，006: 012）。

35 同上。

36 沈碧雲，前掲『外蒙古進入連合国之研究』（pp. 47-57, 121）。

37 張紹鐸，前掲『国連中国代表権問題をめぐる国際関係（1961 〜 71 年）』（p. 26）。

38 同上（p. 43）。

39 同上（p. 44）。

40 同上（pp. 25-67）。陳慧中，前掲『甘迺迪政府処理外蒙入会聯合国之決策過程』（pp. 41-90）。

41 「蒋中正電沈昌煥否決外蒙入会政策変更乃為確保我在連合国席位」（総統府・副総統府档案，国史館［台北］，002-010400-00033-017）。『蒋中正総統文物：籌筆：戡乱時期（1961 年）』（総統府・副総統府档案，国史館，002-010400-00033-013）。

42 周谷『胡適，葉公超使美外交文件手稿』（聯經出版，2001 年, pp. 334-339）。

43 「総統復甘迺迪総統函稿」，「総統復美国詹森副総統函稿」（［総統最終核定稿］，1961 年 8 月 26 日。外交部档案，中央研究院近代史研究所［台北］，11-AFR-01253）。他。

44 外交部，前掲『茅蒙加入連合国（1960 年 12 月～ 1961 年 9 月）』。

参考文献

（モンゴル語）

Д. Наранцэцэг, Дэлхийн хамтын нийгэмлэгт эзлэх Монгол улсын байр суурь, *MONGOLICA*. Vol 22(43), Улаанбаатар, 2009（D. ナランツェツェグ「国際社会に占めるモンゴルの位置」*MONGOLICA*. Vol 22[43]，ウランバートル，2009 年）.

"Монгол Японы улс төрийн харилцааны баримт бичиг, 1947-56 он（モンゴル・日本間の政治的関係に関する資料，1947 ～ 56 年）", モンゴル外務省中央文書館，59-1-43.

Батсайхан, *Монгол үндэстэн бүрэн эрхт улс болох замд* , Улаанбаатар, 2007, тал 353（O. バトサイハン『モンゴル民族の独立への道に』，ウランバートル，2007 年）.

（英語）

Alicia J. Campi, "U.S. Government Policies Towards Mongolia in the Last 20 Years – a Review", *Mongolian & Tibetan Quarterly*, Vol.19, No.3, 2010.

Alicia J. Campi, "Mongolia's Strategic Views on the Roles of Russia and China in its Future Development", *Mongolian & Tibetan Quarterly*, Vol.21, No.2, 2012.

Gerard M. Friters, *Outer Mongolia and Its International Position*, Baltimore: Johns Hopkins Press, 1949.

George G. S. Murphy, *Soviet Mongolia, A study of the Oldest Political Satellite*, Berkeley: University of California Press, 1966.

Gordon H. Chang, *Friends and Enemies: the United States, China, and the Soviet Union, 1948-72*, Stanford: Stanford University Press, 1990.

UN Security Council, Official Records, First Year, 1946.

William Bundy, *A Tangled Web, The Making of Foreign Policy in the Nixon Presidency*, New York: Hill and Wang, 1998.

（日本語）

石川誠人「信頼性の危機と維持：1961 年国連中国代表権問題をめぐる米華関係」（『中国研究月報』第 61 巻第 12 号，2007 年）.

大村立三『2 つの中国』（弘文堂，1961 年）.

川島真，清水麗他『日台関係史：1945 ～ 2008』（東京大学出版会，2009 年）.

坂本是忠『モンゴルの政治と経済』（アジア経済研究所，1969 年）.

坂本是忠『辺疆をめぐる中ソ関係史』（アジア経済研究所，1974 年）.

坂本是忠「中ソ間におけるモンゴルの地位」（アジア・アフリカ国際関係研究会『中国をめぐる国境紛争』［アジア・アフリカ国際関係史叢書第 2 巻］巌南堂，1977 年）.

佐藤紀久夫「世界の焦点：国連総会と国府の出方：モンゴル加盟問題が焦点」（『世界週報』1961 年 8 月号）．

清水麗「台湾における蔣介石外交：1961 年の国連問題をめぐる原則と妥協」（『常磐国際紀要』［常磐大学国際学部］第 6 号，2003 年）．

ダグワーオチル・ボムダリ「モンゴルの国連加盟をめぐる台湾との関係（1944 ～ 1961 年）」（『危機管理研究』第 21 号，2013 年）．

田淵陽子「1946 年 2 月外交関係樹立をめぐるモンゴル人民共和国と中華民国：『エリンチンソソノム記録』をもとに」（『現代中国』No.77，2003 年）．

「中共から百三十人，中国赤十字から三団体に入電，モンゴル戦犯四人も送還」（『朝日新聞』［日刊］1955 年 11 月 6 日）．

「中共，戦犯を近く送還，6,700 人：毛主席が言明」（『朝日新聞』［夕刊］，1955 年 11 月 30 日）．

張紹鐸『国連中国代表権問題をめぐる国際関係（1961 ～ 71 年）』（国際書院，2007 年）．

「日本の"来年加盟案"も否決，ソ連またも拒否権，外蒙抱合せソ連案も葬らる」（『毎日新聞』［夕刊］，1955 年 12 月 16 日）．

Ts. バトバヤル著，ナチンションホル訳「モンゴルと日本の国交正常化の政治史（1960 ～ 1972 年）」（『モンゴルと日本』第 47 巻第 2 号［総 126 号］，2013 年）．

ボルジギン・フスレ「1945 年のモンゴル人民共和国の中国に対する援助：その評価の歴史」（『SGRA レポート』第 24 号，2004 年）．

ボルジギン・フスレ「日本人抑留者の帰還をめぐる国際関係についての一考察」（『学苑』895 号，2015 年）．

「モンゴル加盟に拒否権，国府国連代表正式に発表，日本の加盟危し」（『日本経済新聞』［夕刊］，1955 年 11 月 30 日）．

モンゴル科学アカデミー歴史研究所編著，二木博史，今泉博，岡田和行訳『モンゴル史』（［2］恒文社，1998 年）．

（中国語）

陳慧中『甘迺迪政府処理外蒙入会聯合国之決策過程』（淡江大学美国研究学系［研究所］組碩士論文，2003 年）．

陳紅民「蔣介石与 1961 年連合国"外蒙入会案"」（『社会科学期刊』2012 年第 2 号）．

陳志奇『美国対華政策 30 年』（中華日報社，1981 年）．

『国民政府公報』（第 951 号，1946 年 1 月 7 日）．

胡為真『美国対華「一個中国」政策之演変』（台湾商務印書館，2001 年）．

「蔣代表 44 年 12 月 29 日致葉部長函中文節訳」（総統府・副総統府档案，国史館［台北］，002-080106-00020-004）．

『蔣中正総統文物：籌筆：戡乱時期（1961 年）』（総統府・副総統府档案，国史館，002-010400-00033-013）．

「蔣中正電沈昌煥否決外蒙入会政策変更乃為確保我在連合国席位」（総統府・副総統府档案，国史館［台北］，002-010400-00033-017）．

頼樹明『薛毓麒：走過連合国的日子』（希代［台北］，1994 年）．

梁志「1961 年中国在連合国的代表権問題中的蒙古因素」(『当代中国史研究』第 8 巻第 1 号,
　　2001 年).
牛大勇「肯尼迪政府与 1961 年連合国中国代表権問題之争」(『中共党史研究』2000 年第 4 号).
牛大勇, 沈志華『冷戦与中国的周辺関係』(世界知識出版社, 2004 年).
沈碧雲『外蒙古進入連合国之研究』(国立大学政治大学外交研究所修士論文, 1980 年).
唐小松「1961 年美蒋関与外蒙古連合国代表権問題的論争」(『史学月刊』2003 年第 1 号).
陶文釗『中美関係史 (1949 ～ 72 年)』(上海人民出版社, 1999 年).
外交部『外蒙企図進入連合国 (1946 年 11 月～ 1956 年 9 月)』(外交部档案, 中央研究院近
　　代史研究所 [台北], MT: 12A).
外交部西亜司「外蒙申請加入連合国問題大事記」(1961 年 8 月 18 日, 外交部档案, 中央研
　　究院近代史研究所 [台北], 11-AFR-02075).
外交部『茅蒙加入連合国 (1960 年 12 月～ 1961 年 9 月)』(外交部档案, 中央研究院近代史
　　研究所 [台北], 006: 012).
万仁元, 方慶秋主編『中華民国史史料長編』(第 68 集, 南京大学出版社, 1993 年).
王永祥『雅爾達密約與中蘇日蘇関係』(東大図書公司, 2003 年).
王正華『中華民国与連合国資料彙編：中国代表権』(国史館, 2001 年).
温強『肯尼迪政府与中国：「遏止但不孤立」政策的縁起』(天津古籍出版社, 2005 年).
周谷『胡適, 葉公超使美外交文件手稿』(聯經出版, 2001 年).
周谷『外交祕聞：一九六〇年代台北華府外交秘辛』(聯經出版, 2006).
「総統復甘迺迪総統函稿」([総統最終核定稿], 1961 年 8 月 26 日；外交部档案, 中央研究
　　院近代史研究所 [台北], 11-AFR-01253).
「総統復美国詹森副総統函稿」([総統最終核定稿], 1961 年 8 月 26 日；外交部档案, 中央
　　研究院近代史研究所 [台北], 11-AFR-01253).
鄭函儒『冷戦初期美国対蘇連之政策：従杜魯門到艾森豪』(台湾淡江大学美洲研究所修士論
　　文, 2011 年).

1910年代フルンボイル地域における日本人社会

ソルヤー

(索麗姫, Suruy-a)

はじめに

　19世紀後半から20世紀初期において，近代世界システムに組み込まれた東ア
ジア社会のなかで，モンゴル地域をとりまく内外情勢は極めて複雑であった。
そのなかで，フルンボイル地域は特別な位置を占めていた。伝統的に，フルン
ボイルはバルガ人，ダウル人，エヴェンク人などが生活した地域であり，外モ
ンゴルにも内モンゴルにも属していなかった。周知のように，東清鉄道（中東鉄
道）の建設により，帝政ロシアはフルンボイルに進出できるようになった。日露
戦争で日本が勝利した結果，日本とロシアの間に秘密協約が3回（1907, 1910,
1912年）締結され，ロシアの影響が大きかったフルンボイル地域に日本も進出す
ることができた。1911年，外モンゴルが独立を宣言すると，フルンボイル地域
のバルガ人，ダウル人もそれに呼応し，独立を宣言した。1932年に満洲国が建
国されると，フルンボイル地域はそこに編入された。

　近現代フルンボイル地域，とりわけ満洲国時代のフルンボイルについて，学
界では様々な視点から研究されてきた。そのなかで，バラノフやクルマゾフ（コ
ルマゾフ）による，20世紀初期のバルガ人やフルンボイルについての著書はすで
によく知られており[1]，また，日本人のフルンボイル地域調査についての吉田順
一の研究もたいへん注目されている[2]。しかし，いずれも，フルンボイル地域に
おける日本人社会については十分に言及されているとは言えない。

　本論文は，上述の先行研究をふまえ，1910年代フルンボイル地域における日
本人の活動を検討することを目的とする。これは1910年代のフルンボイル地域
への日本の進出だけではなく，同時代にフルンボイルが置かれた特別な社会状
況，関係諸国の力関係の一側面を理解するためにも有益である。

41

なお、「フルンボイル」という概念がもつ歴史的、政治的、地理的意味は、時代によって多少の異なりを見せるが、本論文に扱うフルンボイルは現在の内モンゴル自治区北東部に位置するフルンボイル市を指す。

1　外モンゴル革命前後フルンボイル地域における日本人の活動

　フルンボイルという名称は、当該地域にふくまれる湖であるフルン・ノールとボイル・ノールに因む。現在のフルンボイル市は東経115.13度〜126.04度、北緯47.05度〜53度の範囲に、東部は嫩江を境界として黒竜江省と接し、南部は内モンゴルのヒャンガン・アイマグ（興安盟）、西部および南西部はモンゴル国、北西部はエルグネ（アルグン）川を境界としてロシア連邦と接する。東西630キロメートル、南北約700キロメートルにわたり、総面積は253,000平方キロメートルである。大ヒャンガン（興安）嶺山脈が南北を貫き、東部の丘陵と平原の標高は200〜650メートル、中部山脈の標高は800〜1,700メートル、西部は大草原で標高600〜800メートルである。年間平均気温はマイナス5℃〜2℃、降水量は351ミリで、エルグネ川など3,000本の川を持ち、水資源は272億立方メートル、天然草原の面積は1.49億ムー（1ムー＝6.667アール）ある[3]。

　フルンボイル地域は騎馬民族に適している草原であり、匈奴、鮮卑、モンゴルなど、古来さまざまな民族が活躍していた舞台であった。清朝時代、バルガやダウル、ウールド、ソロン（エヴェンク）、オロチョン人はすでにフルンボイル

表1：1909〜1923年におけるフルンボイル地域の人口変動

	ホーチン・バルガ人	新バルガ人	ブリヤート人	ウールド人	ダウル人	オロチョン人
1909年 （比率）	17，702 （47.52%）		800 （2.15%）		8，089 （21.71%）	430 （1.15%）
1922年 （比率）	6，215 （8.79%）	16，643 （23.55%）	700 （0.99%）	482 （0.68%）	5，286 （7.48%）	723 （1%）
1923年 （比率）	27，862 （38.68%）					895 （1.24%）

表注：
1. 本表は主に徐世昌他編『東三省政略』（1911年）、鄒尚友、朱枕薪『呼倫貝爾概要』（出版年不明）など中国語の資料、南満州鉄道株式会社哈爾濱事務所調査課編『政治的方面より見たる呼倫貝爾事情』（1927年）、谷田部時次『呼倫貝爾概観』（調査報告第22号、1935年）、満州帝国協和会調査部編『興安蒙古』（満州事情案内所、1943年）、燕京・清華・北大1950年暑期内蒙古工作調査団（呼倫貝爾盟民族事務委員会整理）『内蒙古呼納盟民族調査報告』（内蒙古人民出版社、1997年）等に基づいて作成した。

地域の主体民族になっていた[4]。政治的には，清政府は，モンゴル民族との対立を避けるため，ダウル人を含むモンゴル系サブグループと密接な姻戚関係をむすんでいた[5]。また，フルンボイル副都統はほとんどダウル人から任命された[6]。

一方，1896（光緒22）年6月，「露清密約」が締結され，清政府は東北地域でのロシアによる東清鉄道（中東鉄道）の建設に同意した。1897（光緒23）年9月には東清鉄道建設の着工式がおこなわれ，鉄道の建設にともなって，労働者や農民，商人，警察など多くのロシア人がフルンボイル地域に流入した。1900年夏，約1,400キロメートルの鉄道が敷設され，各区間で運行が開始されると，日本人も同鉄道を利用するようになり，日本の『官報』などには，同鉄道利用の際の注意事項やフルンボイル地域における安全情報なども掲載されるようになった[7]。1903年1月，南満洲支線も完成され，同年7月，ロシアの東清鉄道は鉄道部門から運行部門へとひきわたされた[8]。

日露戦争の結果，1905年12月，日本は清政府と北京で「日清満洲善後条約」を調印し，日本は長春以南の鉄道の経営権と改築などの権益を得た[9]。翌1906（明治39）年11月に南満州鉄道株式会社（満鉄）が正式に発足し，後藤新平が初代総裁をつとめた[10]。1907年7月30日に調印された「日露協約（第一次日露協約）」は，ロシアには外モンゴルでの，日本には南満洲，朝鮮での特殊権益を互いに認めていた。この時期，フルンボイル地域において，ロシアと清朝の間で牧畜業や農業，漁業などの貿易が盛んになった。露清銀行（道勝銀行)の支店も置かれ，フルンボイルでは清とロシアの貨幣が流通していた。この年の在留日本人の数

	エヴェンク人	漢人	白糸ロシア人	日本人	朝鮮人その他	合計
1909年（比率）	3，165（8.5%）	3，907（10.48%）	2744（7.37%）	26（0.07%）	392（1.05%）	37,255
1922年（比率）	3159（4.47%）	15，468（21.89%）	21，813（30.87%）	135（0.19%）	44（0.06%）	70,668
1923年（比率）	3161（4.39%）	17，187（23.86%）	22，658（31.46%）	269（0.37%）		72,032

表注：
2. 1909, 1922, 1923, 1937年の漢人の合計のなかには回族，マンジュ（満洲）人も含まれている。
3. 張家璠他編，程廷恒鑑定『呼倫貝爾志略』は，1922年のロシア人住民を27,359人としているが，その中にはブリヤート人，ヤクート人なども含まれている。

をみると，ハイラルには日本人娼婦，酌婦が7人，マンチューリ（満洲里）には十数人がいた[11]。

1910年7月の「第二次日露協約」はさらに両国の満洲権益を確認し，1912年7月8日の「第三次日露協約」は，北京をとおる116°27′の経線によって，内モンゴル東部を日本の，西部をロシアの勢力範囲とそれぞれ定めた。この時期，東清鉄道の建設によってさらに多くのロシア人がフルンボイルに入っている。1909年にはその数は2,744人におよび，当該地域人口総数37,255人の7.37%を占めていた。この年のこの地域における人口の内訳をみると，バルガ人が17,702人（47.52%），ウールド人，ブリヤート人が約800人（約2.15%），ダウル人が8,089人（21.71%），エヴェンク人が3,165人（8.5%），漢人が3,907人（10.48%），オロチョン人が430人（1.15%），朝鮮人が392人（1.05%）であった（表1を参照）。このように，モンゴル系サブグループの人口は圧倒的多数であった。これに対し，日本人はわずか26人で人口総数の0.07%にすぎなかった。

このように日本人はごく少数しかいなかったが，フルンボイルは日本が深い関心をもった地域であった。1906年に関東都督府が置かれ，南満洲鉄道株式会社も設立され，フルンボイル地域における日本人の調査，軍事探偵はすでに全面的に展開されていた。同年から1908年3月までに，関東都督府の関係者によって，外モンゴルのハルハ王府（現在のモンゴル国西部）からフルンボイルのシネ・バルガ左旗，ソロン旗（現在のエヴェンク族自治旗），ハイラル，マンチューリといった地域の調査がおこなわれた。その成果として，1908年に関東都督府陸軍部編纂の『東部蒙古誌草稿』上・中・下の3巻が出版され[12]，大正3（1914）年には『東部蒙古誌補修草稿』上編，下編と附録『物資統計表』が出版された[13]。その後，牛島正巳や日本軍関係の山縣初男らもフルンボイル地域を調査した。山縣初男は陸軍士官学校の出身で，日清戦争や日露戦争を経験した人物である。1914年3月にはロシア皇帝ニコライ2世により同国「聖アンナ3等勲章」を授与された[14]。同年5月10日から7月2日まで，関東都督府の派遣により，山縣初男は鈴木晟太郎と一緒に，ジリム盟やシリーンゴル盟，フルンボイル地域で調査をおこなった。その後，山縣初男は中国の雲南軍閥唐継堯（Tang Jiyao）や貴州軍閥劉顕世（Liu Xianshi）の軍事顧問をつとめ，のちに「中国通」として知られている。最終階級は陸軍大佐である。

一部の酌婦を除いて，1909年にフルンボイルにいた26人の日本人の全貌は現時点でははっきりしていない。しかし1912年以降にハイラルにいた日本人の生業については判明している。1911年12月の外モンゴルの独立に呼応して，1912

年はじめにフルンボイルが独立を宣言した。この年，フルンボイル在留の日本人はすでに100人あまりに達していた。1913年，ハイラルには日本人9戸，49人（男14人，女35人）がいて，マンチューリには日本人12戸，97人（男29人，女68人）がいた[15]。翌年，ハイラルには日本人12戸，44人，マンチューリには日本人28戸，112人がいた[16]。

1912年，フルンボイルの独立宣言前後に同地域で軍事衝突が起きた際，マンチューリ，ハイラルにいた日本人は，モンゴル軍とロシア軍により権益の侵害をうけたとして，在チチハル日本領事館に損害届を提出した。それには，以下のような日本人の氏名と職業，出身地が記載されている。マンチューリの日本人は，料理店経営の濱口マイや若松庄之助（鹿児島県出身），島崎兼男（長崎県出身），近藤平三郎，雑貨店経営の甲斐スミ，歯科・薬屋経営の森谷長谷治，医師末広富明，薬屋の吉田豊三，雑貨商人片岡葉林吉など。ハイラルの日本人は，料理店経営の堀元吉郎，小木曽藤作，稲田カメ，濱口一郎，小林康太郎，広瀬コマ，森田定蔵，笠徳造，雑貨店経営の山崎寅市，阪本勇七，飲食店経営の濱崎清人，薬屋の宮里好廣，および遊撃場経営の千賀博愛らである。

この損害届からは以下のようなこともわかる。資産などの規模をみると，料理店経営の濱口マイは酌婦8名，家賃月60ルーブル，若松庄之助は酌婦12名，家賃月70ルーブル，島崎兼男は酌婦10名，家賃月70ルーブル，近藤平三郎は酌婦9名，家賃月60ルーブルであった。彼らはいずれも東清鉄道附属地内に居住している。雇った酌婦が日本人であるか地元の者かはよくわからないが，相当な規模になっていることがわかる。また，これらの料理店によって料理店組合も組織された。雑貨店経営の甲斐スミは資本金4,500ルーブル，月の売り上げは2,300ルーブル程度で，家賃は6（60）ルーブルであった。歯科と薬屋を経営する森谷長谷治は，資本はそれほど多くないが，月収600ルーブル，家賃月80～100ルーブルである。医師末広富明は，資産と月収の詳細は不明だが，当時マンチューリ在住の日本人の内で資産が最も大きいといわれ，家賃月80～100ルーブルの家鋪を借りていた。雑貨商人片岡葉林吉の家賃などは不明だが，普段1,500ルーブル規模の商品を有していたとされ，薬屋の吉田豊三の資本はわずかしかないという。ちなみに，この吉田豊三はのちに外モンゴルの首都イフ・フレーに移り，薬屋を経営するようになった[17]。

ハイラルで料理店を経営する堀元吉郎は酌婦6名，売上月500～600ルーブル程度，小木曽藤作は酌婦6名，売上月500ルーブル内外，稲田カメは酌婦5名，売上月400ルーブル内外，濱口一郎は酌婦4名，売上月300ルーブル内外，小

林康太郎は酌婦5名，売上月400ルーブルほど，広瀬コマは酌婦7名，売上月600～700ルーブル，森田定蔵は酌婦5名，売上月400～500ルーブル，笠徳造は酌婦9名，売上月600～700ルーブル，雑貨店を経営する山崎寅市は資本金7,000～8,000ルーブル，売上月500～600ルーブル，医師の阪本勇七は死亡したため資本金，売上月は不明であった。それ以外の日本人の資本金，売上などは不明である。

1912年5月，マンチューリで，片山佐吾が資本金3,000ルーブルを投資し，医学士町田稔を招聘してマンチューリ日本人病院を設置した。月収は1,500～2,000ルーブルであった。1915年に町田稔は契約期限満了のためこの病院を去ったものの，片山は新たに医学士長瀬復三郎を招聘し，同病院を続けることができた。1912年12月，久保宗太郎（鹿児島出身）はマンチューリ日本料理店組合より検黴医として招聘され久保医院を設立した。月収は300～600ルーブルであった。また，上述した歯科医森谷長谷治は医学士石橋三郎を招聘し，1915年2月に森谷医院を設立した。月収は1,000ルーブルあまりである。彼はマンチューリ日本人居留民会長もつとめている。そして1916年，マンチューリの日本人は181人（男70人，女111人）に達した[18]。

ハイラルには，日本料理店酌婦の検黴を目的として，1913年6月に佐賀武が経営する日本病院が開業した。月収は300～400ルーブル程度である。1915年，ハイラルには日本人居留民が50人あまりいた。佐賀の日本病院には日本人のほか，ロシア人，モンゴル人も通院していたという。

当時，外モンゴルとフルンボイル地域をめぐる国際情勢も大きくかわりつつあった。1915年のキャフタ3国協定（中国，モンゴル，ロシア）によって，中華民国の宗主権下の自治が外モンゴルのみに制限され，フルンボイルは中華民国中央政府の直接管轄下の，ある程度の自治を享受できる「特別地域」となった。この時期，ロシアと中国の企業がフルンボイル地域のジラリン（吉拉林）金鉱や，烏瑪河金鉱，奇乾河金鉱，ジャライ・ノール炭鉱，鉄現山鉄鉱，および大ヒャンガン（興安）嶺の森林伐木の事業等をおこなっていた。日本の企業もこれらの開発事業に携わろうと，ロシア，中国側の政府，企業関係者と交渉したが，許可されなかった[19]。同じ時期，フルンボイルのフルン湖（ダライ・ノール）では20数名の日本人が漁業をおこなっていた。1915年，2名の日本の商人がフルンボイルからロシアに輸出した魚類（鯉，ナマズ等）の売り上げは23,000ルーブルあまりに達したという[20]。

日本人の生業の全体からみると，料理店経営者が圧倒的多数であった。これ

ら料理店は地元の人びとや在住ロシア人などに利用されると同時に，雑貨店など を経営する日本人，あるいはフルンボイルに立ち寄った日本人にとって，心を和ませる場にもなったと思われる。

2　ロシア革命以降のフルンボイル地域における日本人社会

1917年のロシア革命は日本に大きな衝撃をあたえた。日本政府は満鉄の川上俊彦理事らを現地に派遣したほか，6月5日に外交問題に関する調査・審議機関として，天皇に直属する臨時外交調査会を組織した。翌1918年，在ハイラル日本領事館出張所が設置された。同年，日本軍は連合国軍に加わり，シベリア出兵に参加した[21]。周知のごとく，シベリア出兵とは，1918年から1922年までの間に，日本・イギリス・アメリカ・フランス・イタリアといった国の軍隊によって組織された連合国軍が，名目上は「革命軍によって囚われたチェコ軍団を救出する」ため，実際はロシア革命への干渉をするためにシベリアに出兵したものである。

ロシア革命，とりわけシベリア出兵によって，フルンボイル地域の日本人は大幅に増えた。この増加の内訳は，ハイラルに駐屯した日本軍の一個中隊のほかに[22]，シベリアやキャフタ，イフ・フレー（現ウランバートル）から引き揚げた日本人が少なくなかった。これらの日本人の多くがのちにフルンボイル経由でハルビンなど中国の内地に移転し，あるいは日本に戻った一方で，シベリアから逃げてくる者は絶えず，その一部はそのままフルンボイルにとどまったため，結局，フルンボイルの日本人は増え続けた。在マンチューリ日本領事館の統計によると，1918年7月にマンチューリにいた日本人のうち，計249人（男性113人，女性136人）が引き揚げた[23]。同年12月末にいた日本人は，マンチューリに401人，ハイラルに91人，合計492人であった。ただし，このなかには朝鮮人100人ほどが含まれている。同年，満洲にいた日本人は141,021人で[24]，フルンボイルの日本人はその0.3%にすぎなかったとはいえ，ハイラル日本領事館出張所が設置されたことが物語っているように，同地域は，日本にとって重要な戦略的意義があった。1919年4月，マンチューリの日本人は107戸，412人（男性216人，女性186人，児童10人）であった[25]。このほか，マンチューリには，30名ほどのセミョーノフ軍がいた。260戸，1,500人ほどにのぼるユダヤ人もいた[26]。同年12月末の状況では，マンチューリに354人，ハイラルに63人，合計で417人の日本人がいた。このほか，朝鮮人が101人（マンチューリに30人［男性26人，女性4人］，ハ

47

イラルに 71 人 [男性 70 人，女性 1 人]）がいたことが判明している[27]。ただし，当時，フルンボイルのみならず，満洲全体として，日本人が移住，あるいは商業を経営する基礎はまだ安定していなかった[28]。このように，社会状況の変化は，フルンボイル地域における日本人の移住にも影響を与えた。

1920 年 6 月末の状況では，マンチューリに 372 人（男性 178 人，女性 194 人），ハイラルには 65 人（男性 14 人，女性 51 人），合計で 437 人の日本人がいた。このほか朝鮮人は，マンチューリに 26 人（男性 19 人，女性 7 人），ハイラルに 62 人（男性 58 人，女性 24 人）がいた。日本人と朝鮮人を戸数で見ると，マンチューリに合計 102 戸，ハイラルに 23 戸，合計 131 戸であった。これらの人々の職業は，病院や薬屋，時計屋，料理店，菓子店，散髪屋，雑貨店，写真屋，洗濯店などの経営者のほか，大工，通訳，官公吏，僧侶・神職・宣教師，会社員などであった[29]。

しかし，シベリア出兵が連合国軍の失敗で終わったことによって，フルンボイルにいた日本人の多くは引き揚げを余儀なくされ，1922 年にフルンボイルに残った日本人はわずか 139 人だった。1923 年にはふたたび増加し，ハイラルには 144 人（内訳不明），マンチューリには 125 人（男 48 人，女 77 人）[30] の日本人がいた。

この時期，フルンボイル地域では日本人による現地調査も頻繁におこなわれた。例えば，1917 年 12 月から翌 1918 年 5 月まで須佐嘉橘がおこなった外モンゴルとフルンボイル，内モンゴルに対する調査や，1923 年から 1924 年にかけて志永語がおこなったフルンボイル調査はすでに知られている[31]。これらの調査報告では，政治動向や軍事情報のほかに，ガンジュール廟会をはじめ，フルンボイル地域の経済発展における日本企業の進出も強調された。例えば，1923 年に，在満洲里領事代理の田中文一郎は，外務省書記生の太田日出雄の報告に基づいて，ガンジュール廟会における中国，ロシア商人の暴利を指摘した上で，日本の商社もガンジュール廟会に進出し，畜産業を中心に毛皮や缶詰の工場などを経営し，地元のモンゴル人を雇用するほか，モンゴル人の信頼を得て，その王公（上層部）と協力関係をきずき，さらに中国の官憲とも良好な関係をむすぶことを提案し，このことは日本の経済発展，満蒙開拓にもつながると指摘している。また，フルンボイルに対する学術的研究を強化すべきことも強調している[32]。

日本人のフルンボイル進出は，日本政府のアジア大陸進出という戦略によってもたされたものの，現地にいた日本人は，希望を見出すために，病院や薬屋，

雑貨，料理店などの経営を展開しつづけた。祖国から離れ，はるか遠い異郷の地に赴いたこれら日本人が事業を展開するとしても，例えば，病院や薬屋の経営には，医療免許の資格はもとより，内務省衛生局など日本政府当局の許可が必要であった。また，日本料理店を経営するためには，検徴医による検査を受ける必要もあった。上でとりあげたマンチューリで久保医院を経営していた久保宗太郎はのちに亡くなったにもかかわらず，開業免許状の返納が遅れたため，妻久保エツには理由書などの提出がもとめられた[33]。

おわりに

1910年代，フルンボイルにいた日本人は主にハイラルとマンチューリで病院や薬屋，料理店，雑貨店，漁業などを経営していた。人数的にはすくなかったが，日本人居留民会も組織され，小さな日本人社会が形成されていた。医療や飲食，雑貨などのほかに，フルンボイル地域での漁業への日本人進出は，その漁獲高のほとんどをロシアへ輸出し，成功していたし，また烏瑪河金鉱などの鉱山開発や牧畜業などへの関与をめざしたことは大きな意義がある。これらは，今日の日本人のモンゴル地域に対する投資の参考にもなると思われる。さらに，日本人病院の開設は，在留日本人の健康，医療面での保障になっただけでなく，地元のモンゴル人，在住ロシア人の医療にも役立っていた。ロシア革命，とりわけシベリア出兵による変動もあったものの，フルンボイル地域の日本人は大幅に増え，職業もあらゆる分野に及んでいた。これらの日本人の活動が地元の社会秩序，経済，医療などに対して影響を及ぼしていたのは間違いないと言える。

1910年代，フルンボイルにいた日本人はほんのわずかであったが，同地域は日本の満洲進出にとっても，ロシアを牽制する意味でも，非常に重要であった。

註

1　A. M. Baranoff, *Barga: A Historical Study*, 1912. コルマゾフ著，高橋克己訳『巴爾虎（呼倫貝爾）の経済概観』（［露西亜経済調査叢書］大阪毎日新聞社，1930年）。杉原訳『バルガ（巴爾虎）事情』（在哈爾濱日本帝国総領事館［手書謄写刷］，1928年）。闇爾瑪佐夫『呼倫貝爾』（国務院興安局調査科，新京／長春，［康徳6］1939年）。

2　吉田順一「関東都督府陸軍部の東部内蒙古調査報告書」（『日本モンゴル学会紀要』第29号，1998年），同「日本人によるフルンボイル地方の調査」（『早稲田大学大学院文学研究科紀要』第45輯第4分冊，1999年，pp.57-69）。

3　内蒙古自治区統計局編『内蒙古統計年鑑2005』（中国統計出版社，2005年，p. 507）な
　　どはフルンボイル市の総面積を264,000平方キロメートルとしているが，同市領内の
　　加格達奇区と松嶺区は黒竜江省大興安嶺地区に属すため，実際，同市の行政的管轄下
　　にある面積は253,000平方キロメートルである。訾冬梅，高秀静『内蒙古自治区地図冊』
　　（中国地図出版社，2006年，p. 30），苑愛華主編『内蒙古自治区交通図冊』（中国地図
　　出版社，2006年，p. 25）を参照。

4　清朝時代におけるフルンボイル地域の民族移住などについて，以下の文献および研究
　　を参照。『清実録・聖祖実録』巻16，22.『清実録・太宗実録』巻51，61.『清実録・徳
　　宗実録』巻333，588，592. 張家璠他編，程廷恒鑑定『呼倫貝爾志略』（上海太平洋印
　　刷公司，1924年）。鄒尚友，朱枕薪『呼倫貝爾概要』（出版年代不明）。徐世昌他編，
　　李貴田点校『東三省政略』（上，吉林文史出版社，1989年［初出1911年］）。鳥居龍蔵
　　『満蒙の探査』（『鳥居龍蔵全集』第9巻，朝日新聞社，1975年）。哈豊阿「新巴爾虎族
　　の社会制度」（『蒙古研究』第3巻第1号，1941年，pp. 20-40）。柳澤明「新バルガ八旗
　　の設立について：乾隆期中葉におけるザサク旗に関する一考察」（『史学雑誌』第102
　　巻第3号，1993年，pp. 45-79）。同「フルンボイルのウールド（Ögeled）人の来歴につ
　　いて」（『早稲田大学モンゴル研究所紀要』第2号，2005年，pp. 1-17）。その他。

5　モンゴル人とマンジュ（満洲）人の「聯姻」については，杜家驥『清朝満蒙聯姻研究』
　　（人民出版社，2003年）を参照。

6　米内山庸夫『蒙古草原』（改造社，1942年，p. 99）。

7　「東清鉄道満洲里駅ニ於ケル旅客手荷物検査規定」（『官報』1903年4月29日）。その他。

8　ワシーリー・モロジャコフ著，菅野哲夫訳「満鉄前史：ウィッテからの贈り物」（『満
　　鉄とは何だったのか』藤原書店，2006年，p. 32）。

9　財団法人満鉄会『満鉄40年史』（吉川弘文館，2007年，p. 7）。ただし，日本が東清鉄
　　道におけるフルンボイル段の経営権を得たのは満洲国成立以降のことである。

10　財団法人満鉄会，前掲『満鉄四十年史』（pp.23-24）。

11　関東都督府陸軍部編『東部蒙古誌草稿』（中巻，1908年，pp.747-753, 760-761）。

12　関東都督府陸軍部編『東部蒙古誌草稿』（上・中・下巻，1908年）。

13　関東都督府陸軍部『東部蒙古誌補修草稿』（上・下編，附録『物資統計表』，1914年）。

14　JACAR（アジア歴史資料センター）Ref. A10112788000,「陸軍少将立花小一郎外5名
　　外国勲章記章受領及佩要ノ件」（国立公文書館）。

15　JACAR（アジア歴史資料センター）Ref. B03050611300, 谷村正友，牛島正巳『東北蒙
　　古踏査報告書』（外務省外交史料館）。

16　関東都督府陸軍部編『東蒙古』（宮本武林堂，1915年［同年兵林館からも刊行された］，
　　pp. 415-416, 419-420）。

17　ボルジギン・フスレ「大正時代における日本人の外モンゴル調査：駒田信夫，須佐
　　嘉橘，盛島角房の活動を中心に」（『学苑』第857号，昭和女子大学近代文化研究所，
　　2012年，pp.46-55）。

18　「満洲里の近況」（『地学雑誌』第29巻第9号，1917年，p. 631）。

19　JACAR（アジア歴史資料センター）Ref. B03050674900,「8 呼倫貝爾事情進達ノ件2」

（外務省外交史料館）．

20　JACAR（アジア歴史資料センター）Ref. B02031792300,「11 参考 1 呼倫貝爾事情」（外務省外交史料館）．外務省政務局（『呼倫貝爾事情』,大正 5［1916］年 7 月）．ただし,すくなくとも 1913 年にはすでに,日本商人がフルンボイルの漁業に携わり,ロシアへの輸出を開始していた．JACAR（アジア歴史資料センター）Ref. B11091871300,「9.汕頭漁業状況其他ニ関スル件　琿春,上海,チチハル　同 10 月」（外務省外交史料館）．

21　この時期の日本政府の対応について,富田武『戦間期の日ソ関係 1917 – 1937』（岩波書店,2010 年）第 1 章を参照．

22　真継雲山『蒙古見物』（大阪屋号書店,1920 年, p. 258）．真継義太郎『現代蒙古之真相』（大陸出版社,1920 年, p. 200）．

23　JACAR（アジア歴史資料センター）Ref. B03051270000,「7 大正 7 年 8 月 1 日から大正 7 年 8 月 31 日」（外務省外交史料館）．

24　佐藤四郎『満蒙に於ける日本及日本人』（満蒙文化協会,1925 年, p. 113）．

25　JACAR（アジア歴史資料センター）Ref. C13010051100,「満洲里附近の情況（3）」（防衛省防衛研究所）．

26　JACAR（アジア歴史資料センター）Ref. C13010051000,「満洲里附近の情況（2）」（防衛省防衛研究所）．

27　JACAR（アジア歴史資料センター）Ref. C13080396900,「99. 満洲里」（外務省外交史料館）．

28　佐藤四郎,前掲『満蒙に於ける日本及日本人』（p. 106）．

29　JACAR（アジア歴史資料センター）Ref. C13080405300,「77. 満洲里」（外務省外交史料館）．

30　哈爾賓商品陳列館編『満洲里,海拉爾事情』（哈爾賓商品陳列館,1924 年, p. 6）．

31　志永語「呼倫貝爾踏破記（1-3）」（『満蒙』第 5 巻 12 月号,第 6 巻 3 月号,第 6 巻 4 月号,1924 ～ 1925 年）．吉田順一,前掲「日本人によるフルンボイル地方の調査」．ボルジギン・フスレ,前掲「大正時代における日本人の外モンゴル調査：駒田信夫,須佐嘉橘,盛島角房の活動を中心に」．

32　JACAR（アジア歴史資料センター）Ref. B12083628300,「19. 甘珠爾廟市」（外務省外交史料館）．同 Ref. B10073998500,「19. 蒙古市場獲得ノ為メ研究員設置ニ関する意見」（外務省外交史料館）．

33　JACAR（アジア歴史資料センター）Ref. B12082215400,「30. 医術開業免状返納ニ関スル件（満州里,久保宗太郎）大正 8 年 2 月」（防衛省防衛研究所）．

参考文献

（日本語）

外務省政務局『呼倫貝爾事情』（出版地不明,大正 5［1916］年 7 月）.

『官報』（1903 年 4 月 29 日）.

関東都督府陸軍部編『東部蒙古誌草稿』（上・中・下巻,出版地不明,1908 年）.

関東都督府陸軍部編『東部蒙古誌補修草稿』（上・下編，附録『物資統計表』，1914 年）．

関東都督府陸軍部編『東蒙古』（宮本武林堂，1915 年）．

コルマゾフ著，高橋克己訳『巴爾虎（呼倫貝爾）の経済概観』（［露西亜経済調査叢書］大阪毎日新聞社，1930 年）．

佐藤四郎『満蒙に於ける日本及日本人』（満蒙文化協会，1925 年）．

杉原訳『バルガ（巴爾虎）事情』（在哈爾濱日本帝国総領事館［手書謄写刷］，1928 年）．

富田武『戦間期の日ソ関係 1917－1937』（岩波書店，2010 年）．

鳥居龍蔵『満蒙の探査』『鳥居龍蔵全集』第 9 巻（朝日新聞社，1975 年）．

志永語「呼倫貝爾踏破記 (1-3)」『満蒙』第 5 巻 12 月号，第 6 巻 3 月号，第 6 巻 4 月号（1924 ～ 1925 年）．

哈豊阿「新巴爾虎族の社会制度」『蒙古研究』（第 3 巻第 1 号，1941 年）．

哈爾賓商品陳列館編『満洲里，海拉爾事情』（哈爾賓商品陳列館，1924 年）．

ボルジギン・フスレ「大正時代における日本人の外モンゴル調査：駒田信夫，須佐嘉橘，盛島角房の活動を中心に」『学苑』第 857 号（昭和女子大学近代文化研究所，2012 年）．

真継雲山『蒙古見物』（大阪屋号書店，1920 年）．

真継義太郎『現代蒙古之真相』（大陸出版社，1920 年）．

「満洲里の近況」『地学雑誌』第 29 巻第 9 号（1917 年）．

財団法人満鉄会『満鉄 40 年史』（吉川弘文館，2007 年）．

柳澤明「新バルガ八旗の設立について：乾隆期中葉におけるザサク旗に関する一考察」（『史学雑誌』第 102 巻第 3 号，1993 年）．

柳澤明「フルンボイルのウールド（Ögeled）人の来歴について」（『早稲田大学モンゴル研究所紀要』第 2 号，2005 年）．

吉田順一「関東都督府陸軍部の東部内蒙古調査報告書」『日本モンゴル学会紀要』第 29 号（1998 年）．

吉田順一「日本人によるフルンボイル地方の調査」『早稲田大学大学院文学研究科紀要』第 45 輯第 4 分冊（1999 年）．

米内山庸夫『蒙古草原』（改造社，1942 年）．

ワシーリー・モロジャコフ著，菅野哲夫訳「満鉄前史：ウィッテからの贈り物」『満鉄とは何だったのか』（藤原書店，2006 年）．

JACAR（アジア歴史資料センター）Ref. B03050611300，谷村正友，牛島正巳『東北蒙古踏査報告書』（外務省外交史料館）。

JACAR（アジア歴史資料センター）Ref. B11091871300，「9．汕頭漁業状況其他ニ関スル件　琿春，上海，チチハル　同 10 月」（外務省外交史料館）．

JACAR（アジア歴史資料センター）Ref. A10112788000，「陸軍少将立花小一郎外 5 名外国勲章記章受領及佩要ノ件」（国立公文書館）．

JACAR（アジア歴史資料センター）Ref. B02031792300，「11 参考 1 呼倫貝爾事情」（外務省外交史料館）．

JACAR（アジア歴史資料センター）Ref. B03051270000，「7 大正 7 年 8 月 1 日から大正 7 年 8 月 31 日」（外務省外交史料館）．

JACAR（アジア歴史資料センター）Ref. B12082215400,「30. 医術開業免状返納ニ関スル件（満州里，久保宗太郎）大正 8 年 2 月」（防衛省防衛研究所）.

JACAR（アジア歴史資料センター）Ref. B03050674900,「8 呼倫貝爾事情進達ノ件 2」（外務省外交史料館）.

JACAR（アジア歴史資料センター）Ref. B12083628300,「19. 甘珠爾廟市」（外務省外交史料館）.

JACAR（アジア歴史資料センター）Ref. B10073998500,「19. 蒙古市場獲得ノ為メ研究員設置ニ関する意見」（外務省外交史料館）.

JACAR（アジア歴史資料センター）Ref. C13010051000,「満洲里附近の情況（2）」（防衛省防衛研究所）.

JACAR（アジア歴史資料センター）Ref. C13010051100,「満洲里付近の情況（3）」（防衛省防衛研究所）.

JACAR（アジア歴史資料センター）Ref. C13080396900,「99. 満洲里」（外務省外交史料館）.

JACAR（アジア歴史資料センター）Ref. C13080405300,「77. 満洲里」（外務省外交史料館）.

（中国語）

『清実録』「聖祖実録」巻 16，22.「太宗実録」巻 51，61.「徳宗実録」巻 333，588，592.

冬梅，高秀静『内蒙古自治区地図冊』（中国地図出版社，2006 年）.

杜家驥『清朝満蒙聯姻研究』（人民出版社，2003 年）.

闊爾瑪佐夫『呼倫貝爾』（国務院興安局調査科［新京／長春］，1939 年）.

内蒙古自治区統計局編『内蒙古統計年鑑 2005』（中国統計出版社，2005 年）.

徐世昌他編，李貴田点校『東三省政略』（上，吉林文史出版社，1989 年［初出 1911 年］）.

苑愛華主編『内蒙古自治区交通図冊』（中国地図出版社，2006 年）.

張家璠他編，程廷恒鑑定『呼倫貝爾志略』（上海太平洋印刷公司，1924 年）.

鄒尚友，朱枕薪『呼倫貝爾概要』（出版地，出版年代不明）.

（英語）

A. M. Baranoff, *Barga: A Historical Study*, 1912.

1925年の満鉄外モンゴル調査隊拘束事件と
モンゴル人民共和国

青木雅浩

（Masahiro Aoki）

はじめに

　20世紀前半における日本の東北アジア進出は，日本の外務省，南満州鉄道株式会社（以下「満鉄」とする），日本軍による現地調査，諜報活動に支えられていた。特に，満鉄は20世紀初頭に調査部を設置し，経済，社会習慣，地質に渡る詳細な調査活動を行っていた。満鉄の調査活動は，ロシア革命の結果ソヴィエト・ロシア[1]が成立して以降，さらに積極化していくことになる。

　この時，満鉄の調査活動は，モンゴルに対しても拡大していくことになる。当初は内モンゴル東部に留まるものであったが，1920年代になると，ソ連関係の情報を収集すべく，満鉄の調査は外モンゴルにも及ぶことになる。東北アジアにおける満鉄の調査活動については，質量共に充実した先行研究が存在する[2]。しかし，そのような先行研究においても，外モンゴルにおける満鉄の調査活動に関しては，殆ど解明されていない。また，先行研究では，日本側の調査活動の実態，内容，意義の解明に重点が置かれている。これに対して，日本側の調査活動に，モンゴル人民共和国側がどう対応したかという問題については，まだ不明な点が多い。

　日本の調査活動に対するモンゴル人民共和国側の対応は，当時のモンゴル人民共和国が日本に対して如何なる姿勢を取っていたかを解明するために重要な意義を持つと思われる。この問題を検討することは，東北アジアにおける日本の調査が現地に与えた影響の解明のみならず，当時ソ連の影響下に成立したばかりのモンゴル人民共和国が，日本と如何なる関係を構築しようとしていたかを考察することにも関わるのである。

東北アジアにおける日本の調査活動とモンゴルの関係を考察する際に重要となる事件が，本稿で取り上げる1925年の満鉄外モンゴル調査隊拘束事件である。本事件を考察することで，満鉄調査隊が当時如何なる調査を外モンゴルで行おうとしていたか，日本がモンゴル人民共和国をどう捉えていたか，モンゴル人民共和国が日本にどのような姿勢を取っていたかという東北アジアの政治情勢にとって重要な諸問題を解明することが可能である。本事件に関しては，先行研究では触れられていない。本稿では，以上の問題意識に基づき，本事件の過程と，拘束された調査隊の解放交渉を特にモンゴル人民共和国の対応を中心に検討することによって，当時モンゴル人民共和国が日本に如何なる姿勢を取ろうとしていたかを解明する。なお，本稿では，東北アジアにおける日本の諜報活動や，満鉄の活動そのものの解明を主眼とするのではなく，日本の諜報活動，調査活動にモンゴル人民共和国が如何なる姿勢を取っていたかを解明することを主眼とする[3]。

　本稿では，まず本事件の概要を検討し，次にモンゴル人民共和国が本事件に如何なる姿勢を取ったかを検討する。そして，これらの検討を通じて，1920年代中期のモンゴル人民共和国が日本に対して如何なる姿勢を取っていたかを解明することを試みる。

1　1925年の満鉄外モンゴル調査隊拘束事件について

　本節では，満鉄が東北アジアで行っていた調査活動の概要と，1925年の満鉄外モンゴル調査隊拘束事件の経緯について説明する。

1　モンゴル人民共和国の成立過程

　1911年のモンゴル独立運動で外モンゴルに成立したボグド・ハーン政権[4]はモンゴル人の統一と独立国家建設を目指して活動するが，1915年に中華民国の宗主権下の外モンゴル自治に留まることになる。その後，ロシア革命によるロシア帝国の崩壊を経て，1919年に外モンゴル自治は廃止される。これに対してモンゴル人社会では外モンゴル自治復興運動が展開される。この中から1920年夏に形成されたのが，モンゴル人民党であった。モンゴル人民党はソヴィエト・ロシアに援助を求めた。彼らの活動の結果，1921年7月にフレー[5]にモンゴル人民政府が成立した。

　本政府に参加したモンゴル人政治家は，モンゴル人民党関係者，王公，仏教

56

勢力高官，ブリヤート・モンゴル人等幅広いものであった。彼らはモンゴル人の統一独立国家を模索して集まっていたのである。一方，ソヴィエト，コミンテルンは，自分達の政策のために外モンゴルに関与していた。その結果，両者の間に対立が起こり，不安定な政治情勢が長く続くことになった。ソヴィエト，コミンテルンと，モンゴル人政治指導層の間の対立の理由は，モンゴル人民政府に成立した「連立政権」の是非を巡る問題であった。モンゴル人民政府では，政府閣僚に，モンゴル人民党関係者だけでなく，王公，仏教勢力高官を含めた政権が形成された。このような政府を形成することで，モンゴル人民政府，ソヴィエトをよく思わない王公，仏教勢力の一部の人々もモンゴル人民政府に引き付けようと図ったのである。

　モンゴル人政治指導層の多くは，外モンゴルの実態に合致したこのような政権に概ね賛同していた。しかし，ソヴィエト，コミンテルンは，「親中反ソ」と見られる王公，仏教勢力高官が閣僚として参加したこの政権をよく思わず，解体を図ろうとした。その結果，様々な政治的事件が発生することになった。1924年夏の政変，所謂 S. ダンザン[6]の粛清，1925 年のリンチノ[7]とモンゴル駐在コミンテルン代表 T. ルィスクロフの対立等の原因に，「連立政権」を巡る問題があった。1924 年 11 月のモンゴル人民共和国第 1 回国会における憲法の採択による共和制の成立，すなわちモンゴル人民共和国の正式な成立にも，この問題は関わっていた[8]。

　以上のモンゴル人民共和国成立過程における政治的混乱に関わったのが，モンゴル人民政府の一組織である内防局である。内防局は，1922 年 7 月に正式に設立された外モンゴルの国内防衛，防諜，諜報活動を担う機関であり，ソヴィエトとの関係が深い機関である。そのため，ソヴィエトから顧問が派遣されていた。内防局は，モンゴル人政治家の粛清にも深く関わっていた[9]。

2　1920 年代における満鉄の東北アジア調査と外モンゴル

　1907 年，満鉄の事業遂行のための調査を行うべく，満鉄調査部が設置された。本調査部は，経済調査と，満洲，モンゴルにおける旧慣調査を主たる目的として活動した。特に，ロシア革命以降，調査活動が本格的に行われるようになった[10]。本調査部には地質学研究所が設置され，天然資源，地理，地質の調査が行われていた。また，各地に公所，事務所を設置し，対外交渉，現地経済調査を行わせていた。これら満鉄の各調査機関の細分化による連絡統制の喪失を考慮して，1925 年以降，年 1 回各調査機関の担当者を本社に召集して調査業務に関

する協議を行い，調査事項の目的，内容等の統一を図るようになった[11]。

　満鉄で北方調査の最後の責任者を務めた佐藤健雄によれば，ソ連及び外モンゴルが含まれる満鉄の北方調査の歴史は，1906年の日本陸軍の対ロシア戦略計画に始まったと言う。日露両国が再び戦う機運になった場合に攻勢防御を取ることとした本計画の下に，軍輸送を担当する満鉄も置かれたようである。外モンゴル関係調査を含む北方調査の根幹に，このような軍事的意図が含まれていることは重要である。満鉄の北方調査で重要な役割を果たしたのが，ハルビン事務所であった。本事務所の業務は，北満洲の交通と産業，シベリアとモンゴルの調査が中心であった。1923年に調査課が設置され，外モンゴルの基本的調査が始まったと言う。満鉄外モンゴル調査隊拘束事件が発生した時期に，北方調査を指導していたのは，宮崎正義であったようである。彼は「露蒙近代交渉史」の著述に着手していたようであり，モンゴルに対する関心もあったようである[12]。

　一方，日本の軍部も，東北アジアにおける調査活動を進めていた。日本は，シベリア出兵期に，ソヴィエト・ロシアとの戦闘に備えて満洲及びシベリアの情報を収集し，ホルヴァット，セミョーノフ等の反ボリシェヴィキ派，所謂ロシア白軍を支援する活動を行っていた。当時，ハルビン，ウラジオストク等に日本の特務機関が設置されていた。シベリア出兵期，日本は，ウラジオストク，ニコリスク，ハバロフスク，ブラゴヴェシチェンスク，チタ，イルクーツク，オムスク，ハルビン等のシベリア，北満洲の主な都市に特務機関を設けていた。シベリア出兵が終結に向かっていた1920年代初頭には，日本は，東北アジアにおける諜報活動を整理することを企図していた。

　シベリア出兵がほぼ終息しつつあった当時，日本は，ソヴィエト・ロシアに関する情報を入手することができなくなっていた。そのため，日ソ間の公式関係樹立を模索した際に軍及び特務の組織を重要地点に設ける，関東軍所属特務機関をハルビン，ポグラニチナヤ（綏芬河），ブラゴヴェシチェンスク，満洲里，チタに設ける，ハバロフスク，ウラジオストク，ノヴォニコラエフスクに参謀本部所属特務機関を設ける等の案を，1924年7月7日に，関東軍司令部参謀長川田明治が提示していた。1920年代前半の時点で，ハルビン，黒河，満洲里に日本の特務機関が存在した。日ソの公式関係が樹立された1925年には，上述の河田の提案の内，ソ連領内には特務機関を設置できず，ハルビン，満洲里には特務機関が残存し，ポグラニチナヤに特務機関を新たに開設した，という状況にあった。また，ソ連との戦闘を想定した場合，その戦闘地域は北満洲になる

58

ことから，現地の軍事的地理と，鉄道輸送の状況を調査する必要があった。そのために，ハルビンの特務機関所属の参謀本部付将校を満鉄のハルビン支社に所属させることとした[13]。

　以上の通り，1925年は，満鉄，軍部等の日本の諸機関が東北アジアにおける本格的な調査，諜報活動を開始した時期に相当する。これら調査は，軍の対ロシア戦略と密接に関わるものであった。そして，この中に，外モンゴルにおける満鉄の調査も含まれるものであったと考えられるのである。

3　1925年の満鉄外モンゴル調査隊拘束事件の経緯

　1925年の満鉄外モンゴル調査隊拘束事件について，満鉄自身が1917年以降の10年間の満鉄の活動についてまとめた『第二次十年史』では，東部内外モンゴル接壌地域の経済調査と現地事情解明のために1925年5月に編成された2つの調査隊の内の1隊が，イェグゼル・ホトクトの寺院付近で抑留され，12月8日に全員解放されたことが，短く記されているのみである。

　本事件の日本側の基本史料は，外務省外交史料館の4門1類5項13号「満鉄蒙古調査班拘禁一件」であろう。本史料は2巻からなり，第1巻は事件に関する新聞の切り抜きや満鉄関係文書であり，第2巻は事件に関する外務省関係文書である。本公文書史料には，1925年12月30日付で作成された「大正十四年満鉄蒙古調査班抑留事件摘要」(以下「事件摘要」とする)[14]という史料が含まれる。これは，事件解決を受けて，本事件の概要をまとめた史料である[15]。本項では，主として本史料に基づいて，事件の概要を解説する。

　1925年5月，満鉄本社は，内外モンゴルの境界接壌地帯の経済状況を調査する調査隊の編成を計画し，張作霖の許可を得た。調査隊は2班から構成されていた。第1班は，洮南から出発し，ソロンを経て大興安嶺山脈を越えて「コロペンネラ」[16]に至り，「ハラハ」[17]を調査して満洲里に至るルートを取るよう計画された。第1班の活動目的は，洮南から満洲里に通じる交通路の状況と，これら道路の後背地における資源を調査することであった。第2班は，バヤンタル(通遼)から出発して林西に到達し，西ウゼムチン旗を経由して外モンゴル東南部のイェグゼル・ホトクト[18]の寺院がある地域に入り，ヘルレン(サンベイス)を経由して満洲里に達するルートを取る予定であった。第2班の調査目的は，内外モンゴル接壌地帯の資源と，第1班の通るルートの後背地を調査することであった[19]。

　第1班には，満鉄庶務部調査課の西村潔，興業部地質調査所の八丁虎雄等が

参加していた。また，関東軍司令部員の三上雄次，綱本浅吉が満鉄嘱託として加わっていた。第2班には，満鉄庶務部調査課の遠藤久義，調査課嘱託の田辺竜太，竹下義晴等が参加した。これら2つの班は，出発前に，奉天当局とハイラルのモンゴル政庁から護照，即ち保護証明書を受領していた。満鉄は，第2班の経由地であるチャハルと外モンゴルを，馮玉祥の統制下にあると考えていた。だが，馮玉祥から保護証明書を得るのは困難であったため，第2班は，現地のモンゴル王公の許可を得ながら進むことに決定した。第1班は，5月に大連から洮南に行き，出発準備を終え，調査に出発した。しかし，ソロン付近で馬賊の攻撃を受けたため，黒龍江省の護衛兵50人を同行させて8月25日に洮南から出発した[20]。その後，第1班はほぼ計画通りに行程を進め，1925年10月1－2日に満洲里に到着した[21]。

　第2班は，5月16日にバヤンタルを発ち，出発準備を行った。その後，6月14日に林西，7月2日に西ウゼムチンに到達し，9月10日頃に満洲里に到着する予定であった。しかし，8月18日から22日にかけて，満鉄農務課黒山屯（林西）駐在員，林西の薄益三[22]，東亜勧業会社のそれぞれから満鉄側に，7月25日頃にイェグゼル・ホトクトの寺院の地において第2班がモンゴル軍に抑留されたことが伝えられた[23]。8月22日の東方通信の情報等を通じて，日本の外務省もこの情報を入手した[24]。逮捕された第2班の人々は，まず逮捕された現地で取り調べを受け，班に所属していた2人の軍人がフレーに送られた[25]。その後，11月末には，逮捕者全員がフレーに送られていたようである[26]。

　情報が不確かであったために現状が把握できないため，まず満鉄，日本外務省は，本事件の経緯及び抑留された第2班の現状に関する情報の収集を始めた。この時，満鉄は第2班の所在調査を，林西の薄守次[27]，満鉄黒山屯駐在員，関東軍（満洲里駐在特務機関），松室少佐（馮玉祥の顧問），北京駐在公使館，鄭家屯の菊竹実蔵[28]等に依頼した[29]。

　また，抑留者に援助物資を届けるために，満鉄鄭家屯公所の高野宗太郎と菊竹実蔵をモンゴル人民共和国に派遣することになった。この任務のために，北京駐在日本公使館経由でソ連代理大使に援助を要請し，奉天駐在ソ連総領事A. A. クラコヴェツキーからフレー駐在ソ連全権代表[30]宛文書を得た。高野と菊竹はこの文書を持参して外モンゴルへ向かったが，満鉄本社から援助物資供給は他方面から行うべきであるという連絡を受け，引き返すことになった[31]。

　満鉄，外務省双方が，抑留者解放のための交渉を様々な形で試みていた。まず満鉄は奉天官憲及び馮玉祥に援助を要請したが，不首尾に終わった。外務省

60

は，中華民国北京政府や馮玉祥と抑留者解放に関する協議を行ったが，外モンゴルは事実上中華民国，馮玉祥の影響外にあったため，協議による成果はなかった。この過程を経て，日本側はモンゴル人民共和国と直接交渉をせざるを得なくなった。そのため，外務省は，モスクワ駐在田中都吉大使，北京駐在芳沢公使を通じて，モンゴル人民共和国に影響を及ぼしていたソ連に抑留者の解放を訴えた。また，9月26日にモスクワ駐在日本大使館の宮川通訳官が「蒙古公使」と協議し，「蒙古公使」は抑留者解放をフレーに打電することに同意した。そして，10月に張家口に来たダムバドルジ[32]と，抑留者解放のための交渉を行い，抑留者への援助物資供給を非公式に認めさせた。これらの結果，モンゴル人民共和国政府は抑留者の解放を決定した。この決定に関する情報は，10月27日にモスクワ駐在田中大使が伝達してきた[33]。

　その後，抑留者の解放方法とそれにかかる費用の支払いについて，外務省と満鉄はモンゴル人民共和国と協議することとなった。その結果，抑留者の帰還費用5万元を日本側がモンゴル人民共和国に支払い，張家口からフレーへ抑留者引き取りのための自動車を送ることに決定した。こうして，1925年12月15日に，抑留された日本人13人が張家口に到着したのである[34]。

4　満鉄の外モンゴル調査と日本軍

　本項では，満鉄の外モンゴル調査に日本軍が関与していたことについて検討する。1925年5月20日付鄭家屯駐在領事代理副領事中野高一発外務相幣原宛文書には，本調査隊には，満鉄調査部以外に，関東軍も関与していたことが明記されている[35]。「事件摘要」には，モンゴル人民共和国軍に拘束された調査隊第2班のメンバーに遠藤久義（予備砲兵大佐，第2班班長），田辺竜太（予備陸軍軍人），竹下義晴（歩兵大尉，関東軍司令部員），秋山治郎（一等獣医，関東軍司令部員）等の関東軍関係者，日本人軍人が含まれていたこと，第1班にも三上雄次（騎兵中尉，関東軍司令部員），綱本浅吉（一等主計，関東軍司令部員）等の関東軍関係者がいたこと等が記されている[36]。これらの人々の中には，調査活動時に偽名を名乗っていた者もいた[37]。

　モンゴル人民共和国軍に逮捕された遠藤から1925年10月末に秘密裏に届けられた文書には，重要な「ヅショ」を焼き捨てることができた，と記されている[38]。「ヅショ」とは図書すなわち地図や文書等のことを指していると思われる。この「ヅショ」なるものは，単なる一般の地図ではなかったようである。「事件摘要」では，調査隊が携帯した物品を，日本陸軍の携帯天幕，日本陸軍の隊号

を明記した毛布，参謀本部の機密地図等，と記している[39]。本調査隊は，満鉄の
みならず，日本の軍の意向も受けて，軍の物資を用いて活動していたと考える
ことができるであろう。軍の関与について，1925 年 10 月 10 日関東軍参謀本部
長発 11 日関東軍事務次官着電報には，関東軍が，モンゴル人民共和国に逮捕さ
れた軍人について，事実上軍人ではないということを表明する必要がある，と
記されている[40]。関東軍参謀本部は，本調査隊に軍人が関与していることを秘匿
するつもりであったようである。

　「事件摘要」には，本事件発生の理由と，抑留者解放交渉が困難を極めた理由
を，5 つの点で説明している。即ち，1. 調査計画について中国官憲とよく調整で
きなかったこと，2. 満鉄が，外モンゴルの政治情勢をよく知らなかったため，
身分証明書や国境通過許可を獲得しなかったこと，3. 逮捕地に北京政府の影響
力が及んでおらず，また日本，モンゴルの間に直接の国家間関係がなかったた
め，抑留者解放交渉に支障をきたしたこと，4. 満鉄とソ連の関係が複雑である
こと，5. 本調査隊に日本の軍人が関係していたため，本調査隊をモンゴル側が
軍による調査だと疑ったこと等である[41]。この事件に関わった日本の外務省の関
係者は，調査隊に軍人が入っていたことによってモンゴル人民共和国の強硬な
姿勢を呼んだと認識していたのである。但し，実際に軍が満鉄の外モンゴル調
査に何を求めていたのかについては情報がなく，現時点では判然としない。

2　本事件に対するモンゴル人民共和国の姿勢

　本節においては，本事件にモンゴル人民共和国の指導層がどう対処したかを
検討し，当時のモンゴル人民共和国のモンゴル人政治家達が日本に如何なる姿
勢を取っていたかを考察する。

1　日本の調査活動に対するモンゴル人民共和国，ソ連の対応
　当時，東北アジアで本格化しつつあった日本の調査活動に対して，モンゴル
人民共和国とソ連も，対日諜報活動を積極化しようとしていた。1925 年 6 月 2
日のモンゴル人民革命党中央委員会幹部会の議事録には，諜報活動に関する以
下の協議の記述がある。

　　　内防局顧問ラデツキー[42]が，中国の東三省及び日本方面への諜報員を育
　　成することが重要であり，また国境防衛に関することを積極化するという

問題についてハバロフスクに東方の情報を調査するために行った代表と会い，互いに協議して情報を通知しあうことを立案したため，許可を与えるよう求めてきた…[43]

　この記述から，1925 年の 6 月初頭の時点で，モンゴル人民共和国では，満洲，日本に対する諜報活動を積極化しつつあったと考えることができるであろう。
　諜報活動の積極化に合わせて，当時，内防局の刷新，改善が行われていた。例えば，1924 年には内防局をモンゴル人民政府が直接指導することになった[44]。これと共に，1924 年 12 月 9 日のモンゴル人民党中央委員会幹部会議では，国策に関する内防局の活動をモンゴル人民党中央委員会が指導することが決定された[45]。さらに，モンゴルの政府，党内において内防局内の規則の改変が協議されていた[46]。また，内防局の人員刷新の一環として，1925 年 6 月には，局長をバートリンからナサンバト[47]に交代した[48]。このような内防局の刷新の理由の 1 つに，内防局の活動の不備があった。1924 年 7 月 24 日のモンゴル人民党中央委員会幹部会議において，内防局が関係のない業務を行ったり，嫌疑不十分であるにも関わらず人を逮捕したりするために，批判が絶えないという問題について協議された。上述の内防局を政府が直接指導することになったのは，このためであった[49]。このことには，内防局がこれまで外モンゴルにおける様々な政治事件，政治家の粛清に関与していたことが影響していると思われる。また，1925 年 6 月 20 日のモンゴル人民革命党中央委員会幹部会議では，今までの内防局の活動報告が検討された。この時，内防局の活動が好ましくないものであり，局員にも不適格なものが含まれていることが指摘され，内防局の活動と局員の適性を特別委員会でチェックすることが決定された。そして，この特別委員会に，委員長としてアマル[50]，委員にチョイバルサン[51]，ハヤンヒャルワー[52]，M.アマガエフ[53]を任命した[54]。アマガエフも，モンゴル駐在コミンテルン代表として内防局の活動状況をよくないものであると認識し，内防局を確立させてその活動を完全なものにすることを企図していた[55]。その一環として，1925 年 10 月 6 日のモンゴル人民革命党中央委員会幹部会議では，アマガエフの建議によって，内防局の活動改善のために内防局の顧問数を 2 人から 5 人に増やすことが決定された[56]。1925 年夏の満鉄外モンゴル調査隊拘束事件が発生した時期は，正にモンゴル人民共和国において諜報活動の重要性が指摘され，内防局の活動が改善され，積極化されつつあった時だったのである。
　このような諜報活動に関する事業を進めつつあったため，満鉄調査隊の外モ

ンゴル進入は，モンゴル人民共和国側にとって大きな衝撃になったはずである。
実際に，1925年8月1日付内防局発モンゴル人民共和国政府宛文書に，本事件
に関する記述が以下のように見られる。

　　　現在，イェグゼル・ホトクトの寺院付近の第3特別騎兵連隊の隊長達か
　　ら軍務省に通知してきた第223文書が，軍務省からの第1383文書を添付し
　　て，我が局［内防局：青木］に届けられた。本文書を見るに，中国の地か
　　ら，様子不明の調査でこの国［モンゴル人民共和国：青木］の東部国境を
　　越えてきた者達がいる。その中に，日本人13人，中華民国人15人がいる。
　　彼らは，モンゴル文字による国の古い伝説や，地図のようなもの等を大量
　　に自分の身に携帯していた。これを見るに，彼らが必ずや日本から指令を
　　受けて我がモンゴル国の状況を調査し，地図を持って昔の様々な資料を収
　　集すべく来た，ということが明らかである。それのみならず，彼らが現在
　　領内にいるということは，何らかの重大な事情があるのであり，如何に大
　　衆に害を与えるかわからない。そこで，我が内防局が，このように領内に
　　長く留めておくのは非常に疑わしいことであるため，迅速さを考え，特別
　　な軍務の人間を，自動車を用いて派遣し，対象者を強制的に逮捕して来さ
　　せた…[57]

　調査隊第2班は，所持品から日本政府の指示の下に活動していることを疑わ
れたのである。上述の通り，調査隊第2班が携帯していたこれらの物品は，日
本陸軍，参謀本部の物品であり，逮捕された際に速やかに破棄する必要さえあっ
たものである。これらの物品によって，内防局は，調査隊を，「重大な事情があ
る」存在と見なしたのである。
　1925年9月15日付満洲里駐在領事館事務代理太田発外務相幣原宛文書には，
「チスチャコフ」という情報提供者が，モンゴル人民共和国が調査隊第2班を抑
留している理由を，調査隊がモンゴル人民共和国の旅券を所持しておらず，モ
ンゴルの地図や経済資料等を携帯していて経済間諜である恐れがあったため，
と述べていることが記されている[58]。この発言は，上述の1925年8月1日付内
防局発モンゴル人民共和国政府宛文書の記述とも概ね合致している。モンゴル
人民共和国は，満鉄等の日本人の調査活動を，軍，経済関係の諜報活動と捉え
て警戒していたのである。
　このように，モンゴル人民共和国側では，東北アジアにおける満鉄等の日本

64

の調査活動が積極化する 1920 年代において，これに対抗すべく内防局による諜報活動を積極化しつつあった。このような状況下，満鉄外モンゴル調査隊拘束事件が発生した。そのため，モンゴル人民共和国はこの事件を重大な事情があると見なしたのである。

2　満鉄外モンゴル調査隊拘束事件に対するモンゴル人民共和国の対応

　しかし，モンゴル人民共和国の指導層は，この事件に対して，単に日本に対する脅威を感じて厳しい対処をしたのではなかった。この事件に対するモンゴル人民共和国側の対応には，日本に対する別の姿勢も働いていた。

　実は，日本側と直接交渉したモンゴル人民共和国側の人間の対応は，概ね日本に対して友好的なものであったようである。1925 年 9 月 26 日にモスクワ駐在大使田中は，宮川という人物にモンゴルの代表「パタンゾー」と面会させて協議させたことと，「パタンゾー」は逮捕者を解放するようフレーに伝えることを承認したことを伝達してきた[59]。この「パタンゾー」は，その発音から，Ba. ダンザン（ヤポン・ダンザン）[60]であると推測される。1925 年 9 月 29 日付満鉄東京支社長発庶務課課長宛文書には，モスクワにおけるこの交渉の結果，逮捕者の解放に関して「光明を認めたる」と記されている[61]。この記述から，ヤポン・ダンザンの返答は，日本側にとって良いものであったと思われる。

　日本側の史料では，ダムバドルジ等モンゴル代表達が 1925 年 10 月 4 日に張家口に到着したことを受けて，張家口駐在領事根津が，抑留者解放交渉に関して，馮玉祥の元にいる日本軍中佐松室を介してダムバドルジと協議をさせる等のいくつかの提案をしている[62]。だが，松室を介してダムバドルジを交渉するのは中止になったようである[63]。その代わり，現地の道尹を介してダムバドルジと交渉を行った。この時ダムバドルジは，

　　　本件は公式には右事実なしと否認する外なし…非公式に申せば一行中には二名の陸軍将校ありて軍用地図並に測量図器械等を携帯し居り外蒙の赤化視察及測量等を主眼とする秘密の使命あることは蓋し推測するに難からず…右両名は既に庫倫に押送せられ厳重監禁中なり其他の班員は現場にて精密訊問したる上釈放せられるべきや否決定するも目下自由に衣食を給し居り生命には別条なかるべきも衣食の供給並外部との面接を許さず…[64]

と回答した。ダムバドルジは，調査隊に軍人が含まれ，軍用器具を用いた調

65

査を行っていたことを問題視していたのである。1925年10月14日張家口駐在領事根津発15日着幣原宛文書では，根津が交渉者を介してダムバドルジと交渉を行ったことと，この交渉の際にダムバドルジが逮捕者に非公式に衣類，食糧，金銭を与えることを許可したこと，ダムバドルジが，日本，満鉄の双方が本事件の存在を承認しないようにし，本事件が恰も逮捕者個人の活動であったかのように処理するべきであると回答したことが記述されている[65]。ここに，本事件を非公式化するダムバドルジの考えが見出される。ダムバドルジは，日本との関係を悪化させてでも防諜の措置を取るのではなく，今回の事件を存在しないことにして決着させようとしているのである。このようなダムバドルジの姿勢の結果，抑留者解放の決定がモンゴル人民共和国政府で出されたのである。

抑留者解放を決定したモンゴル人民共和国政府執行局会議の決定が，1925年12月19日付内防局発モンゴル人民革命党中央委員会宛文書[66]に掲載されている。

> 本件の日本国籍者が，当国［モンゴル人民共和国：青木］領内を全く許可なく意図的に動き回ってきたことは疑わしいことであり，大いに不適切なことである。しかし，両国の友好に鑑みて彼らの身を解放して当国領内から追放すべきである。このことを，内防局に命じて執行させるよう決定した…[67]。

この史料の記述によれば，モンゴル人民共和国政府は，外モンゴルに入ってきた調査隊第2班を，疑わしく不適切であると捉えていた。しかし，日本とモンゴルの「両国の友好」のために，モンゴル人民共和国政府は第2班の解放を決定したのである。この「両国の友好」という語は，上述の日本側に対するダムバドルジとヤポン・ダンザンの対応を考慮すると，単に建前に留まる語ではなく，日本に対するモンゴル人民共和国側の本音が含まれている語であると考えるべきであろう。

モンゴル人民共和国側が本事件に関して日本との関係を悪化させたくなかった理由の1つは，日本を東北アジアに進出する脅威と見る一方，国家建設に必要な知識，技術を有し，人材育成のために関係を結ぶことが必要な外国であるとも見ていたからだと思われる。先行研究の指摘にもあるように，当時のモンゴル人民共和国では，ソ連以外の諸外国とも関係を結んで国家建設を進める政策が試みられていた[68]。これについては盛島角房が重要な記述を残している。盛島は，1926年5月にモンゴル人民共和国に潜入し，モンゴル人民共和国政府指

1925 年の満鉄外モンゴル調査隊拘束事件とモンゴル人民共和国

導層と会って対談している。盛島の記述によると，この時，モンゴル人民共和国外務省関係者，ロシア国境にある都市アルタンボラグ長官，内防局長[69]は，盛島の「何故日本人の入国を禁じるのか」という質問に対して，そのようなことはなく，手続きすればいつでも護照を発給すると回答し，

> 蒙古は将来日本に留学生を派遣する計画あり，故に此の際日本の感情を害するが如きことは断じて為さず却て大いに親善関係を結ばんとする，是れが一般蒙人の希望であるが，露人の猜疑嫌忌に因り多少の不便を免れない[70]。

と説明した。当時，モンゴル人民共和国においては近代国家建設が進められていた。国家建設のためには，日本に人員を派遣することも必要だとモンゴル人指導層は見なしていたと思われる。そのため，日本との関係を悪化させたくなかったのであろう。

このように，ダムバドルジ，ヤポン・ダンザン等の当時のモンゴル人民共和国指導層は，日本の東北アジア進出を懸念しながら，自分達の国家建設のために日本に対する友好的姿勢も取っていたのである。この二面的な姿勢が，1920年代中期におけるモンゴル人民共和国指導層の多くの対日姿勢だったのであろうと思われる。

おわりに

本稿で検討したことは，以下のようにまとめられる。

1925 年の満鉄外モンゴル調査隊の拘束事件と，抑留者の解放交渉から，当時のモンゴル人民共和国と日本の関係を窺い知ることができる。モンゴル人民共和国側は，元来，内防局の活動健全化を通じて，満洲，日本に対する諜報活動の積極化を図っていた。本事件に関するモンゴル側の文書から，東北アジアにおける日本の調査活動が軍事的な諜報活動としてモンゴル人民共和国の懸念を惹起していたことが分かる。一方，モンゴル人民共和国にとって，日本は国家建設のための人材を育成する上で関係を持つ必要がある国でもあった。そのため，本事件に対するモンゴル人民共和国の姿勢は，事件に対する懸念を覚えつつも対日友好関係を優先した，という複雑なものになったのである。

本稿で検討した以上の結論から，1920 年代のモンゴル人民共和国の政治家達

が持つ日本に対するこの複雑な姿勢は，少なくともダムバドルジ政権が失脚して国家の体制が大きく変化する 1928 年末までは継続すると推測される。この時期のモンゴル人民共和国の対外活動を考察する際には，このような複雑な対日姿勢を考慮に入れる必要があるであろう。

註

1 本稿においては，ロシア革命の結果ロシアに成立したソヴィエト政権を，1922 年末のソ連成立以前については「ソヴィエト・ロシア」，それ以後は「ソ連」，両者を総合して表記する必要がある場合には，便宜的に「ソヴィエト」と表記する。

2 満鉄の調査活動に関する先行研究は枚挙に暇がない。ここでは，代表的著作として，小林 2006，『調査と研究』，原 1986，『満鉄調査部』を挙げておきたい。しかし，これらの先行研究においても，満鉄の調査と外モンゴルの関係や，1925 年の満鉄外モンゴル調査班拘束事件については触れられていない。

3 なお，本稿は，Аоки Масахиро. 1920-иод оны Монгол дахь «Японы тагнуул»-ын асуудал. –Мантэцүгийн экспедицийн ангийн хэрэг явдал. Зүүн Азийн шинэ дэг журам ба Монгол, Япон. Монгол, Японы залуу судлаачдын II форумын эмхтгэл. Улаанбаатар. 2014（pp. 19-42）を基に，本稿の主題に合わせ，新たに入手した諸史料に基づく考察を加えて改編し，加筆修正したものである。

4 外モンゴルで著名な化身（所謂活仏）8 世ジェブツンダムバ・ホトクトを国家元首ボグド・ハーンに推戴した政権であるため，通常こう呼ばれる。

5 外モンゴルの中心地。現在のオラーンバートル。

6 モンゴル人民党を結成した党リーダーの 1 人。モンゴル人民政府でも財務相等を務めたが，1924 年に粛清された。

7 エルベグドルジ・リンチノ。著名なブリヤート・モンゴル人知識人である。モンゴル人民政府では，全軍評議会議長を務め，強い影響力を発揮した。

8 以上の 1920 年代前半の外モンゴルの政治情勢については，青木 2011 を参照されたい。

9 内防局とモンゴル人政治家の粛清の関係については，青木 2011（pp. 107-160, 255-294）等を参照されたい。

10 『満鉄調査部』（p. xi）。

11 『第二次十年史』（pp. 1250-1251）。

12 『満鉄調査部』（pp. 329-332, 337）。

13 以上の東北アジアにおける日本軍の諜報活動の概要は，富田 2010（pp. 263-268），西原 1980（pp. 13-44）に拠った。

14 日外館 4 門 1 類 5 項 13 号，第 2 巻（pp. 474-503）。なお，日外館 4 門 1 類 5 項 13 号に収められている文書には，頁数が記載されていない。そのため，本稿において史料の引用を示す際には，筆者が自ら計算して付けた史料 1 件全体の頁数を記載した。

15 なお，1926 年 1 月 7 日付中国駐在公使芳沢謙吉発外務相幣原喜重郎宛文書によると，

68

1925 年の満鉄外モンゴル調査隊拘束事件とモンゴル人民共和国

本史料は芳沢から幣原に送付されたものである（日外館 4 門 1 類 5 項 13 号，第 2 巻，
p. 474）。

16　原文にはこうある。どこを指すのかは判然としない。

17　本史料にはこう記されている。ハルハ河流域を指すと推測される。

18　外モンゴルにおける著名な化身，所謂活仏の 1 人。

19　「事件摘要」（日外館 4 門 1 類 5 項 13 号，第 2 巻，pp. 474-503）。

20　「事件摘要」（日外館 4 門 1 類 5 項 13 号，第 2 巻，pp. 474-503）。

21　1925 年 10 月 2 日付満洲里駐在領事館事務代理太田日出雄発外務相幣原宛「満鉄蒙古
調査第一班到着に関する件」（日外館 4 門 1 類 5 項 13 号，第 2 巻，p. 207）。

22　1879 年に新潟県で生まれ，朝鮮，満洲に赴いた。1910 年代に満洲，中国における蜂
起を計画し，1919 年にバーリン右旗でジャガル親王の支援を得て公司を設立した。だ
が，公司の経営は思わしくなく，1925 年に東亜勧業株式会社に業務を移譲した。また，
1925 年に，バーリン右旗において「蒙古横断」というドキュメンタリー映画を撮影し，
当時の内モンゴル東部地域の実情を日本に伝えた（広川 2012，pp.53-56）。

23　「事件摘要」（日外館 4 門 1 類 5 項 13 号，第 2 巻，pp.474-503）。

24　東方通信。8 月 22 日。「邦人蒙古兵に逮捕さる」（日外館 4 門 1 類 5 項 13 号，第 1 巻，
p.1）。1925 年 8 月 26 日付外務相幣原発奉天総領事船津辰一郎宛「満鉄調査隊遭難の件」
（日外館 4 門 1 類 5 項 13 号，第 2 巻，pp.6-8）。

25　1925 年 10 月 8 日付張家口駐在領事根津芳造発外務相幣原宛文書（日外館 4 門 1 類 5
項 13 号，第 2 巻，pp.194-196）。

26　1925 年 11 月 25 日付鄭家屯駐在領事代理副領事中野高一発幣原宛文書（日外館 4 門 1
類 5 項 13 号，第 2 巻，pp. 447-449）。

27　薄益三の甥（広川 2012，p.53）。「事件摘要」では「守二」と表記されているが，守次
のことであろう。

28　1889 年に生まれ。東京外国語学校モンゴル語科卒業後，北京，モンゴルに赴いた。
1918 年以降ホルチン左中旗で工場を経営し，1921 年以降満鉄嘱託として活動し，1927
年には満鉄鄭家屯公所所長に就任した（鈴木 2012，pp. 377-378）。1925 年に菊竹は，
現地の日本人居留民会会長として活動していた（1925 年 9 月 17 日付鄭家屯駐在領
事代理副領事中野高一発外務相幣原宛文書［日外館 4 門 1 類 5 項 13 号，第 2 巻，pp.
143-147]）。

29　「事件摘要」（日外館 4 門 1 類 5 項 13 号，第 2 巻，pp. 474-503）。

30　П. М. ニキフォロフのことであろう。

31　「事件摘要」（日外館 4 門 1 類 5 項 13 号，第 2 巻，pp. 474-503）。

32　早くからモンゴル人民党の活動に関わった政治家。当時はモンゴル人民革命党中央委
員会委員長を務めており，モンゴル人民共和国指導層の 1 人であった。張家口を訪れ
たのは，内モンゴル人民革命党第 1 回大会に参加するためだったと思われる。

33　「事件摘要」（日外館 4 門 1 類 5 項 13 号，第 2 巻，pp. 474-503）。

34　「事件摘要」（日外館 4 門 1 類 5 項 13 号，第 2 巻，pp. 474-503）。

35　日外館 4 門 1 類 5 項 13 号，第 2 巻（pp. 1-5）。

69

36 日外館 4 門 1 類 5 項 13 号，第 2 巻（pp. 475-503）。

37 例えば，遠藤は近藤寿儼（久義），竹下は竹本義人，秋山は林山治郎と名乗っていた（1925 年 5 月 20 日付鄭家屯駐在領事代理中野発幣原宛文書［日外館 4 門 1 類 5 項 13 号，第 2 巻，pp. 1-5］，1925 年 10 月 13 日付外務相幣原発中国駐在公使芳沢宛文書：［日外館 4 門 1 類 5 項 13 号，第 2 巻，pp. 287-288]）。

38 日外館日外館 4 門 1 類 5 項 13 号，第 1 巻 pp.190-199. 1925 年 10 月 28 日付満鉄庶務課発満鉄東京支社宛文書によると，遠藤が満鉄調査部部長宛に送った本文書は，10 月 26 日に東亜勧業から満鉄庶務課に届けられた（日外館 4 門 1 類 5 項 13 号，第 1 巻，pp. 190-199）。

39 日外館 4 門 1 類 5 項 13 号，第 2 巻（pp. 475-503）。

40 JACAR Ref. C03022751800, pp. 9-10. 密大日記，大正 15 年，第 2 冊（日本国防衛省防衛研究所）。

41 「事件摘要」（日外館 4 門 1 類 5 項 13 号，第 2 巻，pp. 475-503）。

42 ソ連から派遣された内防局総合顧問。

43 НБТ Ф.4-Д.1-ХН.364-Х.9.

44 青木 2011（pp. 261-262）。

45 НБТ Ф.4-Д.1-ХН.244-Х.97.

46 1924 年 7 月 22 日付全軍評議会発モンゴル人民政府宛文書（YTA Ф.1-Д.1-ХН.322-XX.212-215），1924 年 12 月 23 日付モンゴル人民党中央委員会幹部会議議事録（НБТ Ф.4-Д.1-ХН.244-Х.111），1925 年 1 月 28 日付モンゴル人民党中央委員会幹部会議議事録（НБТ Ф.4-Д.1-ХН.363-XX.18-19）等。

47 モンゴル人民共和国の著名な政治家ジャダムバの兄。ナサンバト自身も政治に関わるようになり，内防局局長に就いた（Болдбаатар 2004，pp.222-223）。

48 1925 年 6 月 22 日付モンゴル人民共和国政府メンバー会議（YTA Ф.1-Д.2-ХН.2-XX.311-312）。

49 НБТ Ф.4-Д.1-ХН.242-XX.112-113.

50 政府補佐官，外務相等政府要職を歴任するモンゴル人民共和国の有力政治家。

51 モンゴル人民党結成時のメンバーの 1 人。モンゴル革命青年同盟中央委員会委員長，全軍司令官等を務めた。

52 モンゴル革命青年同盟中央委員会組織課課長を務め，モンゴル人民党に加入し，党でも組織課課長を務めたモンゴル人政治家（Болдбаатар 2004，p. 279）。

53 ブリヤート・モンゴル人政治家。ブリヤート・モンゴル自治ソヴィエト社会主義共和国中央執行委員会議長を務め，外モンゴルでは財務省顧問，国家小会議メンバー等を務め，モンゴル駐在コミンテルン代表に就任した。

54 НБТ Ф.4-Д.1-ХН.364-XX.22-23.

55 1925 年 10 月 8 日付アマガエフの報告（РГАСПИ Ф.495-ОП.152-Д.31-XX.82-84）。

56 НБТ Ф.4-Д.1-ХН.364-XX.112-113.

57 YTA Ф.1-Д.2-ХН.48-XX.196-197.

58 日外館 4 門 1 類 5 項 13 号，第 2 巻，pp. 106-113.

59 1925 年 9 月 27 日発 28 日着ソ連駐在大使田中発外務相幣原宛文書（日外館 4 門 1 類 5 項 13 号，第 2 巻，p. 148）。

60 上述の S. ダンザンとは別人物。ヤポン・ダンザンという別名を持つ。モンゴル人民党に加入し，党中央委員会委員長として活動した後，モスクワ駐在モンゴル全権代表を務めた。但し，日本側がヤポン・ダンザンと接触して交渉を始めた時期には，ヤポン・ダンザンはモスクワ駐在モンゴル全権代表ではなかった可能性がある。1925 年 8 月 27 日付モンゴル人民政府執行局会議において，ヤポン・ダンザンが全権代表からの暇乞いをしたため，これを受け入れ，ヤポン・ダンザンの代わりにボヤンチョールガンを新全権代表とする決議が出された（YTA Ф.1-Д.2-ХН.6-XX.185-186）。おそらく，ヤポン・ダンザンが暇乞いの後もモスクワにおり，ヤポン・ダンザンが有力者であったために彼と日本側が協議したのであろうと推測される。

61 日外館 4 門 1 類 5 項 13 号，第 1 巻（p. 99）。

62 1925 年 10 月 5 日付張家口駐在根津発領事北京駐在公使芳沢宛文書（日外館 4 門 1 類 5 項 13 号，第 2 巻，pp.217-224）。

63 1925 年 10 月 7 日付張家口駐在領事根津発北京駐在公使芳沢宛文書（日外館 4 門 1 類 5 項 13 号，第 2 巻，pp.280-286）。

64 1925 年 10 月 8 日付張家口駐在領事根津発外務相幣原宛文書（日外館 4 門 1 類 5 項 13 号，第 2 巻，pp.194-196）。

65 日外館 4 門 1 類 5 項 13 号，第 2 巻（pp. 272-275）。

66 本文書は，抑留者を解放してモンゴル人民共和国領から追放したことを内防局がモンゴル人民共和国政府に報告するためのものであった（НБТ Ф.4-Д.1-ХН.584-X.9）。

67 НБТ Ф.4-Д.1-ХН.584-X.10.

68 生駒 1995（pp.270-271）等。

69 ナサンバトかバートリンであると思われる。

70 盛島 1928（p. 55），生駒 1995（p. 270）。

参考文献

JACAR：アジア歴史資料センター公開史料

日外館：日本国外務省外交史料館所蔵史料

НБТ：モンゴル人民党史料センター所蔵史料

YTA：モンゴル国立中央文書館所蔵史料

РГАСПИ：ロシア国立社会政治史文書館所蔵史料

（日本語）

青木 2011：青木雅浩『モンゴル近現代史研究：1921-1924』（早稲田大学出版部，2011 年）.

生駒 1995：生駒雅則「ダムバドルジ政権下のモンゴル：第一次国共合作とモンゴル民族解放運動」（狭間直樹編『一九二〇年代の中国』汲古書院，1995 年）.

『満鉄調査部』：井村哲郎編『満鉄調査部：関係者の証言』（アジア経済研究所，1996 年）.

小林 2006：小林英夫『満鉄調査部の軌跡：1907-1945』（藤原書店，2006 年）.

鈴木 2012：鈴木仁麗『満洲国と内モンゴル：満蒙政策から興安省統治へ』（明石書店，2012 年）.

西原 1980：西原征夫『全記録ハルビン特務機関』（毎日新聞社，1980 年）.

広川 2012：広川佐保「『蒙古義軍秘挙事筌蹄』および解題」（『News letter［近現代東北アジア地域史研究会］』24，2012 年）.

富田 2010：富田武『戦間期の日ソ関係：1917 － 1937』（岩波書店，2010 年）.

原 1986：原覚天『満鉄調査部とアジア』（世界書院，1986 年）.

『調査と研究』：松村高夫，柳沢遊，江田憲治編『満鉄の調査と研究：その「神話」と実像』（青木書店，2008 年）.

『第二次十年史』：南満州鉄道株式会社『南満洲鉄道株式会社第二次十年史』（南満州鉄道株式会社，1928 年）.

盛島 1928：盛島角房『外蒙の現勢と其将来』（支那実情調査会，1928 年）.

（モンゴル語）

Болдбаатар2004：Чунтын Болдбаатар. *XX зууны Монголын улстөрийн зүтгэлтнүүд*. Улаанбаатар. 2004.

［付記］外務省外交史料館の 4 門 1 類 5 項 13 号「満鉄蒙古調査班拘禁一件」は，日本大学の松重充浩教授の御指摘により，使用することができたものである。ここに記して，改めて謝意を示させて頂きたい。なお，本稿は，早稲田大学特定課題研究助成費（課題番号 2014B － 079）による研究成果の一部である。

日本人の対モンゴル観，モンゴル人の対日本観
：調査データからの検討

湊　邦生

（Kunio Minato）

はじめに

　モンゴルの民主化によって日本・モンゴル関係の急速な拡大への道が開かれてからほぼ四半世紀が経過した。両国がかつて戦火を交え，また冷戦期には異なる陣営に属していたという事実にもかかわらず，今日両国はお互いのことを友好国と思っている。モンゴルに対する日本の大規模な援助と大相撲のモンゴル人力士は，両国の間に 50 年以上横たわってきた壁を一気に押し下げた。

　このような顕著な変化にもかかわらず，両国の国民がお互いの国をどう思っているのかに関する研究は少ない。モンゴルにおける調査では，モンゴルの人々に対して日本への意識がたずねられてきた。継続的な世論調査プロジェクト「ポリトバロメートル」では，モンゴルにとってのベストパートナーである国とはどこか，またモンゴル人にとって最もコミュニケーションがとりやすく，また協力しやすいのはどの国の人々かという設問が組み込まれている[1]。もう 1 つの調査が，2004 年に実施された「モンゴルにおける対日世論調査」である[2]。しかし，どちらの調査も，一般に公開されているのは回答の集計結果のみであり，それ以上の詳細な分析は不可能である。また，内陸アジア諸国と南アジア諸国で実施されたアジア・バロメータ 2005 調査は，回答者が日本を含む一連の国々について，自国に与える影響が良いか悪いかをたずねる設問を含んでいる。この調査の個票データは公開されており，分析に利用可能である。しかし，ある国の影響に対する回答者の評価と，その国に対する観方とを同一視できるかどうかは疑問である。

　一方，日本人のモンゴルに対する意識については，近年になるまで実証的な

73

調査，分析が行われてこなかった。モンゴル族（当時の用語では「蒙古族」）を含む
諸民族に対する好悪感情の調査こそ半世紀以上前に行われていたが（楠，1939,
1941, 1951），それらは日本のモンゴルという国への観方に関するものではなかっ
た。他の研究では，日本人のモンゴルに対する観方に対して，元寇が与えた影
響（片倉，1998）や，中華思想によって遊牧民への軽蔑がもたらされたことによ
る影響（片倉，2004）について論じられている。しかしながら，どちらの研究も
議論を支持する実証的な根拠を示しているわけではない。

　本稿では，日本人のモンゴルに対する観方と，モンゴル人の日本に対する観
方について，両国で実施された全国規模の量的調査データを基に論じる。本研
究で行われる分析は過去の研究（湊，2009, 2012; Minato 2010）の延長線上に位置し
ており，新たな変数や分析モデルが追加されている。第1節では日本版総合的
社会調査の2006年版（以下 "JGSS-2006"）のデータを用いて，日本人のモンゴル
に対する観方について分析を行う。続く第2節では，モンゴル人の日本に対す
る観方について，アジアン・バロメータ第2回調査（以下 "ABS2"）のデータを用
いた分析結果を基に検討する。以上の結果については「おわりに」で議論する。

1　日本人の対モンゴル観

1　データと設問

　先述の通り，日本人のモンゴルに対する観方についての分析ではJGSS-2006
データを使用する[3]。JGSS-2006は日本人の対モンゴル観についてたずねた最初
の，また最新の全国データセットである。調査は2006年10月から12月にかけ
て実施された。調査対象者は層化二段無作為抽出法で抽出された日本全国の20
歳から89歳の男女8,000人であり，有効回答数は4,254であった。

　この調査では面接法と留置法が併用されている。留置調査票のうち一方（A票）
に外国・地域に対する調査対象者の意識をたずねる設問があり，2,124人が回答
している。そのうち全ての国と地域について回答した回答者が2,023人おり，そ
れらの回答について本稿で分析を行う。設問文は「次にあげる国・地域につい
て，あなたは好ましい印象をもっていますか，好ましくない印象をもっていま
すか。あてはまる数字に○をつけてください。特に印象がない場合は「0」に○
をつけてください。」となっている。回答者が選択すべき数字は-3から+3の範
囲となっており，設問で対象となる国・地域は韓国，北朝鮮，中国，モンゴル，
台湾，フィリピン，タイ，インドネシア，インド，ロシア，アメリカである。

74

2 JGSS-2006における各国の好感度に関する回等の分布

図1はJGSS-2006における各国の好感度に関する回答の分布を示している。モンゴルに対して好ましい印象を持つ回答者の数は，好ましくない印象を持つ回答者の数を上回っている。一方で，ほぼ3分の2の回答者が「0」と回答している。これは，彼らがモンゴルに対して好ましい印象も好ましくない印象も持っていないことを意味する。

この図によれば，日本人のモンゴルに対する意識は比較的好意的であるものとみられる。ただし，これを検証するためには，上記回答から計算されるモンゴルの好感度スコアの平均値が他の国々を上回っているかどうかを問うべきである。一般線形モデル（反復測定）とボンフェローニの多重比較を行った結果によれば，モンゴルの好感度スコアの平均値は.304であり，アメリカ（.669）と台湾（.438）よりは有意に低い。しかし，その他の国々と比較すると，有意な差異がみられなかったタイ（.250）を除き，有意に高い[4]。したがって，設問に記載された国々の多くと比較して，日本人にとってのモンゴルの好感度はより高い。

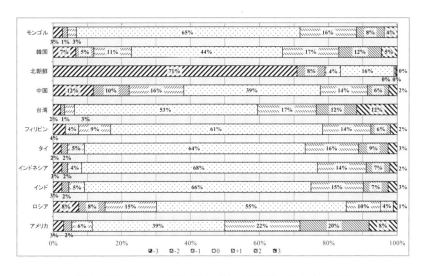

図1　JGSS-2006における外国・地域の好感度の分布（N=2023）

3　現代日本におけるモンゴルに対する観方の分析

　次に，日本人の対モンゴル観と関連する要因について，重回帰分析による検討を行う。分析に含まれる独立変数は，(i) 基本属性，(ii) 社会観，(iii) 回答者の情報接触，(iv) 国際化・グローバリズム（外国の人や情報等に対する回答者の接触に関する状況，能力および意識）の4種類に分類される[5]。変数のほとんどは過去の研究（湊，2009；Minato 2010）で含まれていたものであるが，本稿ではモンゴル人の対日

表1　重回帰分析の結果（JGSS-2006）

	全体 (N=1939)			男性 (N=958)			女性 (N=981)		
	B	S.E.	β	B	S.E.	β	B	S.E.	β
切片	-.700 ***	.190		-.811 **	.283		-.467 +	.259	
性別	.172 ***	.049	.083						
年齢	-.003 +	.002	-.050	-.002	.003	-.033	-.005 +	.003	-.077
地域ブロック:北海道	.072	.126	.015	.022	.194	.004	.127	.164	.028
東北	.127	.111	.031	.242	.168	.054	.037	.146	.010
関東	.252 **	.080	.111	.174	.119	.074	.325 **	.107	.150
北陸	.024	.117	.005	-.157	.165	-.036	.249	.168	.053
東山	.069	.126	.014	-.012	.188	-.002	.166	.169	.035
東海	.124	.097	.038	.186	.146	.054	.073	.128	.024
近畿	.067	.090	.022	-.007	.134	-.002	.162	.120	.056
中国	.017	.111	.004	.020	.165	.005	.030	.150	.007
四国	.225 +	.132	.042	.097	.197	.018	.341 +	.177	.067
学歴:高校	.048	.072	.023	.000	.104	.000	.090	.100	.045
非大学高等教育	.062	.095	.020	.054	.156	.014	.103	.126	.040
大学	-.039	.097	-.015	-.107	.131	-.046	-.001	.151	.000
主観的社会階層	.015	.035	.012	-.014	.052	-.011	.037	.048	.029
所得水準	.008	.032	.007	.072	.047	.062	-.059	.046	-.049
対人信頼感	.062 ***	.018	.080	.044 +	.026	.057	.091 ***	.025	.116
宗教:仏教	.135	.086	.055	.204	.126	.083	.075	.119	.031
キリスト教	.054	.249	.005	.465	.432	.037	-.105	.303	-.012
その他	.226 +	.131	.051	.416 *	.209	.086	.103	.167	.026
信仰心	.021	.053	.016	-.016	.081	-.011	.026	.070	.021
TV視聴時間	.005	.011	.010	.003	.017	.007	.005	.014	.011
1ヶ月の読書冊数	.029	.021	.032	-.042	.031	-.047	.095 **	.030	.107
新聞講読頻度	.008	.021	.009	.034	.037	.032	-.006	.026	-.007
外国人との接触機会	.042	.026	.040	.042	.038	.038	.045	.035	.044
外国人増加への賛否	.270 ***	.049	.129	.256 ***	.072	.117	.275 ***	.067	.137
英語使用機会	-.004	.030	-.004	-.061	.043	-.062	.053	.044	.052
英語能力自己評価	.012	.021	.019	.074 *	.029	.117	-.053 +	.030	-.083
英語学習意欲	.010	.028	.010	.074 +	.043	.067	-.027	.037	-.028
英語以外に学びたい外国語	.235 ***	.065	.090	.184 +	.095	.067	.280 **	.088	.114
F値	5.427 ***			2.854 ***			4.017 ***		
調整済みR2乗	.064			.053			.082		

注：　Bは非標準化偏回帰係数、S.E.は標準誤差、βは標準化偏回帰係数。*** p<.001, ** p<.01, * p<.05, + p<.1
　　VIFは5未満であるため、多重共線性の問題は生じていない。

日本人の対モンゴル観，モンゴル人の対日本観

本観との比較を行うべく，回答者の主観的社会階層，宗教および宗教心の程度についても分析に追加する。一方で，モンゴル人の対日本観に関する分析で利用できなかった職業変数については除外する。以前の分析では，職業と日本人の対モンゴル観との有意な関連は観察されていない（湊，2009：Minato 2010）。分析結果は表1に示されている。

　表1に示された分析結果は，概して Minato（2010）の知見を確認するものとなっている。男性は女性よりもモンゴルに対して好感を持つ傾向があり，全回答者および女性回答者のモデルにおいて，関東地方の回答者の対モンゴル観が良くなる傾向がみられる。生活圏で外国人が増えることへの賛否が正の，かつ最も強い関連を有している。Minato（2010）で見られた正の関連，すなわち男性モデルにおける英語運用能力の自己評価，全回答者モデルと女性モデルにおける信頼感，および英語以外の外国語学習への関心，女性モデルにおける読書冊数による正の関連は，この分析でも検証された。反面，全回答者モデルでは読書冊数，男性モデルでは東北地方と所得水準，女性モデルでは四国地方の関連がそれぞれ有意ではなくなっている。さらに，変数を入れ換えたことで，Minato（2010）と比較して全回答者モデルの説明力は1.6％，男性モデルで1.0％，女性モデルで0.5％上昇した。新変数の中では，男性回答者のうち，宗教カテゴリで「その他」に分類される，大多数は新宗教を信仰する人々は，特定の宗教を持たない回答者と比べると，モンゴルに好感を持つ傾向が見出される。

2　モンゴル人の対日本観

1　データと設問

　モンゴル人の対日本観については，ABS2データを用いた分析を行う。「アジアン・バロメータ」は中央研究院政治学研究所（台湾）と国立台湾大学人文社会高等研究院を中心とする，政治的価値観・民主主義・ガバナンスに関する世論を調査する国際プロジェクトである。本稿執筆時点までに第1回，第2回および第3回調査のデータが公開されており，モンゴルは第1回調査から参加している[6]。

　この調査は東アジアおよび東南アジアの13ヶ国・地域，すなわちモンゴル，中国，香港，日本，韓国，台湾，カンボジア，インドネシア，マレーシア，フィリピン，シンガポール，タイ，ヴェトナムで実施されている。モンゴルでのABS2は2006年の5月から6月にかけて実施され，対象者は選挙権を有する年

齢（18歳以上）のモンゴル全国に居住する男女である。調査対象者は多段無作為抽出法により選ばれており，1,211人の回答が面接法によって得られた。

　本稿において分析する設問は，日本，アメリカ，中国に対する回答者の印象に関するものである。設問文は「以下にあげるそれぞれの国について，あなたがどのような印象を抱いているか，答えてください。1は『とても悪い印象』，10は『とてもよい印象』を表します。目盛りを見ながらお答えください。」というものである。回答用の尺度は3ヶ国いずれについても同じであり，1（とても悪い印象）から10（とてもよい印象）の範囲をとっている。

　モンゴル人の対日本観を検討する際には，モンゴルの社会主義政治体制から現在の民主主義体制への変化によって生じ得る影響を考慮することが肝要である。「はじめに」で述べた通り，日本とモンゴルはかつて異なる政治的陣営に属していた。モンゴルの現代史を見ると，旧モンゴル人民革命党と社会主義政権が創り上げた日本の敵対的なイメージを刷り込む例を多く見出すことができる。そのような刷り込みは「あらゆるイデオロギー的な手段（文学，映画，テレビ）を用いて，なされてきた。毎年八月には，大げさなプロパガンダとともに，対日本軍国主義勝利の記念式典が催された」（バトバヤル，2002: 151）。当時のモンゴルを訪れた日本人は，ウランバートルの人々から反日感情を全く感じなかったと報告しているが（小沢・鯉淵，1992: 205），日本に関する否定的なイメージはモンゴル人の間に浸透していたと言われている（バトバヤル，2002: 151；バトジャルガル，2005: 137）。

　加えて，社会主義時代，あるいは民主化直後のモンゴルでは，一般の人々が日本の具体的なイメージを持つことは困難であった。というのも，普通のモンゴル人が日本についての知識を得る機会はなく，日本人と会ったり交流したりすることなどあり得なかったからである。バトジャルガルの回想によれば，「特に日本や日本人についての知識や情報は全く乏しかった」また「モンゴル人にとって日本は遠く太平洋の霧の中に霞む見知らぬ島のように想像されていた」（バトジャルガル，2005: 102, 103。原文のルビは省略）。人民作家 D. プレブドルジはインタビューの中で，日本人と会うことの困難について，次のように述べている。「モンゴル人が日本人と会ってはならない時代があったくらいですよ。10年前（引用者注：1991年頃）日本から人が来て，あなたがた（引用者注：インタビュアーの小長谷氏たち）のように私の写真をとろうとすれば，私は必ずモンゴル内務省から許可をとる必要がありました。その許可なしに，私が来ることはありません。許可なしに来れば，私は捕まえられて，尋問される目に遭うのです」（小長谷，2003:

78

日本人の対モンゴル観，モンゴル人の対日本観

224）このような状況が劇的に改善されたのは前述の通りであるが，モンゴル人の中には対日関係の激変に困惑している者もいる（バトバヤル，2002: 151）。

　これらの議論を考慮すると，社会主義を経験したモンゴル人とそうでないモンゴル人との間で，日本に対する意識に違いがあるのではないかという疑問が問われるべきである。ただし，ここで「社会主義」の世代と「民主化」の世代とをどの時点で分けるべきかが問題となる。解決法のひとつとして，回答者の年齢に着目することが考えられる。つまり，社会主義時代に生まれた人々を前者の世代に分類し，後者の世代は民主化後に生まれた人々を含めることにするのである。しかしながら，この方法では社会主義が放棄される直前に生まれ，それゆえに当時の記憶が全くない人も社会主義世代として扱われてしまう。その上，ABS2 が実施された 2006 年には，民主化後に生まれた最も年長の人でも 16 歳であり，調査対象者からは除外されている。

　このことから，本稿では回答者の教育に着目する。具体的には，主に社会主義時代に教育を受けた回答者を「社会主義世代」，民主化後の教育を経験した回答者を「民主化世代」とする。ABS2 データでは，回答者の 76.5％が教育を 10 年以上受けたと回答している。したがって，1989 年当時に 18 歳以上であった回答者は，それまでに 10 年制の教育を修了している可能性が高い[7]。これに基づき，本稿ではそのような回答者，すなわち調査時点で 35 歳以上の回答者を社会主義世代に，同時点で 34 歳以下であった回答者を民主化世代に分類する。

2　回答分布の比較

　図 2 では回答分布の比較結果が示されている。図は 3 つの部分からなる。最初の部分ではモンゴルの回答者による日本，アメリカ，中国および EU の印象についての回答結果を比較している。これらの国・機関はすべて調査票に記載されているものである。日本に対して良い印象を持つ回答者（印象について 6 ～ 10 と回答した回答者）の比率はアメリカと比較すると小さいが，中国および EU と比較すると明らかに大きい[8]。調査においてたずねられている国の数は非常に少ないが，それでもモンゴル人の対日本観がましである可能性は高い。

　ただし，日本，アメリカ，中国の印象と EU の印象とでは回答者の範囲が異なる点には注意が必要である。日米中 3 ヶ国についてはすべての回答者に対してたずねているが，EU に関しては，EU について読んだり聞いたりしたことがある人だけが印象をたずねられている。

　第 2 の部分では，前項の基準に従って分類した社会主義世代と民主化世代と

の間で，日本に対する印象を比較している。社会主義世代では民主化世代ほど日本に対して持つ印象は良くないが，カイ二乗検定の結果を見ると，違いは5%水準で有意ではない（$\chi^2 = 13.111$）。加えて，社会主義世代が有する日本への印象は「それほど良くない」だけである。70%以上の回答者が日本に対して良い印象を持つと回答していることから，彼らが日本に対して悪い印象を持っているとはとても言えない[9]。

　モンゴルにおいて日本がどの程度好感を持たれているのかを検証するために，図の最後の部分では東アジア・東南アジア諸国との比較を行っている。この部分では，モンゴル，マレーシア，ヴェトナム，シンガポール，インドネシア，タイ，台湾，フィリピン，日本の9ヶ国について，回答者が日本に対して持つ印象の回答分布を比較している。データが存在しなかった韓国，中国，香港，カンボジアについては分析から除外した。比較結果から，モンゴルにおける肯定的な回答の比率は9ヶ国合計でのものよりわずかに高い。ヴェトナムと日本ほど高さはないものの，肯定的な回答の比率は残りの国々の比率を上回っている[10]。

3　モンゴルにおける対日本観の重回帰分析

　本項ではモンゴルにおける対日本観と関連する要因を見出すために重回帰分析を行う。分析に投入される独立変数は，日本における対モンゴル観についての分析で示したものと同じ4種類に分類される[11]。ただし，データの制約とモンゴル社会の特性のため，変数の内容には違いが存在する。具体的には，世代の影響を検証するために，「社会主義時代ダミー」が最初の分類（基本属性）の変数として追加されている。また，教育水準はダミー変数ではなく，回答者が公式教育を受けた年数に基づく連続変数として扱っている。そうすることでモデルの説明力が改善される[12]。

　分析結果は表2に示されている。世代の効果を検証するため，モデル1，2，3の間で若干の変化を加えている。モデル1は回答者の年齢を含み，社会主義時代ダミーを除外しており，モデル2はその正反対である。モデル3は双方の変数を含んでいる。これら3つのモデルは全回答者を対象とするが，モデル4とモデル5は対象をそれぞれ社会主義世代と民主化世代のみに限定している[13]。

　表2の各モデルでは，モンゴルの民主化以前と以後による世代間の違いが対日本観にどのような影響を与えているかが表されている。モデル2では社会主義時代ダミーが有意な負の関連を示しているが，モデル3では回答者の年齢が

図2 回答分布の比較（ABS2）

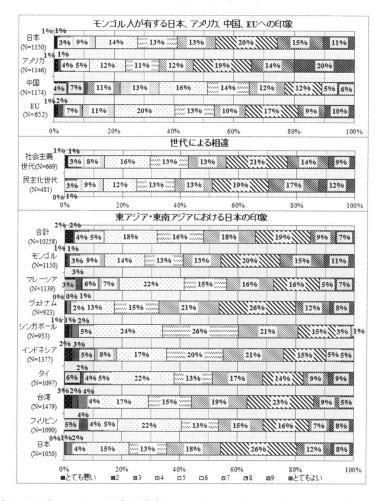

含まれたことで，この関連が消失している。同時に，モデル4とモデル5では有意な影響を有する示す独立変数がまったく異なる。モデル4では，日本への印象に対して教育年数と国際組織の認知度が有意な正の影響を有し，ラジオ保有ダミーが有意な負の相関を示している。しかし，これらの変数はモデル5において有意な関連を持っていない。その代わり，遊牧地域の居住，所得レベル，外国の出来事への注目，外国人との接触頻度が，日本に対する印象との間で有

表2 重回帰分析の結果（ABS2）

	モデル 1 (N=994)			モデル 2 (N=994)			モデル 3 (N=994)		
	B	S.E.	β	B	S.E.	β	B	S.E.	β
切片	6.155 ***	.523		5.681 ***	.485		6.179 ***	.534	
性別	.058	.138	.014	.047	.138	.011	.057	.138	.014
年齢	-.016 **	.005	-.108				-.017 *	.008	-.116
社会主義時代ダミー				-.296 *	.148	-.071	.047	.214	.011
教育年数	.048 *	.024	.078	.054 *	.024	.089	.047 *	.024	.078
居住地域:県中心地	-.045	.190	-.008	-.016	.191	-.003	-.048	.191	-.009
郡中心地	.129	.183	.031	.179	.182	.043	.127	.184	.030
遊牧地域	.445	.415	.037	.496	.415	.041	.445	.415	.037
主観的社会階層	-.029	.042	-.023	-.033	.042	-.027	-.029	.042	-.023
所得水準	.141 **	.053	.097	.150 **	.053	.103	.141 **	.053	.096
信頼感	-.016	.209	-.002	-.038	.210	-.006	-.016	.210	-.002
宗教:仏教	-.063	.266	-.014	-.123	.266	-.027	-.061	.267	-.013
イスラム教	.089	.352	.011	.021	.352	.003	.090	.353	.011
キリスト教	-.465	.472	-.039	-.471	.473	-.039	-.465	.472	-.038
信仰心	-.034	.113	-.015	-.017	.113	-.007	-.035	.113	-.015
TV所有	-.092	.306	-.010	-.093	.307	-.010	-.090	.307	-.010
CATV視聴可否	.021	.186	.004	-.003	.186	-.001	.022	.186	.005
ラジオ所有	-.169	.134	-.041	-.185	.134	-.045	-.169	.134	-.041
インターネット利用頻度	-.073	.058	-.054	-.047	.058	-.035	-.071	.059	-.053
外国の出来事への注目	.037	.077	.017	.024	.077	.011	.037	.077	.017
海外旅行経験	.056	.064	.034	.049	.065	.029	.054	.065	.032
外国人接触	.107 +	.062	.067	.115 +	.062	.072	.107 +	.062	.067
国際組織認知度	.168 *	.069	.086	.155 *	.069	.080	.168 *	.069	.086
F値	3.118 ***			2.874 ***			2.975 ***		
調整済みR2乗	.043			.038			.042		

	社会主義世代 (N=586)			民主化世代 (N=408)			注
	B	S.E.	β	B	S.E.	β	
切片	5.823 ***	.742		6.969 ***	.988		注: Bは非標準化偏回帰
性別	.267	.183	.065	-.131	.218	-.030	係数、S.E.は標準誤差、βは
年齢	-.016 +	.009	-.082	-.025	.024	-.059	標準化偏回帰係数。
社会主義時代ダミー							*** p<.001, ** p<.01,
教育年数	.063 *	.029	.115	.030	.048	.041	* p<.05, + p<.1.
居住地域:県中心地	-.022	.053	-.018	-.070	.319	-.012	VIFは5未満であるため、
郡中心地	.084	.070	.056	.423	.287	.102	多重共線性の問題は生じ
遊牧地域	.064	.243	.033	1.269 *	.642	.108	ていない。
主観的社会階層	.095	.243	.023	-.049	.068	-.038	
所得水準	-.140	.546	-.011	.236 **	.083	.165	
信頼感	-.252	.255	-.041	.411	.372	.054	
宗教:仏教	.076	.349	.016	-.165	.424	-.036	
イスラム教	.241	.436	.033	-.437	.640	-.042	
キリスト教	-.788	.680	-.056	-.276	.678	-.027	
信仰心	.043	.145	.018	-.111	.183	-.051	
TV所有	.180	.383	.020	-.973 +	.523	-.097	
CATV視聴可否	.261	.254	.054	-.281	.281	-.052	
ラジオ所有	-.366 *	.179	-.089	.079	.209	.019	
インターネット利用頻度	-.167 +	.092	-.095	-.008	.085	-.007	
外国の出来事への注目	-.064	.102	-.029	.245 *	.118	.112	
海外旅行経験	.081	.087	.051	.056	.104	.030	
外国人接触	.016	.089	.010	.218 +	.089	.144	
国際組織認知度	.233 **	.088	.123	.025	.113	.012	
F値	2.501 ***			2.056 **			
調整済みR2乗	.051			.052			

意な正の関連を示している。

　このように，世代の相違は回答者の対日本観に関して単一の変数として直接の影響を持っているわけではないが，他の独立変数による影響の有意性に作用することが，分析結果から示されている。世代が違うことで，対日本観にどのような要因が影響するかがまったく異なってくるのである。

おわりに

　本稿では日本とモンゴルで収集された調査データの分析に基づき，一般市民のモンゴルないし日本に対する観方について検討した。その結果，日本人とモンゴル人との間で友好的な意識が存在することが確認された。JGSS-2006 の分析からは，モンゴルに対して好ましい印象を持っている日本人回答者が好ましくない印象を持っている者を上回っていることとともに，モンゴルの好感度の平均値がアメリカ，台湾およびタイを除く国々よりも有意に高いことが示された。他方，ABS2 データからは，世代の違いに関わらず，多くのモンゴル人が日本に対してプラスの印象を持っていることが明らかとなった。加えて，重回帰分析の結果からは日本人とモンゴル人との間で，互いの国に対する観方に影響する要因が全く異なることが示された。さらに，モンゴル人の間でも，双方の世代において有意な関連を有する変数は見られなかった。ただし，決定係数の低さと有意な独立変数の少なさから，両者の意識に他の要因も関連している可能性が示唆される。

　本稿の研究にはいくつか課題が残されている。JGSS-2006 と ABS2 のデータは2006 年に収集されたものであり，本稿で示された知見は新たな調査データを用いて検証されるべきである。しかし，残念なことに，現時点で新たに利用可能なデータは存在しない。他方で，日本と南北朝鮮および中国との政治状況が好転しないなか，日本人の対モンゴル観は，それらの国々への印象と比較した場合，相対的に良好なものとして推移していると考えられる。

　それゆえに，日本人とモンゴル人との間のお互いの国に対する観方は，より多くの注目を集めるに値するものである。かつての敵でありながら，現在ではパートナーである日本とモンゴルとの親近感に着目し，影響する要因を解明することには，疎遠となった国どうしの関係回復と和解を促進する上で重要な視点を提供する可能性がある。何よりも，そのような努力は東アジア諸国のみならず，世界の他の国々の相互理解を育み，関係を改善するための手がかりをも

たらすであろう。

註

1 各時点間の回答の変化については湊（2012）を参照。

2 調査の詳細については外務省（2005a, 2005b）を参照。

3 調査の詳細については大阪商業大学 JGSS 研究センター（2014 年 11 月 24 日閲覧）を参照。

4 他の国々の好感度スコアは，韓国（.137），北朝鮮（-2.316），中国（-.383），フィリピン（.035），インドネシア（.193），インド（.215），ロシア（-.320）となっている。

5 独立変数の詳細については付記 1 を参照。

6 調査全体の概要については Asian Barometer（Accessed July 10, 2014），Minato（2008a, 2008b）を，ABS2 のモンゴル調査については East Asia Barometer（Accessed July 10, 2014）をそれぞれ参照（"East Asia Barometer" は ABS の旧称である）。

7 社会主義モンゴルにおける教育システムの概要については神沢（1978）と宮前（2009）を参照。

8 日本，アメリカ，中国の印象については一般線形モデル（反復測定）およびボンフェローニの多重比較による平均値の差の検定を行っている。ただし，EU については回答者の範囲の相違から検定対象から除外している。日本に関する平均値（6.935）はアメリカに関するもの（7.310）より有意に低いが，中国に関するもの（5.533）よりは有意に高い。

9 両世代の日本に対する印象の平均値について，t 検定を行っている。結果は 5％水準で有意であったが，どちらの世代でも平均値は 10 点尺度の中間にあたる 5.5 を上回っている（社会主義世代 = 6.810，民主化世代 = 7.087）。この結果からも，民主化前後の世代で違いがあったとしても，その違いが深刻なものでないことが示されている。

10 上記 9 ヶ国における日本に対する印象の平均値について一元配置分散分析を行っている。平均値の差の検定ではダネットの多重比較を用いている。モンゴルにおける平均値（6.926）はヴェトナムのもの（7.192）より有意に低く，日本における平均値（7.035）との間で有意な差はない。しかし，他の東アジア・東南アジア諸国と比較すると有意に高くなっている。したがって，モンゴルにおける日本に対する印象は，多くの東アジア・東南アジア諸国よりは良いことになる。なお，残りの国々における日本に対する印象の平均値は，台湾で 6.542，タイで 6.281，フィリピンで 6.158，シンガポールで 6.132，インドネシアで 6.126，マレーシアで 6.097 となっている。

11 独立変数の詳細については付記 2 を参照。

12 「教育年数」に代わる教育水準変数として，「完全中等ダミー」「専門学校ダミー」「大学ダミー」という 3 つのダミー変数を用いた分析も行った。結果として，調整済み R2 乗は全てのモデルで 2％低下した。加えて，世代別モデルでは有意確率も悪化した。

13 モデル 1, 2, 3 については男女別の分析も行われている。しかし，男性回答者のモデルでは調整済み R2 乗がいずれも 5％水準で有意にはならなかった（F 値はモデル 1 で

日本人の対モンゴル観，モンゴル人の対日本観

1.517，モデル 2 で 1.381，モデル 3 で 1.465）。したがって，これらの分析結果は省略
することとした。

参考文献
（日本語）

大阪商業大学 JGSS 研究センター「JGSS-2006『第 6 回生活と意識についての国際比較調
　　査』の調査概要」（『大阪商業大学 JGSS 研究センターウェブサイト』URL: http://jgss.
　　daishodai.ac.jp/surveys/sur_jgss2006.html, 2014 年 11 月 24 日閲覧）.

小沢重男・鯉渕信一『モンゴルという国』（読売新聞社，1992 年）.

外務省「調査結果（抄録）」（『外務省ウェブサイト』2005 年 a，URL: http://www.mofa.go.jp/
　　mofaj/area/mongolia/yoron05/pdfs/2005-1.pdf）.

外務省「モンゴルにおける対日世論調査概要」（『外務省ウェブサイト』2005 年 b，URL:
　　http://www.mofa.go.jp/mofaj/area/mongolia/yoron05/index.html）.

片倉穣『日本人のアジア観　前近代を中心に』（明石書店，1998 年）.

片倉穣「日本の中のモンゴル」（『歴史研究』第 519 巻，2004 年）.

神沢有三「モンゴル人民共和国における国民教育制度」（『アジア研究所紀要』第 55 巻，
　　1978 年）.

楠弘閣「好性より觀たる現代日本學生の世界諸民族品等の一研究」（『心理學研究』第 14 巻
　　（特輯），1939 年）.

楠弘閣「民族好性品等の研究」（『心理學研究』第 16 巻第 2 号，1941 年）.

楠弘閣「現時に於ける我國青年學生の民族好悪」（『心理學研究』第 21 巻第 3, 4 号, 1951 年）.

小長谷由紀（編）「モンゴル国における 20 世紀　社会主義を生きた人びとの証言」（国立民
　　族学博物館，2003 年）.

Ts. バトバヤル，芦村京・田中克彦訳『モンゴル現代史』（明石書店，2002 年）.

Z. バトジャルガル，大塚亮訳『日本人のように無作法なモンゴル人』（万葉舎，2005 年）.

湊邦生「JGSS-2006 から見た日本におけるモンゴル国の好感度：東アジア各国・地域との
　　比較検討」（大阪商業大学 JGSS 研究センター編『日本版総合的社会調査共同研究拠点
　　研究論文集』[9] JGSS Research Series No.6，2009 年）.

湊邦生「モンゴル国における対日観：体制転換による社会意識の相違に関する検討」（『立
　　命館産業社会論集』第 48 巻第 3 号，2012 年）.

宮前奈央美「モンゴルにおける社会体制移行と教育政策の課題」（『九州大学大学院教育学
　　コース院生論文集』第 9 巻，2009 年）.

（英語）

Asian Barometer, URL: http://www.asianbarometer.org/newenglish/introduction/ProgramOverview.htm,
　　Accessed July 10, 2014.

East Asia Barometer, URL: http://www.jdsurvey.net/eab/EABTechnical.jsp, Accessed July 10, 2014.

Minato, Kunio "Cross-national Social Survey in East Asia: World Values Survey, ISSP, AsiaBarometer,

Asian Barometer, East Asia Value Survey and EASS," No.7, 2008a.

Minato, Kunio, "Emergence of Cross-National Social Surveys in Mongolia: What Have They Revealed?" No. 25, 2008b.

Minato, Kunio, "Affinity with a Neighbor Approaching from Afar: The Japanese Attitude toward Mongolia Seen from Survey Data," Vol. 46, No. 3, 2010.

[付記]

1. JGSS-2006 データの分析で使用した独立変数

基本属性

性別：1 が男性回答者，0 が女性回答者を示すダミー変数。

年齢：回答者の実年齢。

地域ブロック：回答者の居住地域を内閣府が実施している「外交に関する世論調査」で用いられる区分によって分類したもの。参照カテゴリは「九州」で，他のブロックをダミー変数として投入

教育：回答者が卒業した，もしくは現在通学中の学校に基づくダミー変数一式。参照カテゴリの「中学」は旧制尋常学校・高等小学校および新制中学を含む。「高校」は旧制中等学校・高等女学校，旧制実業・商業学校，旧制師範学校，新制高校，「非大学高等教育」は旧制高等学校・専門学校・高等師範学校，新制高等専門学校，新制短大，「大学」は旧制大学・大学院，新制大学・大学院をそれぞれ含む。

主観的社会階層：「下」=1，「中の上」=2，「中の中」=3，「中の下」=4，「上」=5 の 5 点尺度。

所得水準：世間一般と比較した世帯所得水準。「平均よりかなり少ない」=1，「平均より少ない」=2，「ほぼ平均」=3，「平均より多い」=4，「平均よりかなり多い」=5 の 5 点尺度。

社会観

対人信頼感：人間の本性に関する回答者の考えを 1「人間の本性は本来『悪』である」から 7「人間の本性は本来『善』である」の間でたずねたもの。

宗教：回答者の信仰する宗教に基づく一連のダミー変数。参照カテゴリは「なし」であり，「仏教」「キリスト教」「その他」がダミー変数として投入される。

信仰心：「信仰する宗教がない」という人を 0 として，「そんなに熱心ではない」=1，「まあまあ熱心である」=2，「熱心である」=3 から成る 4 点尺度。

情報接触

1 日当たりの TV 視聴時間：1 日の平均的なテレビ視聴時間。

1 ヶ月の読書冊数：「ほとんど読まない」=0，「1 冊程度」=1，「2 冊程度」=2，「3 冊程度」=3，「4 冊以上」=4 の 5 点尺度。マンガと雑誌は除く。

新聞講読頻度：「まったく読まない」=0，週 1 回以下」=1，「週 1 回程度」=2，「週数回」=3，「ほ

日本人の対モンゴル観，モンゴル人の対日本観

ぼ毎日」=4 の 5 点尺度。

国際志向・グローバル志向

外国人との接触機会：「まったくない」=1，「あまりない」=2，「時々ある」=3，「よくある」
　　=4 の 4 点尺度。

外国人増加への賛否：生活している地域に外国人が増えることに「賛成」の場合に 1 とな
　　るダミー変数。

英語使用機会：「仕事」「外国人の友人や知人とのつき合い」「映画鑑賞・音楽鑑賞・読書」
　　「インターネット」「海外旅行」「その他」という機会において，英語を読んだり，聴い
　　たり，話したりした経験の数を合計した変数。

英語能力自己評価：英語による会話能力と読解力の自己評価。2（最低）から 10（最高）
　　の間をとる。

英語学習意欲：「学習するつもりはない」=1，「しかたなく学習する」=2，「機会があれば学
　　習したい」=3，「積極的に学習するつもり」=4 の 4 点尺度。

英語以外に学びたい外国語：調査票に記載された英語以外の外国語（ドイツ語，フランス
　　語，スペイン語，ポルトガル語，イタリア語，ロシア語，中国語，ハングル（韓国・
　　朝鮮語），アラビア語，その他）の中で，回答者が学びたいものがあると回答した場合
　　に 1 となるダミー変数。

2. ABS2 データの分析で投入した独立変数（これらの変数を含めたより詳細な理由については湊（2012）を参照）

基本属性

性別：1 が男性回答者，0 が女性回答者を示すダミー変数。

年齢：回答者の実年齢。

社会主義時代ダミー：1 の場合は回答者が社会主義世代に属し（調査時点で 35 歳以上），0
　　の場合は民主化世代に属する（調査時点で 34 歳以下）ことを示すダミー変数。

教育年数：回答者が公式教育を受けた年数。

居住地域：回答者が居住する地域に基づくダミー変数一式。参照カテゴリは「首都」であり，
　　「県中心地，その他の都市」，「郡中心地，村」および「遊牧地域（遠隔地域)」がダミー
　　変数として投入される。

主観的社会階層：1「最も低い地位」から 10「最も高い地位」までの 10 点尺度。

所得水準：1 を最低，5 を最高とする世帯所得の 5 分位。

社会観

信頼感：「ほとんどの人は信頼できる」という回答を 1，「用心するにこしたことはない」
　　という回答を 0 とするダミー変数。

宗教：回答者の信仰する宗教に基づくダミー変数一式。参照カテゴリは「なし／その他」
　　であり，「仏教」「イスラム教」「キリスト教」がダミー変数として投入される。

信仰心：「まったく信仰心はない」=0,「弱いが信仰心はある」=1,「ある程度の信仰心があ
る」=2,「強い信仰心がある」=3 の 4 点尺度

情報接触

TV 所有：回答者がテレビを所有している場合に 1 となるダミー変数。

CATV 視聴可否：回答者がケーブルテレビを視聴可能な場合に 1 となるダミー変数。

ラジオ所有：回答者がラジオを所有している場合に 1 となるダミー変数。

インターネット使用：「わからない／まったく使ったことがない」=0,「ほとんど使ったこ
とがない」=1,「一年に何度か」=2,「少なくとも月に一度」=3,「少なくとも週に一度」
=4,「ほぼ毎日」=5 の 6 点尺度。

国際志向・グローバル志向

外国の出来事への注目：「まったく気に留めない」=0,「ほとんど気に留めない」=1,「熱心
というほどでは」=2,「ある程度熱心に」=3,「たいへん熱心に」=4 という 5 点尺度。

海外旅行経験：「行ったことはない」=0,「これまでに一回だけ」=1,「これまでに何回かだ
け」=2,「年にほぼ一回」=3,「年に数回」=4 という 5 点尺度。

外国人接触：「一度も接したことがない」=0,「ほとんど接したことがない」=1,「一年に何
度か」=2,「少なくとも月に一度」=3,「少なくとも週に一度」=4,「ほぼ毎日」=5 と
いう 6 点尺度。

国際組織認知度：EU，国連（UN），国際通貨基金（IMF），世界銀行のうち，回答者が読ん
だり聞いたりしたことのある組織がいくつあるかを示す変数。0 の場合はどの組織に
ついても読んだことも聞いたこともなく，4 の場合は全てについて認知している。

　[謝辞] 日本版 General Social Surveys（JGSS）は，大阪商業大学 JGSS 研究センター（文部
科学大臣認定日本版総合的社会調査共同研究拠点）が，東京大学社会科学研究所の協
力を受けて実施している研究プロジェクトである。

　　The data analyzed in this article were collected by the Asian Barometer Project (2005-2008),
which was codirected by Professors Fu Hu and Yun-han Chu and received major funding support
from Taiwan's Ministry of Education, Academia Sinica, and National Taiwan University. The Asian
Barometer Project Office (www.asianbarometer.org) is solely responsible for the data distribution.
The author appreciates the assistance provided by the aforementioned individuals and institutions
toward the provision of the data used in this study. The views expressed herein are the author's own.

20世紀初期における日本とモンゴルの文化交流
：ロブサンチョイドンを事例に

シバウチン・チョロモン

（Shubuuchin Cholmon）

はじめに

　記憶上一般的に日本とモンゴル（蒙古）の関係は，13世紀なかばころにモンゴルが日本をおびやかした一時期があったが，それから日本とモンゴルは隔絶の600年あまりを経過したと言えよう。近代になってから，日清や日露の関係にともない，モンゴルは国際関係上いつもそれらの大国に挟まれる状況にあった。日本との関係が再び開かれたのは，20世紀になってから北東アジア地域において，日本とロシアの関係が緊張しはじめたころであった。清朝政府は列強の進出に対抗するため，支配下のモンゴルに対する政策を抜本的に変更し，いわゆる「新政」を実施した。この時期からモンゴル全域は，日本とロシア（後にソ連），清朝（後に中華民国，更に中華人民共和国）など周辺の大国間関係により翻弄されはじめ，その状態は東アジア秩序が再編される第2次世界大戦後も尚続いていた。その秩序再編における日本とモンゴルの関係は，政治，経済，軍事のほか，教育面における言語教育の相互協力関係においてもみられる。20世紀初めころ，清朝支配からの独立，北京政府からの離脱を図るために，モンゴルは，ロシアのほかに日本の援助をもとめる必要があった。外モンゴルが独立するまえ，既に内モンゴルのハラチン地域を中心に，交流が積極的に行われていた。1902年に，ハラチン右旗のジャサグ＝グンセンノロブ王が日本訪問後，日本人教師河原操子を招聘し，ハラチン右旗に日本式教育を導入した新式近代学校を設立した。のちに鳥居龍蔵夫妻が河原操子の後をつぎハラチンの学校教師を務めた。当時，モンゴル人の教育振興による民族復興の狙いが，日本の満蒙への進出工作と噛み合い，互いに協力関係に発展したのである。それ以降，

モンゴルからの留学生派遣や日本の学校でモンゴル語を教えるモンゴル人教師の招聘も絶え間なく続いてきた。

　日本における最初のモンゴル語教育機関は東京外国語学校（現東京外国語大学の前身）であり，1908 年（明治 41 年）に同校にモンゴル語を専攻する蒙古語学科が東洋語速成科（1 年制）のひとつとして設けられた。また，本願寺に大谷光瑞が作った「二楽荘」においてもモンゴル語の講習が開始された[1]。そのあと，大阪外国語学校（大阪外国語大学の前身，現在は大阪大学に合併されている），天理外国語学校（現天理大学）などの学校にもモンゴル語専攻のクラスが設置され，モンゴル人の教師が招聘された[2]。これらの学校で用いる日本人向きのモンゴル語学習のための基本的教材や辞書などは，モンゴル人教師や軍人によって作成され，東京，大阪，北京，大連，新京（現長春市）などの出版社から発行されていた。

　筆者は，東京外国語学校と大阪外国語学校におけるモンゴル人教師をシリーズで取り上げ，彼らが一教育者として来日した経歴や彼らが行った教育と社会活動，または，書き残した著作物を紹介し，彼らの人物像を把握し，日本とモンゴルの交流に果たした彼らの教育，社会，日本モンゴルの国際政治における貢献を明らかにしたい。本論文では，主に日本におけるモンゴル人教師の第一人者ロブサンチョイドン（Lobsangčuidan）を中心に検討する。

1　日本におけるモンゴル語教育の必要性と背景

　内外モンゴルは，ともに清帝国の一部を構成していていた。1908 年に，日本ではモンゴル語を専攻する蒙古語学科が東京外国語学校に設けられ，日本におけるモンゴル語教育の時代背景やモンゴル語の必要性が益々注目されていた。そして，1909 年から内モンゴル・ハラチン左旗（？）出身のロブサンチョイドン（1875 ～ 1928 年)が外国人教師として招聘された。その後の日本にとっては，モンゴル語の使い道のほとんどがいわゆる「満蒙」という地域にあった。これは，政府主導というより大陸浪人とのかかわりからその役割が決められたことが注目される。

　こうしたモンゴル（蒙古）語学科が，日本の大陸政策のなかで設けられたことは，疑いの余地がない。東京外語に蒙古語学科ができてしばらくは，常勤の講師が置かれず，東京大学の藤岡勝二（アルタイ言語学）が講師としてモンゴル語を教えていた[3]。

20 世紀初期における日本とモンゴルの文化交流

　日露戦争以後に，日本の内モンゴルの調査が本格的にはじまる。第 2 回日露協約（1907 年）では，満洲の南部と東部内モンゴルが日本の勢力範囲に決まり，第 3 回協約（1912 年）では，北京を通る経線が，日露の勢力範囲の境とされ，日本の勢力が内モンゴルの両ウジュムチン旗まで拡大した。これらの秘密協定からも分かるように，内モンゴル東部への勢力扶植は，日本の「満蒙政策」の根幹をなしていた[4]。このようにモンゴル地域は，日本の大陸政策のなかで，重要な位置を占めていたゆえ，その言語の教育も当然重視されたと言えよう。

　20 世紀のモンゴルにおいて，日本と密接な関係のある地域は，モンゴル国より，むしろ内モンゴルがほとんどであり，言語教育上ハルハ・モンゴル語を教えたごく短い期間をのぞけば，基本的に内モンゴルのモンゴル語が戦前期を中心に教えられていた。戦後ふたたびハルハ・モンゴル語の教育に移行したのは，およそ日本とモンゴル人民共和国が国交樹立して以後のことである。

　川島浪速などの大陸浪人たちが提案する「満蒙政策」に備えて[5]，日本政府はモンゴル語専門家の養成をめざして，蒙古語学科を設立した。そこでモンゴル語の教師が必要となり，モンゴル人教師が招かれた。最初にロブサンチョイダンやハノード・モジンガ等が続けてモンゴル語教師として招かれた。当時東京外語のモンゴル語科に与えられた任務のひとつは，軍人にモンゴル語を教え，語学将校を養成することであった。たとえば，東京外語の 1 期生の佐藤富江は，1915 年には，『蒙古語』というモンゴル語の入門書を出版し，東京外語の非常勤講師を務め，1916 年，17 年にシベリアや外モンゴルで情報収集活動に従事した。1914 年から 1945 年までのあいだ，東京外国語学校や大阪外国語学校を中心にモンゴル人教師が招聘されていた。東京外国語学校だけでも，モンゴル語学科卒業生は，全 16 期，170 名に達していた。学生たちは，「我国がこの方面＝内モンゴルに力を伸ばすのはいわゆる帝国主義や又領土侵略の故でなく，自衛自存自強上からの為であると同じように，東洋平和の維持と文化のためである」という認識のもとで，日本の内モンゴルへの進出に何の疑問もなく進めていた。外国語学校で大部分の学生と軍人は，一緒にモンゴル語を学んだ。そしてモンゴル語を学んだ陸軍将校は，1910 年代後半から 1940 年代初めまで 20 人を超えていた[6]。それとほぼかさなる期間に，日本の東京外語や大阪外語のモンゴル語教育に尽力したモンゴル人教師は，ロブサンチョイダンをはじめ，ハノード・モジンガ，ウルジー，フルンガ，チョゴジランなど 13 人もいた[7]。

　1917 年 9 月から，シベリア干渉軍の第 3，第 5 両師団の一員として，チタを中心に，ブリヤート・モンゴル人に関する情報の収集に従事した鈴江万太郎は，

Lobsangčuidan（ロブサンチョイドン，1875～1928年．漢語表記は羅卜蔵全丹，羅子珍）

　北京留学から戻ったあと，ロブサンチョイダンが教える大谷光瑞の「二楽荘」でモンゴル語を学んだ。ロブサンチョイダンとハノード・モジンガが彼にモンゴル語を教えていたとみられる。彼は，「1918年11月のウェルフネウディンスク（現在のブリヤート共和国の首都ウラン・ウデ）のブリヤート国民議会の大会や，1919年2月末から3月はじめのチタのパンモンゴリストの会議にも出席した人物である[8]。

　鈴江万太郎は，明治44（1911）年11月から明治45（1912）年10月まで，「支那語研究ノ為北京に留学」し，大正5（1916）年4月から大正6（1917）年3月に東京外国語学校蒙古語科で修業した。「大正五，六年頃から，率先此事業に著手し，寝食を忘れて其（『蒙古語大辞典』）編纂に没頭し，或は自ら満蒙の曠野に資料を探索し，或は最も困難とする字母の作製に専念し，大正14（1925）年現職を退くや，陸軍省嘱託として，一意其事業を継続したが，不幸業半ばにして病没した」モンゴル語の辞書編纂の中心的な人物として関わったことが知られている[9]。

　この陸軍省編纂『蒙古語大辞典』(偕行社，1933～36年)[10]を完成したのは下永憲次で，彼は，1923年から1年間，やはり蒙古語委託生として学んで，のち

に李守信が率いる察東警備軍の顧問や徳化特務機関長を務める。彼と一緒に蒙古語部を修了した金川耕作は，ボグト（包頭）やワンインスム（王爺廟）などで軍の特務機関長を務め，軍の内モンゴル工作を主導した人物である[11]。

　このなかで，満洲国建国後，モンゴル語学科への入学者，卒業生の数はかなり増え，1937年に蒙疆政権が成立すると，内モンゴル全域は日本の勢力範囲に入った。東京外語蒙古語学科の第2期生である菊竹実蔵は，1931年10月から1932年2月までの間，関東軍の将校たちと共に，内モンゴル東部を「満洲国」に組み入れるための工作を主導し，特に1932年2月中旬の「鄭家屯会議」を主催し，モンゴル人上層部の新政権への参加を確定的なものにした。3月に満洲国が正式に成立し，対モンゴル人行政の最高機関「興安局」が設立されると，その次長（日本人最高ポスト）に任命され，満洲国初期の対モンゴル民族政策を立案実施した[12]。彼は，日本の対モンゴル政策の最前線で活動し，その後「成功」をおさめている。

　ノモンハン戦争の時期から，モンゴル語は，特にモンゴル人民共和国との関係において，軍用言語としての性格を強く帯びて[13]，満洲国側に「越境してきた外蒙の密偵の訊問，彼らを再教育して逆偵として外蒙に送り込む」任務が与えられていた。だから，これらの入学者，卒業生の数が急増したのも，当時の日本の政治状況と満蒙政策に密接な相関関係にあったことを示している。

2　東京外語初代モンゴル人教師ロブサンチョイドン

　ロブサンチョイドンは1875年に内モンゴルのジョスト盟ハラチン前旗に生まれた。16歳でソムのジャンギになって1年もたたないうちに，1891年10月に金丹道事件に遭い，家や財産のすべてを焼かれ，ショックのあまり倒れた母が間もなく亡くなり，翌年に父を亡くしている。1894年の春から1897年まで，金丹道の酷い目に曝された自分のハラチン前旗からよその旗に避難した人たちの戸籍調査（壮丁調査統計）のためにジリム盟の各旗を回り，ジリム盟の各旗の現状をみて，大きな絶望感を感じた。金丹道によるモンゴル人に対する無差別虐殺はひどく，ハラチン，オーハン，トメド旗のモンゴル人たちは殺戮から逃れ，生まれた故郷を離れ北方の各旗へ北上した。オーハン旗だけの統計をみても，当時モンゴル人人口は4万人から1万人まで激減し，金丹道の被害に遭って亡くなったり，逃げたりしたモンゴル人は4分の3の割合となっていた。結果として以上の3旗のモンゴル人社会は完全に没落し，社会破綻の状態となった。

93

1898 年，ロブサンチョイドンは従来の生き方を改めて，頭を丸刈りにして，僧侶になる決意のもとチベットの聖地をめざして故郷を離れる。途中でようやく北京に辿り着いたところで資金欠如により，なんとか北京の雍和宮にとどまった。当時かれは 24 歳であった。そして雍和宮の高僧たちの弟子入りを果たし，そこで幼少期から学んだモンゴル語・満州語・漢語の勉強に励んで間もないころ，1900 年 5 月 17 日に，北京で義和団事件が起こり，外国人が無差別に殺害され，外国の資産などが略奪されるひどい目に遭ったことを目のあたりにした。そして，八ヶ国連合軍が 8 月上旬ころ北京を占領した際，在京モンゴル人王公たちや寺院が大きな被害に遭った。当時順天府あたりの地域は日本軍の支配下に入っていた。そのときはじめてロブサンチョイドンは川島浪速に出会う。雍和宮もその管轄範囲にあったため，ロブサンチョイドンは何人かの僧侶たちと話し合い，ワンシルバルダンと一緒に日本軍の高橋（橋口の間違い？）と川島両軍曹からロシア式の銃をかりて雍和宮の警備にあたり，一時期川島らのもとで雍和宮をまもる任務についていた。金丹道事件から彼はかなり目を覚ませたけれど，周りが当時の事態から脱け出せるほどの状況ではなかったため，モンゴル各旗をまわり調査した結果，モンゴルの文化教育振興の必要性を改めて認識し，1903 年冬，北京にあつめたモンゴル各旗王公たちに，モンゴル社会の発展にとっての書籍の翻訳の重要さを訴えた。しかしそのなかでハラチンの王公ハンロジャブだけがそれに賛同した以外，ほとんどの王公たちは翻訳の重要さを十分認識できる状況ではなかったため非常に戸惑いながら彼は，いろいろな活動をしていた困難な時期であった。ちょうどこの時期に彼は東京外国語学校に招聘されることになった。

ロブサンチョイドンにとっては，この時期川島浪速との出会いは特別な意義をもつものであり，のちに 1907 年 10 月に来日したことや東京外国語学校外国人教師になったことも，川島浪速と何らかの特別なつながりを持っていたからこそ，そのような歴史に残る大きな仕事を成し遂げることに繋がったのではなかろうかと思われる。

1865 年に長野県松本に生まれた川島浪速だが，1985 年に初めて中国の土を踏む前に，3 年間ほど，専ら東京外国語学校で中国語を習っていた。当初，川島は日本あるいは自らと満洲とのつながりを最も重視していた。そして，1900 年の義和団事件が起きたとき，川島浪速は，日本陸軍臨時派遣隊の通訳官として従軍していた。のちに，彼は陸軍第五師団司令部に属して，宮殿紫禁城を平穏裡に開城させたとき，かれが得意の中国語で折衝にあたり，兵火を用いずして開

城に成功した功績をあげている[14]。当時，紫禁城の一郭は日本軍に占領されていた。八ヶ国連合軍の北京占領後，日本軍の軍政担当区域は，東西四牌楼以北であった。そして，軍政施行機関として軍事警察衙門が順天府衙門内に設置されていた。1901 年 4 月，軍政署警務衙門のもとに北京警務学堂が創設され，日本の文武官の中から，中国語に達者で，警察・法制の知識を有する人物を選んで講師とし，川島が総監督となった。また学堂の賞罰，経費などいっさいの全権は川島に委任されていた。この時期 1902 年 11 月にロブサンチョイドンは蒙古衙門の試験に合格し，モンゴル，満洲，チベット，漢語に精通した「四言語グーシ」という称号を取得した。

　また 1903 年の冬から 1904 年にかけての清朝東北地域で，日露戦争の最中，ロブサンチョイドンは奉天，Čangdu，Baqu-yin Qaɣalɣ-a など地域のモンゴル各旗の寺院，僧侶たちを保護する活動に参加していた。

　ロブサンチョイドンは東京外国語学校教員として来日する前に，1906 年から北京の満蒙文高等学堂で教師を務めながら，1907 年にハラチン王が北京で創刊した『蒙文報』の主筆編集者としても働いていた。1907 年 10 月に彼が東京外国語学校の教師として来日したあと，モジンガがその後任として北京の満蒙文高等学堂の教師を務めた。満蒙文高等学堂とは，1906 年に清朝政府が満洲とモンゴル語に熟達した人材を育成して，民族の美点をまもりつつ，国のために用いる主旨で設置した学堂である。北京の雍和宮にて長年学問に研鑽し，満蒙漢蔵四言語に精通したグーシの称号を取得していた数少ない存在であった。のちに，ロブサンチョイドンが，1912 年に東京外国語学校での任期を終えたあと，その後任のモンゴル語の先生になったのもモジンガであった。これについて，内田孝は，「東京外国語学校が初期において招聘したモンゴル人教師は満蒙文高等学堂の教師の中から選ばれていた可能性」があることを指摘している[15]。

　二木博史は，ロブサンチョイドンを東京外国語大学のモンゴル語学科における外国人教師第 1 号として紹介している。ロブサンチョイドンの東京外国語学校在職期間は，1909 年から 1912 年までとされ，そのご一時帰国し，ふたたび来日して本願寺の大谷光瑞がつくった「二楽荘」で日本の陸軍将校らにモンゴル語を教えたという[16]。

　Mongɣol-un jang aɣali-yin oyilaburi（『モンゴル風俗誌（蒙古風俗録，蒙古風俗鑑などとも訳す）』）の「Tegusgel üge 結語」の記述によれば，ロブサンチョイドンは 1907 年 10 月に東京外国語学校に招かれ，1911 年 7 月に北京に帰っていた。1912 年 8 月にふたたび京都本願寺の仏教学校に招聘され，それから 1914 年の完

全帰国まで日本の関西地域を中心に約2年間モンゴル語を教えた。これで1911年の一時帰国をはさんで前後計2回来日し，学校以外でも陸軍省の依頼を受けて将校たちにモンゴル語を教えていたことも明らかである。かれの日本でのモンゴル語教授の一部の事実は先行研究のなかで一応共通の認識として定着しつつあるが，その2度の来日の詳しい経緯については，これまでの研究において十分な検討がないままである。

　しかし，ロブサンチョイドンの名著『蒙古風俗誌』を日本語に翻訳した辻雄二は，ロブサンチョイドンの1911年の一時帰国について異なる見解をしめしている[17]。辻の研究によれば，ロブサンチョイドンの出身地も「現吉林省北西部」と大きく間違っていて，来日して，1909年から1912年の間，モンゴル語教師として東京外国語学校に勤めた。その後「京都板原寺（本願寺）仏学院に招聘され」，モンゴル語教師として勤めていた。辻はまた，『東京外国語学校一覧　従明治42年　至明治43年』（明43 [1910] 年8月10日発行）の明治42（1909）年6月16日の外国教師モンゴル語の欄の「羅布桑全丹　蒙古人」をもとに，「前年（1908）に来日した羅布桑却丹が翌年から外国人教師として蒙古語を担当したという。ただし退職時期は大正元年（1912）とあり，1911年7月帰国したという指摘と異なる。つまり，極めて短期間の帰国があったにせよ，大谷光瑞のもとにいた期間を考えると，1908年に来日した彼は1914年まで，足かけ6年間も日本にいた」と述べている。ここで，辻は，ロブサンチョイドンの来日した年を1908年とし，きわめて短期間があったとしても6年間ほとんど日本に滞在していたと説明した。

　ロブサンチョイドンが1911年7月に帰国し，その活動の一部を裏付ける貴重な資料がある。その滞在期間については，『蒙古風俗誌』の「結語」（大正7年の記事）のなかではっきりと書かれている。すなわち，1911年7月から1912年8月まで日本に滞在していたのである。その滞在の一部の期間中の活動について，小軍が「関於羅布桑却丹撰写『關於蒙古風俗鑑』動機的一考察」のなかでより詳しく論じているので[18]，ここではくりかえさない。

　1911，12年といえば，清朝末期の「新政」に対するモンゴル各地の反抗や清朝南部に起きた「辛亥革命」に直接起因する清朝政府の崩壊にともない，モンゴル人は独立あるいは，政権の選択に直面していた。これは，ちょうどロブサンチョイドンが1回目の日本滞在から一時帰国した時期に重なる。その任期満了のほか清末政治社会の大きな変化が，かれのこのときの一時帰国の直接的な原因であったとも理解し得る。かれが日本に招かれたことは，純粋にモンゴル

20 世紀初期における日本とモンゴルの文化交流

語を教えるという役目だけでなく，当時日本の満蒙侵出政策実施に利用可能な
協力的な存在だったともいえよう。つまり，当時モンゴル各地の独立運動には
日本の協力も必要であった。彼のそのような活動を裏付けるような資料がのこ
されている。

　ひとつは，1912 年 5 月 31 日に，当時四平街にいた守田大佐が日本参謀本部に
宛てた報告書である。これは日本外務省の資料であり，資料の題目は「蒙古人
羅布桑全丹の独立運動」である。その内容は，「モンゴル人ロブサンチョイドン
は，わが東京外国語学校モンゴル語教師であり，熱心なモンゴル独立運動主張
者である。彼は，鄭家屯で守田大佐と会見し，モンゴル独立に関する様々な意
見を述べていた。モンゴルのジョソト盟やジョーオダ盟の多くの王公たちは共
和制に反対している。また，かれの友人はジョソト，ジョーオダ両盟の蒙古王
公聯盟を組織し，私はジリム盟の王公聯盟実現のために来た。まず，ダルハン
王を説得し，他の諸王を団結させることを望む。清朝皇帝退位前にも，私はか
れら王公たちに何度も助言をしていたが聞く耳を持たなかった。今回は間違い
なく聞き入れるでしょう。」また，「阿親王を北京から救出するための方法を探っ
ているが袁世凱の監視が厳しく，良い方法が見つかっていない状況にある」と
いう報告である[19]。

　もうひとつ，1912 年 6 月 3 日に，守田大佐が四平街から参謀本部に宛てた報
告がある。タイトルは，「羅卜蔵全丹の達爾漢旗勧誘始末」であり，ダルハン王
との会見の具体的な内容が報告されている。主な内容は，ロブサンチョイドン
が予定通り，5 月 29 日に鄭家屯に入り，31 日までの 3 日間当地に滞在して，ダ
ルハン王その他の有力王公たちと会談した様子を，同行した日本人の報告をも
とに記載したものである。ロブサンチョイドンはジリム盟の王公たちを説得し
団結させ，袁世凱が誘う共和制に反対させ，醇親王，粛親王らの皇室関係者を
擁護し，君主立憲制を唱えていた。これはじつに，日本の満蒙政策にも関連す
る日本とモンゴル間の外交活動であると考えられる[20]。

　1911 年 7 月に帰国していたロブサンチョイドンは内モンゴルの王公たちへ翻
訳事業のことを再度すすめたが，王公たちは時局の混乱を理由に受け入れるこ
とはなかった。それから，川島浪速が，「シナ分割論」を提唱し，第 1 次満蒙独
立運動を本格的に展開し始めたのは 1912 年のことであった。そして 1912 年 5 月
と 6 月の守田報告が示すように，かれは，当時の日本の満蒙政策において，な
んらかの役割を演じ，なんらかの任務を任されていた可能性が高いのではない
かと思われる。

97

清帝退位当時に，ロブサンチョイドンと非常に親しい関係にあったハラチン王グンセンノロブは共和制実施について強硬に反対していた。かれは，「元来，蒙古は中国の一部ではない。ただ清朝の正逆を奉じてきたために，清朝に深く恩を受けているが，蒙古は，中国の国家そのものとはなんらの関係をもつものではない。いわんや，清朝が亡びた現在，蒙古は当然に中国とは関係なくして独立すべきである。しかし，蒙古は不幸にして実力を持っていない。この際日本の支持援助によって独立の実をあげなければならない」とまではっきりした持論を述べていた。

　そして，1912 年 8 月に，ロブサンチョイドンは京都本願寺にある仏教学校に招聘された。二木博史はそれについて「そのごふたたび来日し本願寺の大谷光瑞がつくった「二楽荘」で，橘瑞超や陸軍将校らにモンゴル語を教えた」と記録している[21]。また，辻雄二は，「こうした羅布桑却丹の足跡は，近代日本が大陸へ乗り出す過程と歩をひとつにするもので，その来日と日本発見には大谷光瑞の果した役割が大きいと考えられる」と指摘している。これに付け加えると彼の最初の日本発見と再来日には川島浪速の役割も無視できないことであると考えられる。

　1912 年 12 月から 1913 年 3 月までの 4 か月間，「六甲山真宗中学」にモンゴル人教師として招聘された。この謝金は兵庫県武庫郡岡本村二楽荘にある武庫仏教中学学長橘瑞超を通して郵送で 1912 年 5 月 16 日に支払われた。彼は，教育によってモンゴル人を啓蒙しようと，来日する前から北京に集めていたモンゴル王公に提案を提出していたという。1914 年に「二楽荘」の教師を退職後，彼は，満鉄に務める。また，正確な年月などは確認できていないが，川島浪速コレクションには，ロブサンチョイドンが川島浪速に宛てたとされる 1 枚の写真がある。それは，ロブサンチョイドン本人の写真であり，民族衣装を身にまとって，左手に本を持ち，右手には念珠を持ち，帽子を被り椅子に座っている。写真の正面真中より右上に縦に「羅卜蔵全丹」と捺されてあり，裏面にマンジュ文字とモンゴル文字を併せて，「da ren tan-a kürgebe」と書かれている。これについては後日更なる検証をしたい。

　注目すべきは，ロブサンチョイドンは，1912 年 8 月にふたたび来日して以後，「羅子珍」という名前で登場したことである。その名前を変更して再来日した理由は現時点では説明できていないひとつの謎である。この時期以後の資料にはほとんど「羅子珍」という名前が記録されている。1914 年に完全に帰国し，南満州鉄道株式会社に入り，1928 年に亡くなるまでもずっと羅子珍の名前を使っ

98

20 世紀初期における日本とモンゴルの文化交流

ていた。

そして、「民国 3 年に帰国したあと、奉天に移住し、当地域で新しい家畜の飼育方法をすすめたら、奉天の張起源とジリム盟の王公たちも皆賛成していた。しかし袁世凱が帝位を確立する事件が起こり、日本もこれを機に中華民国に対し『対華 21 か条』(1915 年 1 月 18 日）を要求し、日本が東モンゴルでの貿易権を獲得したり、日本の商人が東モンゴルに頻繁に往来したため、かれの新しい家畜飼育の提案を漢人官僚たちが日本の仕掛けた危険な対策と疑い始めたため、その提案や計画は失敗に終わった」。

さらに、知り合いの大谷光瑞のおかけで、南満洲鉄道株式会社でモンゴル文字にかかわる仕事に就き、モンゴルの昔の風俗、習慣などを本にまとめることにしはじめたのは『蒙古風俗誌』である。1914 年から 1918 年に、モンゴル語で名著 *Mongγol-un jang aγali-yin oyilaburi*『モンゴル風俗誌』）を著した。これは内モンゴル人の書いた最初の民俗学の著作として今日大変高く評価されている。同書の手稿の一部が東京外国語大学図書館に所蔵されている。

おわりに

20 世紀に入ると、日本と内モンゴルの間で様々な形での交流が行われるようになった。当時日本にとって内モンゴルが大きな関心の対象であったし、一方、内モンゴルにおいても近代化の必要性を認識し、清朝崩壊や日本の大陸浪人・軍人たちの啓発で目覚め始めた開明的なモンゴル王公の中から日本との関係を通して、内モンゴルに近代化を推進し、内モンゴルの未来像を描き始めた王公知識人たちの動きがあったためである。こうした状況の下で教育分野における交流が行われていた。しかし、従来の研究において、これらのモンゴル人教師がどんな経緯をもって日本に招かれていたのかは、いまだに解明していない重要な研究課題として残っている。

1972 年の日本とモンゴル人民共和国との国交樹立から 40 年しかたっていないが、20 世紀における日本モンゴル交流は既に 100 年間以上も続いている [22]。日本とモンゴル交流におけるモンゴルとは、単なる国民国家枠内での交流だけでなく、主権国家・政府間交流のほか、モンゴル国に属しない内モンゴル人と日本との交流もポイント課題として注目されつつある。その意味においては、日本モンゴル交流の百年を振り返る場合、国交樹立後の 40 年間の交流だけでは 20世紀における日本モンゴル関係を充分に説明し切れないところがある。交流の

99

歳月は，近代において凡そ100年間を経ている。その過去の交流の実態をある程度補充できるのは，近代日本とモンゴル関係における内モンゴルからのアプローチであろう。

　20世紀のモンゴルに関わる様々な歴史の出来ごとは，21世紀初め頃からそれぞれの100年間の節目を迎え，そのなかで日本モンゴル関係上も様々な100周年が来ている。つまり，このさまざまな100年間において，日本とモンゴルの関係はどうであったのか。本報告は，主にモンゴルの国家と国交という概念の枠組みを越えて，日本とモンゴルの110年間を視野に入れて，モンゴル語教育の実態に焦点を当てて日本モンゴル交流を検討した。これは，日本とモンゴルの交流史を理解する上でとても重要な意義を有するものと信じている。

註

1　二木博史，小澤重男「モンゴル語」（『東京外国語大学史』［本編］東京外国語大学史編纂委員会，1999年，pp. 1006-1007）。

2　橋本勝「本学におけるモンゴル語教育史に想う」（『わが国における外国語研究・教育の史的考察』［上］大阪外国語大学，1989年，pp.13-14）。内田孝（「大阪外国語大学におけるモンゴル人教師［1922-1950］」『内陸アジア史研究』19号，2004年，p. 43）。

3　二木博史，小澤重男，前掲「モンゴル語」（pp. 1004-1005）。

4　同上，（p. 1004）。

5　会田勉『川島浪速翁』（文粋閣，昭和11［1936］年）。波多野勝『近代東アジアの政治変動と日本の外交』（雄山閣，1995年）。中見立夫『「満蒙問題」の歴史的構図』（東京大学出版会，2013年，pp. 105-124）。

6　二木博史，小澤重男，前掲「モンゴル語」（pp. 1014-1015）。

7　同上（pp. 1006-1008）。

8　同上（p. 1014）。

9　二木博史「日本のモンゴル研究の100年」（ボルジギン・フスレ，今西淳子編『20世紀におけるモンゴル諸民族の歴史と文化：2011年ウランバートル国際シンポジウム報告論文集』風響社，2012年，pp. 89-90）。

10　陸軍省『蒙古語大辞典』（［上中下］偕行社，1933〜36年）。

11　二木博史，小澤重男，前掲「モンゴル語」（p. 1015）。

12　同上（p. 1011）。

13　同上（p. 1016）。

14　会田勉，前掲『川島浪速翁』。

15　内田孝，前掲「大阪外国語大学におけるモンゴル人教師（1922-1950）」（p. 45）。

16　二木博史，小澤重男，前掲「モンゴル語」（pp. 1006-1007）。

17 羅布桑却丹著，辻雄二訳『蒙古風俗録』（[1-6]『琉球大学教育学部紀要』52-53，
   55，61-63 号，1998-2003 年）。*Mongyol sudulul-un nebterkei toil,udq-a jokiyal-un boti*, Öbör
   Mongyol-un arad-un keblel-ün qoriy-a, 2002（モンゴル語学百科全書委員会『モンゴル語学
   百科全書・文学巻』内モンゴル人民出版社，2002 年）。

18 小軍「関於羅布桑却丹撰写『關於蒙古風俗鑑』動機的一考察」（『蒙蔵現況双月報』第
   15 巻第 6 期，pp. 50-61）。

19 JACAR（アジア歴史資料センター）Ref. B03050692900，「1. 明治 45 年 3 月 2 日から明治
   45 年 7 月 15 日」『蒙古ニ関スル事情密偵一件』（外務省外交史料館）。

20 同上。

21 二木博史，小澤重男，前掲「モンゴル語」（pp. 1005-1006）。

22 春日行雄『日本とモンゴルの 100 年・社団法人日本モンゴル協会理事長メモ』（アジア
   博物館・モンゴル館，1993 年）。春日行雄『宿願 66 年モンゴル殉難日本人霊堂：1939
   〜 2005』（私家版，岐阜・海津，2006 年）。Altandalai 2004: *Yapon ba Öbör Mongyol*, Öbör
   Mongyol-un suryan kümüjil-ün keblel-ün qoriy-a（アルタンダライ『日本と内モンゴル』内
   モンゴル教育出版社，2004 年）。

参考文献

（モンゴル語）

Altandalai, *Yapon ba Öbör Mongyol*, Öbör Mongyol-un suryan kümüjil-ün keblel-ün qoriy-a（アルタ
   ンダライ『日本と内モンゴル』内モンゴル教育出版社，2004 年）.

Mongyol sudulul-un nebterkei toil,udq-a jokiyal-un boti, Öbör Mongyol-un arad-un keblel-ün qoriy-a,
   2002（モンゴル語学百科全書委員会『モンゴル語学百科全書・文学巻』内モンゴル人
   民出版社，2002 年）.

Lobsangčuidan jokiyaba, Qa.Dambijalsan nayirayulba, *Mongyol-un jang ayali-yin oyilaburi*, Öbör
   Mongyol-un arad-un keblel-ün qoriy-a, 1981（ロブサンチョイドン著，Qa. ダムビザルサン
   編『モンゴル風俗誌』内モンゴル人民出版社，1981 年）.

（日本語）

会田勉『川島浪速翁』文粋閣，昭和 11（1936）年 .

内田孝「大阪外国語大学におけるモンゴル人教師（1922-1950）」『内陸アジア史研究』（19 号）.

春日行雄『日本とモンゴルの 100 年・社団法人日本モンゴル協会理事長メモ』（アジア博物
   館・モンゴル館，1993 年）.

春日行雄『宿願 66 年モンゴル殉難日本人霊堂：1939 〜 2005』（私家版，岐阜・海津，2006 年）.

東京外国語大学史編纂委員会『東京外国語大学史』（本編），1999 年 .

中見立夫『「満蒙問題」の歴史的構図』東京大学出版会，2013 年 .

橋本勝「本学におけるモンゴル語教育史に想う」（『わが国における外国語研究・教育の史
   的考察』［上］大阪外国語大学，1989 年）.

波多野勝『近代東アジアの政治変動と日本の外交』雄山閣，1995 年 .

二木博史「日本のモンゴル研究の100年」（ボルジギン・フスレ，今西淳子編『20世紀における
　　モンゴル諸民族の歴史と文化：2011年ウランバートル国際シンポジウム報告論
　　文集』風響社，2012年）．
二木博史，小澤重男「モンゴル語」（『東京外国語大学史』［本編］東京外国語大学史編纂委
　　員会，1999年）．
羅布桑却丹著，辻雄二訳『蒙古風俗録』（［1-6］『琉球大学教育学部紀要』52-53, 55, 61-63号，
　　1998-2003年）．
陸軍省『蒙古語大辞典』（［上中下］偕行社，1933～36年）．
JACAR（アジア歴史資料センター）Ref. C02031659800, 主計課「蒙古語教授手当金支出方の
　　件」『陸軍省 - 大日記乙輯 -T2-8-19』（防衛省防衛研究所）．
JACAR（アジア歴史資料センター）Ref. B03050692900,「1. 明治45年3月2日から明治45
　　年7月15日」『蒙古ニ関スル事情密偵一件』（外務省外交史料館）．

（中国語）
小軍「関於羅布桑却丹撰写『關於蒙古風俗鑑』動機的一考察」（『蒙蔵現況双月報』第15巻
　　第6期）．

資料1：アジア歴史資料センター　資料 C02031659800
主計課「蒙古語教授手当金支出方の件」
　　「軍事課連帯 軍事局第九四号経5月6日第795号 蒙古語教授手当金支出方ノ件 主務局
　　長 経第352号 大正2年5月7日 曩ニ在六甲山真宗中学ニ於テ招聘ノ蒙古人羅子珍ニ
　　就キ蒙古語研究中ノ長岡中尉以下六名ニ対スル教授謝金トシテ大正元年12月ヨリ大正
　　2年3月ニ至ル四ケ月分金240円（月額604）給与致度右謝金ハ武庫佛教中学ニ於テ羅
　　子珍ニ支給スル手当ノ一部ヲ陸軍ニ於テ負担スル当初ノ協定ニ基クモノニ有之候間武
　　庫佛教中々長橘瑞超ニ宛送金スルコトニ致度 右謹decision裁ノ上 副官ヨリ会計監督部長へ
　　ノ通牒案 蒙古語研究ノ為神戸附近ニ派遣ノ歩兵第八連隊附長岡中尉以下六名ニ対スル
　　教授謝金トシテ左記ノモノ大正1年12月」に「羅」の印が押されている。

出典：JACAR（アジア歴史資料センター）Ref. C02031659800, 主計課「蒙古語教授手当金支
　　出方の件」『陸軍省 - 大日記乙輯 -T2-8-19』（防衛省防衛研究所）。

現代モンゴル人の外国人観の一考察
：Ｂ.リンチェン『曙光』を題材として

池部尊則

〈Takanori Ikebe〉

はじめに

　本論文では，モンゴル近代文学史上初の長編小説であり，モンゴル人民革命前後を取り扱ったＢ.リンチェンの『曙光』を材料として，作中に描かれるモンゴル人以外の人間及びそれにまつわるいくつかのエピソードの描写（具体的には漢人とロシア人）を検討することにより，モンゴル人の外国人観を検討し，現代モンゴル人が外国人に対して抱くイメージの一端を明らかにする。この作業により，現代のモンゴル人が抱く外国人へのイメージの側面に光を当て，モンゴルと諸外国との関係を考える上でのひとつの手がかりを提供する。

1　なぜ『曙光』か？

　『曙光』の作者であるＢ.リンチェンは，モンゴル国内でもナショナリストとして定評があり，著名な作家であり学者であり，モンゴル文字の擁護者としても知られている。リンチェンの作品の中でとりわけ有名なものが，モンゴル初の長編小説『曙光（Uuriin tuya）』である。これは 1911 年のいわゆる「モンゴル民族解放運動」から 1921 年の「人民革命」期を通じての群像劇で，あるモンゴルの進歩的な遊牧民一家及びその周辺の人物の視点を中心にモンゴル人と入植ロシア人との友好関係，モンゴルの貴族，満州人官吏，活仏，漢人商人による搾取，モンゴル民族の覚醒，革命等が重厚な筆致で描かれている。
　なぜ『曙光』を題材として取り上げるかといえば，第 1 に，国内でも著名な作家として知られているリンチェンの作品の中で，とりわけその題名が人口に

103

膾炙しており，国民の中で大きな影響力を持っていると考えたからである。

　第2に，作中ではモンゴルを現実に取り巻く国際関係の主要アクターである
ロシアと中国の主要住民である漢人，ロシア人とモンゴル人との関係が随所に
描写されており，且つフィクションでありながら，実在の人物が多数登場し，
より当時の状況に即して外国人についての描写がなされているものと考えられ
る。(本作品にはチベット人も登場するが，より広い文脈からの検討が必要となり，本論の紙
幅の関係上，検討の対象外とした)。よって，同作品はモンゴル人が外国人に抱くイ
メージのひとつのモデルを検討するにあたり材料として適切と考えたからであ
る。

　第3に，現代では作者であるリンチェンの啓蒙思想家としての評価が定着し
ているからである。本論では，この「啓蒙」という用語を現代モンゴルの外国
人観を考える上での分析概念として用いることとする。

1　問題の所在及び先行研究

　モンゴルの民主化以降23年が経過したが，民主化後のモンゴル人 (ここでは
1992年以後の民主化後のモンゴル人を便宜的に「現代モンゴル人」と定義する) にとって，
社会主義陣営以外の諸外国とさまざまな形で交流を本格化させてからたったの
23年しか経過していないというのが正直な感覚であろう。本論の問題の所在は，
社会主義時代にはごく限られた範囲でしか交流のなかった (交流の必要のなかった)
モンゴルと旧西側陣営諸国との交流があらゆる分野で一気呵成に広がりを見せ
ていき，現代モンゴル人が中ロ以外の国々，特に旧西側諸国との関係を構築し
ていく過程で，価値観も社会体制も異なる国々との交流を行わざるをえない状
況に置かれているという認識から出発し，これまでに極めて限られた範囲でし
か接触のなかった外国人といかに関わっていくかという彼らの意識を明らかに
することにある。この作業を通じて，モンゴルと諸外国との関係のあり方を考
える上でのひとつの手がかりを提供する。

　モンゴル国内で世論調査を実施しているサントマラル基金による統計資料に
よれば，「モンゴルの最も良いパートナー国は？」という問いに対する回答で，
モンゴル国民の76.8%が未だにロシアと答えており，その次が中国で23.8%，3
番目がアメリカで23.7%と続いている。他方で「あなたの考えでは，どの国の国
民とモンゴル人は友好的にお互いに理解しあって仕事を行うことができている
か」との問いに対しては，ロシア人と答えた人が46.7%，中国人と答えた人が
43.2%と両国が全体の80%以上を占めている[1]。この現代モンゴル人による外国

104

ないしは外国人に対する認識は，民主化後23年を経過し，さまざまな旧西側諸国と関係を自由に構築できるようになった現在においてもなお，モンゴル人の外国人に対する認識に変化がないという現実を浮かび上がらせている。この事実をどう理解するかは，今後，現代モンゴル人が外国人といかに付き合い，いかに関係を構築していこうとしているか，ひいては対外関係をいかに認識し，新たな対外関係の構築を行っていくかという現代モンゴル人の認識の問題を考える上でも非常に重要なテーマである。

　本論で扱う『曙光』については，田中克彦氏が自著『草原と革命』(恒文社，1984)[2] や「ハタンバートル・マクサルジャブ：モンゴル独立運動指導者の一つの典型」(『一橋論叢』，57巻6号，1967)[3] の中で言及されている。しかしながら，その言及部分は実在する登場人物の紹介や軍旗の祭りに関する描写の部分などであり，モンゴル人以外の人間との交流の描写について検討等が加えられた先行研究は管見の限りでは見当たらない。本論では，まず長編小説『曙光』の内容について簡単に紹介するとともに，そのテクスト内容を「啓蒙」という分析概念を活用し，現代モンゴル人の外国人認識につながる外国人観のモデルを抽出していきたい。

2　内容の検討

1　『曙光』の内容

　19世紀末から20世紀初頭にかけての帝国主義時代の国際関係に否応なく組み込まれていくモンゴルを題材とする（独立，反封建闘争）同作品は，モンゴル初の近代長編小説として評価されている。内容は，ある地方の遊牧民一家が，困窮した未亡人から養子を取るところからはじまり，（この養子はシルチンと名づけられ，本作品の主人公のひとりとなる）1911年のモンゴルの「独立宣言」と1921年の「人民革命」という一連の政治的情勢の中で，その遊牧民一家が革命的思想に目覚め，主人公のシルチンが人民義勇軍に参加し，人民革命の勝利に貢献し，社会主義社会の建設に邁進していくという内容のものである。特に同作品中の主人公であるモンゴル人牧民一家とロシア人入植者との友情の描写や，著名な実在のロシア人学者との邂逅，登場人物が流刑により中国内地に流され，そこで太平天国軍の元闘士と邂逅する場面など，モンゴル人とモンゴルを取り巻く2つの大国の人間との交流の描写が随所に描かれるとともに，当時のモンゴル社会で行われた儀礼等の民俗描写や満州人官吏（実在の人物名を多用している）の描写，

仏教寺院や清朝の行政文書の描写など古式ゆかしい描写がちりばめられており，これらが物語に重厚さを与えている。

2 「啓蒙」概念の通底

　この作品の大きな特徴は，作品全体を通底し，外国人との交流の描写に描きこまれる「啓蒙」の概念である。「啓蒙」については，作者である B. リンチェンの学問的背景や作中で描写されるロシア人学者との邂逅のエピソードからも，非常に重要な概念となるのでここでその定義について明確にしておきたい。「啓蒙」を辞書で調べると「ヨーロッパで 17 世紀末に起こり，18 世紀に全盛になった革新的思想。合理的，批判的精神に基づき，中世以来のキリスト教会によって代表される伝統的権威や旧来の思想を徹底的に批判し，理性の啓発によって人間生活の進歩・改善を図ろうとした」[4]とある。この定義によれば，「ヨーロッパに端を発し，合理的，批判的精神による伝統的権威の批判及び理性の啓発により人間生活の進歩・改善を図る革新的思想」ということができる。この定義に従い，『曙光』を分析，検討していくこととする。

3 内容の分析

　作中に描かれるモンゴル人とモンゴル人以外の人間との交流エピソードを検討すると，一貫してその底流を流れるのが「啓蒙」の概念である。さらに作中の描写を分析すると，「良い外国人」と「悪い外国人」とを区別する基準として，科学的知識への探究心があるかどうか及び批判的精神を持って物事を科学的に判断できるかどうかであることが明らかとなる。このことから，作者の『曙光』執筆の意図が「啓蒙」精神の普及にあったことは明らかであろう。以下，作中の「啓蒙」概念の通底する箇所を引用する。場面は，作中の中心人物であるバトバヤル老人と入植者のイワン老人との友情を描く場面で，イワン老人のすすめにより，家畜に予防接種を行う描写であるが，バトバヤル老人が，自身の親族であるジャムバ（宗教の迷信を信奉する無知蒙昧なモンゴル人の典型として描かれる）にも予防接種を勧めたところ，ジャムバは活仏の「霊験あらたかな聖水」に頼る[5]。

　　「活仏様が我々に予言を賜られたんだ。アヒルを追って水に入ったカラスが死ぬということわざのとおりにバトバヤルに従って家畜を死なせたい奴には死なせておけ。俺は活仏様の仏弟子なのだ。活仏様の予言に従う。活

現代モンゴル人の外国人観の一考察

仏様の予言にも西洋の汚らわしいものは吉兆ではないとあるではないか。
それなのにあんたは西洋の汚らわしい薬で功徳を汚すとはどういうこと
だ。」[6]

　このように，宗教を妄信するジャムバは，科学的批判精神を持たずに結局家
畜を畜疫で死なせてしまう。これに対して本作の主人公の一人であるバトバヤ
ル老人が，苦言を呈する。

　　　主人が努力すれば幸運も努力するというが，私はお前に親族のよしみで
　　お前を助けようと牛への予防接種を何度勧めたことか。それにも関わらず，
　　お前は私の忠告を聞かずにわめいていたではないか。牛の耳に水を入れて
　　も油を入れても同じように首を振るというが，お前の牛はほとんど死んで
　　しまったが，私の3つの世帯は，2頭を除けば牛は皆生きている。ロシアの
　　薬は吉兆ではないのか？　それともお前の言う聖水とお香が吉兆なのか？
　　　もしお前に考える頭があれば考えてみろ。……山を雪が圧し，私をよる
　　年波が圧し，お前を愚かさが圧しているぞ。[7]

　ここでは，ジャムバの蒙昧さに対して，バトバヤル老人ら理性的なモンゴル
人が，シベリアの入植者イワン老人から教えられて牛に予防接種を行い，畜疫
を逃れたという描写がなされている。この描写の意図は，科学的知識及び宗教
的迷信への批判的態度の重要性の表現にある。この描写に「批判的精神による
伝統的権威の批判及び理性の啓発」という「啓蒙」のメッセージが込められて
いるのは明らかである。他方で，ここに登場するシベリアからの入植者である
イワン老人が牛への予防接種を「教えた」ことの意味も重要である。この意味
については後述する。

4　ロシア人学者との交流描写
　作中での科学的知識を有する学者に対する評価も重要である。作中では，東
洋学者のV.ラドロフや突厥碑文の発見者であるヤドリンツェフなどのロシア人
学者とバトバヤル老人家族との交流シーンが描かれるが，その中では，以下の
やり取りがある。

　　　[ラドロフ探検隊の噂を聞きつけた近隣の住民が集まって，その近隣住民

の長老がラドロフに対して以下の台詞を述べる]。ロシアの学者がここに来られたと聞き，皆さんにご挨拶するために来ました。われわれはほんの少しの家畜を追っていくだけの馬の鞍より高いところに登ったことのない学のない者です。・・・しかしながら学者を非常に尊敬しています。あなた方が来られたということをきき，できる限りのお手伝いをいたしたく参上した次第です。今年の夏は良い夏となりました。牛乳もたくさんございますので，あなた方は毎朝牛乳がご入用でしたら我々のところから取っていただいてもかまいません[8]。

と老人は喜びを露にし，さらに続けて以下のように述べる。

　　あなた方を学者であると考え，万民の土地から来た貪欲な漢人商人，高利貸し，残忍な満州人官吏のように私腹を肥やすために来た者たちとは違うということを我々は知っています。我々牧民はあなた方に対して友好的であるということをご理解いただきたい[9]。

　これらの描写は，筆者が学究の徒としてのロシア人学者は決して私利に走る人間でないこと，そして学者とモンゴルの遊牧民とが真の友情を育んでいることを表現している。ここにも，科学的知識を愛し，蒙昧を嫌う啓蒙の精神の重要性というメッセージがこめられている。同時に，良い外国人の典型であるロシア人学者に対し，貪欲な漢人商人，高利貸し，残忍な満州人官吏が，悪い外国人の典型として描かれ，対立軸が設定されていることが明らかとなるのである。

　作中に登場するロシア人の学者はすべて実在の人物であり，前述したラドロフ探検隊がモンゴルを調査したのは1897年だが，そのメンバーにはトンユクク碑文の発見者として名高いクレメンツ（1848～1914年）がいた。クレメンツは，ロシア地理学協会東シベリア支部事務主任の地位にある間，シベリアにおける博物館建設に尽力しており[10]，リンチェンはその背景を知った上で，この描写を行ったものと考えられる。さらにロシア人学者については，著名なモンゴル探検家であり，民俗学者でもあったポターニンについても特徴的な描写がなされている。

　　「[サムダンジャムバという案内人についてラドロフが尋ねたのに対して]

108

案内人です。人間は底抜けに良いですよ。私が2度あったことのあるポターニンという人の案内をしていました」。

「おや，それでは，我々が知っているあのサムダンジャムバではありませんか。それでは，あなたはポターニンの細君であるアレクサンドラ・ワシーリエヴナをご存知ですか」。

「勿論知っていますとも。青い眼をした心根の良い背の高いご婦人でしょう」。

「そうです。その2人です。そのポターニンはとても心根の良い人間です」[11]。

　ここでは，わざわざポターニンとモンゴルの現地牧民との間に友好的な交流があったというやり取りを加えている。リンチェンがなぜポターニンについての言及を加えたかの理由は後述するが，いずれにしても，ロシア人学者との交流のシーンは，描写に非常な具体性があることなどから，作者のリンチェンは，ロシア人学者については一定の具体的イメージを有していることが分かるのである。

5　漢人との交流描写

　啓蒙の重要性を訴える描写は，ロシア人学者との邂逅シーンにのみ留まらない。作中では，旗の領主であるルハ貝子の計略により中国内地に流刑となったナサンバトが，張口家で彫刻師の Jang に助けられ，漢語及び漢籍の知識を吸収し，士大夫的知識人[12]へと成長するという描写がある。ここでも，作者は「人民の啓蒙に重点を置く者」を善の側に立つ人間として描写している。しかし，作中の漢人との交流シーンで実在の人物が登場することは稀で，ナサンバトが革命的意識に目覚めていくまでの過程を描写する際には，いずれも架空の人物に仮託して革命思想を語らせ，その架空の人物を通じてナサンバトが革命思想に触れると同時に，士大夫的知識人となっていく様が描写される。具体的には，太平天国軍の李という架空の親子を設定して，太平天国軍の楊秀清（？～1856年）や林鳳祥（1826～1855年）などの北京への北伐（1853年）の様子，太平天国の指導者である李秀成（1823～1864年）の処刑の様子を語らせ[13]，さらに西洋の進歩的な層が太平天国に同情的であり，清の圧制について新聞で紹介していることを述べた上で，太平天国軍が理想の国として古代周王朝の制度を取り入れた誤りを語らせる。

聞けば，西洋の公正なる多くの良き人々が，太平天国軍が勝利するように，勇猛なる闘争が勝利するようにと衷心から願い，新聞等に満州の残虐さの真実を書きたて，その満州に対して支援をする外国資本家の本質を暴いていると聞いた。我々太平天国は，当時そのことに気づかなかった。さらに我々は将来の理想を描く際に，古代の制に倣い模範としようとして誤った。我々は孔子の教えに反対して，三字経の代わりに新三字経を創作したが，その眼には儒教の色眼鏡をかけていることに気付かなかった。我々は古代周王朝を全中国の歴史の中で最も平等な王朝であったと誤って理解し，兵にその周王朝の制を復活させて模範とさせた。…しかし我々自身は，模範とすべき良い例を見つけることができなかったのだ[14]。

　ここで作者は，「儒教の色眼鏡」という台詞で，中国の儒教的価値観への批判を自らの誤りを告白する形で表現するとともに，中国の村落で子供たちに字を教えるために使用された代表的なテキストである「三字経」を引き合いに出し，儒教精神を間接的に批判する材料として利用している。この三字経は，本来は識字のためのテキストであり，この三字経を儒教精神の権化とした上で，儒教的色彩のない「新三字経」を創作したという描写には，実際の中国の状況に対する具体的認識というよりは，後述するように人民の「啓蒙」に注力し，識字率の向上に情熱を注いだロシアのナロードニキ思想が見え隠れしている。
　ここまでの検討から，作者が，「啓蒙」精神のメッセージの発信に力を注いでいること及び「良い外国人」と「悪い外国人」との基準を「啓蒙精神」があるかどうかに置き，この著作を通じてあるべき外国人との関係とはどういうものかというモデル提示に力を注いでいることがうかがえる。それでは，次にリンチェンが描き出した「良い外国人」及び「悪い外国人」モデルが現代モンゴル人の外国人観にいかなる形で反映されているかを明らかにしたい。

3　現代モンゴル人の外国人観の形成

1　リンチェンの思想的バックボーン
　前節でみたように，ロシア人学者との交流描写の際に，すべての登場人物が実在する人物であり，描写が非常に具体性に富んでいることや筆者がポターニンを登場させたが，その理由について考えてみたい。これには，リンチェンの

現代モンゴル人の外国人観の一考察

学問的バックボーンに関係しているものと考えられる。リンチェンは，1925 年
にペテルブルグ大学の東洋言語学部で学んでおり，自身の伝記作品の中で，自
身の指導教官であったコーズィンの発案で「モンゴル・ゼミナール」が設置され，
リンチェンを含む 8 名の学生が参加した旨述べている[15]。また，ペテルブルグ大
学の東洋言語学部で学んだ際には，V. V. バルトリド（1869 ～ 1930 年），F. I. シェ
ルバツコイ（1866 ～ 1942 年），V. L. コトヴィッチ（1872 ～ 1944 年），B. Ya. ウラディー
ミルツォフ（1884 ～ 1931 年）など錚々たる東洋学の教授陣の薫陶を受けていた。

　周知のように，ロシアにおけるモンゴル研究は，元シベリア流刑囚（政治犯）
によりその基礎が築かれている。シベリア流刑となった政治犯はフランス革命
に影響を受けたデカブリストからはじまり，18 世紀末 19 世紀初頭には，ナロー
ドニキなどが啓蒙思想を携えてシベリアへと入っていき，シベリアに自らの運
命を託した人々が多い。そのような思想的雰囲気の中で，ロシアにおけるモン
ゴル研究の基礎が築かれたのであるから，ロシアにおけるモンゴル研究にナロー
ドニキ的思想が深く刻印されていることはごく自然なことである。特にシベリ
ア流刑に処されたのもののうち，ナロードニキらの多くは，シベリアの自然や
人を研究し，何よりもそこに住む農民の識字率向上に情熱を注いだことが指摘[16]
されている。このようなモンゴル研究の礎石を築いた流刑者の中にG．N．ポター
ニン（1835 ～ 1920 年）という著名なシベリア研究者，かつ「シベリア分離・独立
主義者」[17]がいたことは，モンゴル研究をシベリアとより密接なつながりのある
ものとしたと考えられる。すなわちシベリアの分離・独立を訴える「シベリア
分離・独立主義者」にとって，当時のモンゴルは，大清帝国の領域内にある藩
部（辺境）であり，ロシア帝国における辺境のシベリアとその地理的・社会的ス
テータスが似通っていたことも，研究対象として有意義な地域であると考える
根拠になったのではなかろうか。

　他方で，リンチェンが薫陶を受けた教授の中で，ウラディーミルツォフやコ
トヴィッチといった人物は，流刑者ではないものの，シベリア入植者であり，
後に西部モンゴルの研究を精力的に行うこととなるA．V．ブルドゥコフと知己
であり，ウラディーミルツォフはブルドゥコフの商館を拠点に越冬や調査を行っ
たことがある[18]。リンチェンは，これらの教授からポターニンに代表されるシベ
リア流刑に処せられた「シベリア分離・独立主義者」についてや，シベリア入
植者についての情報を得，それをもとにして作品の構想を練った可能性が高い。
こうしたことから，作品の描写に見られる啓蒙に対する揺るぎない信頼や知識
を吸収することの大切さを説く内容の描写，識字率向上の描写が出現する理由

として，ポターニンなど元シベリア流刑囚が有したナロードニキ的思想が，リンチェンやその他の当時のモンゴル知識人に濃厚に影響していたと考えるのが自然であろう。

2　先進思想の供給源としてのシベリア

19世紀末から20世紀初頭にかけて，ポターニンがシベリア分離・独立主義者として絶大なる名声を有していたこと及びロシアにおけるモンゴル研究の推進に並々ならぬ精力を注いでいたことが分かる史料がある。

前記ブルドゥコフの自伝によると，ブルドゥコフは1915年にシベリアのトムスクを訪れた際に，シベリアの様々な文学者や活動家を訪れ，シベリア研究の現状やシベリアの若手文学者等のモンゴルへの招待などの可能性につき意見交換を行っている[19]が，その際にブルドゥコフは，彼自身がポターニンと1912年以来文通を重ねたこと及びポターニンが偉大な人物であり，モンゴルに対する関心が微塵も失われていない様を絶賛している[20]。これは，ポターニンが当時のシベリア社会に於いて，絶大なる名声を有していたことの証拠でもある。また，1910年にトムスク大学のボゴリェポフ及びサバリョフ両教授により，ロシア・モンゴル貿易の調査隊が組織され，当時のモンゴル貿易に従事するロシア商人の活動（拠点所在地，商館数，各地域の出張所数，従業員数，主要輸出入品，漢人商人の活動等）の詳細な報告書[21]が作成されたが，この調査隊組織にあたって積極的に運動を行ったのが他ならぬポターニンであった[22]。

この事実からは，第一に長くシベリアに大学を設置することを訴えてきたポターニンらシベリア分離・独立主義者[23]らが関与して設立されたシベリア最初の大学であるトムスク大学が主力となり調査隊が組織されたこと，第二にポターニンがここでも積極的に調査隊の組織について運動を行ったことが記述されていることから，モンゴルに対するロシアの関心は，主にシベリアを拠点とするシベリア分離・独立主義者から発せられていたことが分かるのである。

このようにリンチェンが影響を受けたであろう当時のロシアのモンゴル研究は，シベリア自治主義者やナロードニキら元シベリア流刑囚により築かれていたことは明らかであろう。

また，思想の吸収という観点からはモンゴルの地理的位置も重要な要素となる。周知のごとく，当時のモンゴルにおいてヨーロッパや中国等の進んだ地域の思想等を摂取しようとする際に，南方の中国は明治維新後の日本を経由してヨーロッパの思想等を摂取していたが，中央に比して辺境の藩部における思想

112

現代モンゴル人の外国人観の一考察

的影響の普及は限定的なものとならざるを得なかったと考えられる。他方で，北方のシベリアには，西洋の啓蒙思想を取り入れて充分に消化し，その成果をシベリアに還元しようという明確な目的を有するナロードニキが数多くいた。地理的に近く，辺境でありながら多くの進歩的知識人を擁していたシベリアこそが，モンゴルの先進思想の主要な供給源であったと考えられる。

　また，ナロードニキの主要な活動のひとつに西欧の先進的な思想，科学等の書物を翻訳する活動も含まれていた。現在と比べて識字率が圧倒的に低かったことを背景として考えれば，この「翻訳」という作業が非常に高度な知的行為とみなされていたことは疑いがなく，かかる意味において，「翻訳を行う者＝知識人」という認識が定着したと考えるのは自然である。当時のモンゴルの思想等の主要な供給源がシベリアであったとすれば，モンゴル人の意識の中に「さまざまな思想を紹介し，翻訳する外国人は教導者である」という意識を植え付けたと考える根拠は十分にある。

3　現代モンゴル人の外国人観の形成

　ここまで見てきたところから，『曙光』という作品は，作中の中国の思想的影響は限定的である一方で，ナロードニキの思想的バックボーンが濃厚であること，東洋学者ラドロフやポターニンなどナロードニキ思想の影響を受け，何よりも「シベリア自治・独立主義者」である人物に関する描写が頻繁に登場し，しかも好意的に描かれていること及び作者のリンチェンがナロードニキ思想の核である「啓蒙」の重要性を普及させる目的でこの作品を描いたことが明らかとなってきた。それでは，ここからいかに現代モンゴル人の外国人観のモデルが抽出されうるかを見ていくこととする。

　作中に見られる一般的なモンゴル人にとって，外部の世界の観念は，漢人，満州人，チベット人，ロシア人がすべて（世界はボグドハーン＝清朝皇帝，ツァガーンハーン＝ロシア皇帝のみ）であり，また，当時のモンゴルの知識階層の人々にとっても，中国又はロシアを通じてしか世界情勢を把握することができなかったものと考えられる。それは，作中で，バトバヤル老人がロシアに一時帰郷していたイワン老人から日露戦争の見通しに関する情報を仕入れる描写[24]があるが，これは知識階層ですら，世界情勢把握は必ずロシア又は中国を通さざるを得なかったことの証拠でもある。当時のモンゴル人にとって世界とはロシア帝国及び大清帝国以外にはなく，両帝国領域の情報を通じてしか世界情勢を把握できなかったという状況は，当然のことながら，モンゴル人の外国人観に影響せず

113

にはおかない。彼らが上記両帝国及びその臣民との接触以外に，広く諸外国と交際する余地はごく限られていた。そのような中で，シベリアは，モンゴルから地理的に最も近く，且つ手軽に先進的思想を入手できる供給源として大きな役割を果たした。バトバヤル老人の事例（ラドロフとの交流→イワン老人との交流→日露戦争の情勢把握→ボリシェビキ思想への接近）は，まさに「蒙昧な人民」が，啓蒙により理性と批判的精神を備えていく過程を描写した表現にほかならない。

4　外国人観の分析

　ここまで，『曙光』に見られる思想上のバックボーンの検討及びそこから導き出された作中に通底する「啓蒙」の意図を明らかにしてきたが，ここからは，それがなぜ現代モンゴル人の外国人観に反映されているといえるのか，また，なぜ一つの形態として今後のモンゴルにおける外国人との関係を考える上での手がかりとなるのかを検討してみたい。

　『曙光』の内，主人公のシルチンを含むバトバヤル老人を中心とした進歩的な遊牧民一家が悪と見なしている者は，モンゴル貴族（ルハ貝子），富裕牧民（ロディ・バヤン），満州人官吏（桂芳），漢人商人，高利貸し，活仏，高僧，ロシア白衛軍などである。この視点自体は，階級闘争史観の観点から珍しくもないが，善の側にロシア人入植者，漢人農民，漢人民衆に加え，ロシア人学者が含まれていることは興味深い。なぜロシア人の学者が善の側に立つのかといえば，それが「人民を蒙昧から啓蒙する者」だからである。第3節第3項で，イワン老人が友人であるバトバヤル老人に家畜への予防接種を「教えた」ことの意味は，この描写が進歩的なロシア人入植者による教導により「啓蒙」されたことの表現である。『曙光』の中に描写される前述のラドロフと近隣住民の老人との会話に「あなた方を学者であると考え，万民の土地から来た貪欲な漢人商人，高利貸し，残忍な満州人官吏のように私腹を肥やすために来た者たちとは違うということを我々は知っています」と語らせていることからも，学者＝「啓蒙する者」＝教導者という図式が良い外国人の典型として描写されていることを示唆している。

　前述の家畜の予防接種の場面では，バトバヤル老人の親族であるジャムバが活仏や高僧により無知蒙昧な民衆としてだまされる者として描写されるのとは対照的に，イワン老人らロシア人入植者は，科学的合理精神と科学的知識・技術により畜疫を予防すべき事を教導する「教導者」として描かれるのである。この描写には，モンゴル人が抱く外国人観の一つのモデルが看取される。リン

チェンが『曙光』を執筆したのは，1951年から55年という時代であり，第二次世界大戦後6年から10年の間に描かれたものである。これらの時代は，モンゴルにおける中国及びソ連の援助競争の時代であり，ソ連と中国の技術者が次々とモンゴルの産業建設に従事している時代であった。その際に，ソ連や中国の技術者ははじめから終わりまで，アパートや工場建設の「教導者」として存在し，はじめから終わりまで「教導者」としてその役目を果たしたものと考えられる。ここから，外国人に対するイメージのひとつのモデルが生まれてくる。それは「良い外国人は教導者であり，進んだ外国の知識を吸収するためにすべてのものを教えてくれ，やってくれる人，それ以外の外国人は歴史上搾取者であり，モンゴル人を搾取することしか考えていない」という観念である。

おわりに

　以上検討してきたところから，現代のモンゴル人に継承されている外国人観のひとつのモデルとして，外国人を「搾取者」若しくは「教導者」として分類する傾向を指摘することができた。もちろん，旧社会主義体制の時代に社会のあらゆる制度構築をソ連をモデルとして行い，それに伴う科学技術・思想等のあらゆる訳語がモンゴル語として定着してしまっているからこそ，民主化後23年を経た現在においてもモンゴルが未だに「どの国の国民とモンゴル人は友好的にお互いに理解しあって仕事を行うことができているか」という問いにロシアを第一位にあげるのだと説明することは可能だが，中国が第二位となっている事実を考えるとき，伝統的な国際関係（大清帝国とロシア帝国との辺境に位置する地理的位置づけ）に加え，シベリア辺境で伝播した思想（「啓蒙」，識字率向上，ナロードニキ）が現代モンゴル人の外国人観にも深く刻印されており，ロシア人（「教導者」）と中国人（「搾取者」）とが，よきにつけ悪しきにつけ「昔ながらの最も馴染み深い連中」として現代モンゴル人の意識にあり続けているという説明のほうが事実をより端的に説明しているものと考えられる。日本やアメリカなどの旧西側諸国の人々と交流する際にも，現在に至るまでモンゴル人の「外国人」に対する意識の中では，「馴染み深い」外国人観のフィルターを通じて「教導者」若しくは「搾取者」への分類作業が行われているのではなかろうか。

　リンチェンが著したモンゴル初の近代長編小説『曙光』の本来の執筆目的は，理性的な批判精神の涵養にあったものと考えられるが，現代モンゴル人の外国人観のひとつのモデルが例示されている作品として『曙光』を読むとき，19世紀

末から連綿とモンゴル人を「教導」してきた「良い外国人」のイメージ，特に「啓蒙」思想を扶植したナロードニキから継承されるロシア人入植者＝教導者のイメージが現代モンゴル人にも継承されていることの証と解釈することが可能なのではなかろうか。かかる意味において，本来「啓蒙」において意図された批判精神の涵養の部分は，現代モンゴルにおいては完全に脱落し，変わりに「識字率向上」などに代表される「知識の普及」，「新しい知識の吸収の重要性」が過度にクローズアップされ，その手段として「教導者」である「良い外国人」にものを教えてもらい，ものを教えてくれない「悪い外国人」は搾取者であるとの外国人観が形成され，この「啓蒙」精神では理解不可能な「新たなタイプ」の外国人（日本，アメリカ，イギリス，ドイツ等）との接触が拡大していく中で，これまでの「教導者」または「搾取者」という物差しでは捉えられない状況に対応しかねているのがモンゴルの現状なのではなかろうか。

　本論においては，現代モンゴル人の外国人観のひとつのモデルとして，リンチェンの『曙光』の内容の検討からひとつのモデルを抽出する作業を行ったが，本論では，現代モンゴル人の外国人観に大きな影響を与えたであろう 70 年にわたる社会主義体制下でのソ連型システムの導入，定着に関する検討は行われなかった。また，先進思想の供給源となったであろうロシア人がいかにモンゴルとかかわってきたかという問題も検討が加えられなかった。今後の研究課題としていきたい。

（本論は，あくまで池部尊則個人の私見であり，大使館の意見を代表するものではない）

註

1　サントマラル基金世論調査（2014 年 3 月現在）http://www.santmaral.mn/sites/default/files/
　　SMPBM14.Apr__0.pdf.

2　田中克彦『草原と革命』（恒文社，1984, p. 174）。

3　田中克彦「ハタンバートル・マクサルジャブ：モンゴル独立運動指導者の一つの典型」
　　（『一橋論叢』, 57 巻 6 号 , 1967 年，pp. 77，82）。

4　『デジタル大辞泉（第 2 版）』（小学館 , 2012 年）。

5　Б.Ринчен, *Үүрийн туяа*, Улаанбаатар, 1993, pp. 109-111.

6　Ibid., p.110.

7　Ibid., pp.110-111.

8　Б. Ринчен, *Үүрийн туяа*, Улаанбаатар, p.31.

現代モンゴル人の外国人観の一考察

p. 160)。

11　Б. Ринчен, *Үүрийн туяа* , Улаанбаатар, p. 30.

12　ここで「士大夫的知識人」としたのは，科挙試験を受ける資格もないモンゴル人を「士大夫」と評するのは不適切であり，実際に作中のナサンバトが四書五経をどれほど咀嚼，吸収したかの描写がないためである。作中ではただナサンバトが漢籍を不自由なく読めるようになったという描写に留まる。

13　Б.Ринчен, *Үүрийн туяа*, Улаанбаатар, 1993, pp. 95-101.

14　Ibid., p.101.

15　Ц-Д. Номинханов, *Баруун Монголын дөрвөдийн зан үйлийн аман зохиолоос*:1-3 *дэвтэр*, Улаанбаатар, 2008, pp. 6-7.

16　Андреев.В.M, "Просветительная деятэльность ссыльных народников в Сибири: 70-90-е годы XIX века", Министерство высшего и среднего специального образования РСФСР Иркуткий государственный университет имени А.А. Жданова, *Ссыльные революционеры в Сибири : XIX в.-февраль* 1917 *г.*, Иркутск, 1973, p.31

17　田中克彦，前掲『シベリアに独立を！：諸民族のをとりもどす』, p. 31.

18　А. В. Бурдуков, *Хуучин ба Шинэ Монголд*, Улаанбаатар, 1987, pp. 8-9.

19　Ibid., pp. 137-138.

20　Ibid., p. 137.

21　М.И.Боголепов, М.Н.Соболев, *Орос Монголын худалдааны найруулал: 1910 онд Оросын газарзүйн нийгэмлэгийн Томскийн салбараас Монголд явуулсан шинжилгээний ангийн судалгаа-тайлан 22 гэрэл зураг болон Монголын газрын зурагтай* , Улаанбаатар, 2011.

22　М.И.Боголепов, М.Н.Соболев, *Орос Монголын худалдааны найруулал: 1910 онд Оросын газарзүйн нийгэмлэгийн Томскийн салбараас Монголд явуулсан шинжилгээний ангийн судалгаа-тайлан 22 гэрэл зураг болон Монголын газрын зурагтай* , Улаанбаатар, 2011, p. 17.

23　この詳細については前掲書，田中（2013）参照。

24　Б. Ринчен, *Үүрийн туяа*, Улаанбаатар, 1993, pp. 138-142.

参考文献

（日本語）

田中克彦『草原と革命』（恒文社，1984 年）.

田中克彦「ハタンバートル・マクサルジャプ：モンゴル独立運動指導者の一つの典型」（『一橋論叢』, 57 巻 6 号，1967 年）.

田中克彦『シベリアに独立を！：諸民族の祖国（パトリ）をとりもどす』（岩波現代全書 003，2013 年）.

『デジタル大辞泉（第 2 版）』（小学館，2012 年）.

（モンゴル語）

М.И.Боголепов, М.Н.Соболев, *Орос Монголын худалдааны найруулал :1910 онд Оросын газарзүйн нийгэмлэгийн Томскийн салбараас Монголд явуулсан шинжилгээний ангийн судалгаа-тайлан 22 гэрэл зураг болон Монголын газрын зурагтай* , Улаанбаатар, 2011.

А.В.Бурдуков, *Хуучин ба Шинэ Монголд* , Улаанбаатар, 1987.

Ц-Д. Номинханов, *Баруун Монголын дөрвөдийн зан үйлийн аман зохиолоос*:1-3 *дэвтэр* , Улаанбаатар, 2008.

Б.Ринчен, *Үүрийн туяа* , Улаанбаатар, 1993.

（ロシア語）

Андреев.В.М, ˝Просветительная деятэльность ссыльных народников в Сибири :70-90-е годы XIX века˝ , Министерство высшего и среднего специального образования РСФСР Иркуткий государственный университет имени А.А. Жданова, *Ссыльные революционеры в Сибири : XIX в.-февраль* 1917 *г.,* Иркутск, 1973.

（その他）

サントマラル基金世論調査（2014 年 3 月現在）
http://www.santmaral.mn/sites/default/files/SMPBM14.Apr__0.pdf.

118

モンゴルをめぐる日本と中国の外交戦略
：ポスト冷戦時代を中心に

泉田浩子
（Hiroko Izumita）

はじめに

　冷戦を軸として，世界情勢は大きく変化してきた。とりわけ中国とロシアという2大国に挟まれるモンゴルが辿ってきた歴史を紐解く中で，冷戦は非常に重要な位置にあった。20世紀を通して，その時々の状況がモンゴルの将来に向けての行動指針を導いてきた[1]。冷戦が終結すると，モンゴルをめぐる国際情勢は変化した。それまで関係が限定的であった日本は[2]，民主化・市場経済化が進むモンゴルに対して積極的な援助を行い，最大の援助供与国となった[3]。また2015年に 日本・モンゴル経済連携協定（EPA）が結ばれた[4]ことで，今後における経済的繋がりのさらなる深化が予想される。一方，隣国である中国は，モンゴルにとって最大の投資国，貿易国であり，2014年に全面的な戦略的パートナーシップ関係を築くことで一致している[5]。

　モンゴルにとって，日本と中国はいずれも重要なパートナーであり，政治，経済，文化などの分野で関係を深めてきた。このことから，日モ・中モの相互関係をそれぞれの2か国間だけで見つめるのではなく，第3の目を持って見つめることは重要であると考えられる。地政学戦略上，ユーラシアは世界の覇権をめぐる戦いが展開されるチェス盤になっている[6]ことからも，日中モ3カ国の関係が全世界の注目を集めているといっても過言ではない。

　これまでの先行研究は，日モ関係あるいは中モ関係のみを扱うにとどまっており，モンゴルの立場が3国関係にとってどのような役割を果たしたのかなど，重要な論点に欠けている。本論文では，ポスト冷戦時代を中心に，モンゴルをめぐる日本と中国の外交戦略を検討すると同時に，関係諸国の対モンゴル戦略

119

に対して同国自身の立場がどのような影響を及ぼしたのかなどを明らかにしたい。具体的には，冷戦後モンゴルの外交戦略の変化と，日本とモンゴル，中国とモンゴルの関係について整理し，モンゴルに対する日中の外交戦略を文化外交，政治外交，経済外交の3つの分野に分けて考察する。

1　モンゴルの外交政策の変化

　モンゴルは1961年に国連に加盟し，国際的に承認されたものの，社会主義時代の外交政策には自主性がなく，ソ連，東ヨーロッパ諸国の利益が最優先された[7]。冷戦が終焉を迎え，1989年に東欧革命が起きるとモンゴルでも民主化運動がさかんになり，1990年にアジアで初めて市場経済と民主主義に向けた体制移行を開始した[8]。1992年にロシア軍が完全にモンゴルから撤退すると，モンゴル自らによる自主外交の展開，世界各国との正常な関係を発展させる選択肢が大幅に広がった[9]。1991年，アメリカの国務長官ジェームズ・ベーカーによって「第3の隣国」という発想が提案[10]され，1994年にモンゴル国としてはじめて国家安全保障・対外政策などの基本方針が公布された。内容は，「国家利益を最優先し，2つの隣国とは"等距離政策"を維持すると同時に，米・日・英・仏・独など先進国との関係を積極的に発展させ，また旧社会主義国家であった国々とも友好関係を維持する」というものであった[11]。

　これまでの研究の中には，ポスト冷戦時代のモンゴルの外交は，アジア太平洋地域における周縁から中心へと移行するために，地域機関における統合を重点にしてきた[12]と分析し，モンゴルが完全にアジアと統合するためには，外交指針の優先順位の3番目に「アジアでの地位強化，地域における政治，経済の統合への建設的な参加確保が置かれている[13]」ことに疑問を呈する声もある[14]。しかし，地政学的な条件を考えれば，モンゴルにおける中国とロシアの経済的影響力はきわめて大きい。このような背景をもつモンゴルにとって第3の隣国を増やすことは，貿易相手国の開拓と同時に，政治・経済面で中ロに偏重せず，中立な立場を保つことに繋がるので，外交政策の2番目に「第3の隣国」との関係発展が挙げられていることは妥当だと筆者は考える。

2　日本とモンゴルの関係

　1960年代初め，日本の政府関係者がモンゴルとの国交正常化問題について，

120

様々なルートを通じて模索を始めていた[15]。1966年8月には，当時の国会議員長谷川峻氏が率いた日本の民間代表団がモンゴルを訪問し，1969年には自民党，公明党，社会党，民社党議員で構成された代表団が，モンゴルの独立記念日の祝典（ナーダム）に参加し外交関係の樹立を促した[16]。そして日本とモンゴルは1972年に外交関係を樹立した[17]。1989年，宇野宗佑外相がモンゴルを訪問し，「息の長い新しい関係づくり」のため，経済協力や文化・技術交流を拡大する姿勢を打ち出した[18]。1990年以降，ソ連，東欧の崩壊やソ連の援助がストップした影響によりモンゴル経済は困窮し，新たな友好国として日本への期待が高まった[19]。1991年8月に海部俊樹総理大臣がモンゴルを訪問し，日本によるモンゴルの民主化支援の活動が始まった[20]。1997年には総合的パートナーシップ構築[21]が打ち出され，2007年には「今後10年間の日本・モンゴル基本行動計画」が発表された[22]。2010年には両国の関係を一層発展させる方向で戦略的パートナーシップを目指す関係へと格上げされている。2013年には，「戦略的パートナーシップのための日本・モンゴル中期行動計画」が発表され，具体的な行動計画が示された。

3　中国とモンゴルの関係

　中国とモンゴルの関係を考えるうえで，ソ連の存在を無視することは出来ない。1949年に中華人民共和国が成立し，モンゴルと中国の国交が樹立された[23]。そして1950年代初頭からソ連はもとより，中国もモンゴルの発展を積極的に支援するようになった[24]。1950年2月に「中ソ友好同盟相互援助条約」が結ばれ，条約の中で外モンゴルの独立が承認された[25]。周恩来首相のモンゴルへの公式訪問を経て[26]，1960年5月に中国・モンゴル友好相互援助条約，経済援助協定が締結された。さらに1962年から開始された話し合いの結果，同年12月26日に北京で国境問題について条約が締結された[27]。中ソ関係の変化の影響を受け，1964年に入ると，中国とモンゴルとの関係は急激に悪化していき[28]，中国は経済協定に基づく経済援助の打ち切りと中国人労働者の全面的引き揚げを実施した[29]。その後，1986年のゴルバチョフによる「ウラジオストク・イニシアティブ」の発表によって中国とモンゴルの関係は転換を迎えた[30]。1989年5月，中ソ関係の正常化が宣言され[31]，1990年から91年にかけて，当時モンゴルに駐在していたソ連軍の撤退を契機に，モンゴルと中国の関係は正常化した[32]。

　1994年，「中国・モンゴル友好協力協定」が調印され，二国関係が発展するた

めの政治，法律の基礎がつくられた[33]。中国はモンゴル経済に対する影響力を拡
大し，1999 年にはモンゴルの対中貿易額（モンゴルの統計）が対ロシアを抜いてトッ
プになった[34]。1998 年と 1999 年にはモンゴルのバガバンディ大統領と江沢民国
家主席が相互訪問し[35]，2003 年 6 月には中国モンゴル善隣友好パートナーシッ
プを宣言した[36]。 2004 年には中国主導で創設された上海協力機構にモンゴルが
オブザーバー国として参加した[37]。2011 年 6 月，両国は戦略的パートナーシッ
プを打ち立てる声明を発表した[38]。2013 年には習近平国家主席とアルタンホヤ
グ首相が会談し[39]，中モ関係の発展についてハイレベル往来と戦略的協力の強
化，実務協力水準の向上，人的・文化交流の拡大という 3 つの提案を行った[40]。
2014 年 8 月に，中国の習近平国家主席が初めて公式訪問し，エルベグドルジ大
統領との会談で，両国関係を「全面的な戦略パートナーシップ」に引き上げる
ことで合意した。

4　文化外交：日中のソフト・パワー

　日本のモンゴルへの政府開発援助（ODA）の累計は，2011 年時点で 15 億ドル
にのぼる[41]。日本は，1977 年の「ゴビ・カシミヤ工場建設」に始まり，ソ連崩
壊後の火力発電所の継続的な改修，上下水施設の整備，消防車両・ゴミ収集車
などの防災・衛星車両の供与など，インフラ整備を中心に様々な経済援助を技
術協力と合わせて実施してきた[42]。また経済援助，技術協力のみならず，青年海
外協力隊・シニアボランティアによる人的協力，文化交流，NGO による草の根
活動が継続的に実施されてきた。
　モンゴルは，民主化を進めていく流れのなかで，日本による長期的な経済的
支援がモンゴル側にとっての日本の印象を変えた[43]と考えており，筆者もこの
考えを支持する。一部の研究者の中には，戦後モンゴルに抑留され労働してい
た日本人捕虜らの姿を見て，日本人はやさしくて，勤勉な人間であるという好
印象が一般に広まっていったという意見もみられるが[44]，1945 年時点で抑留者
は極寒の中での長時間労働を強いられ，食糧不足，輸送手段の不備という環境
におかれており[45]，また医療，衛生状況が深刻で，病死した者や自殺した者もい
た[46]ことに鑑みると抑留者によって両者の友好な印象が醸成されたとは考え難
い。
　中国の論者の中には，モンゴルに対する日本の支援や協力の特徴として，経
済主導から文化浸透に転換し，文化教育に対して積極的に力を注いでいること

を指摘する者もいる[47]。

　なぜ中国は，日モ関係に強い関心を持っているのだろうか。それは，中国とモンゴルの間に「中国脅威論」が存在することと関係すると思われる。19世紀なかば以降，モンゴル地域における行政・軍事・法律・宗教などの状況は次第にかわっていき，世紀の変わり目の19世紀末20世紀初頭になると，近代世界システムに取り込まれた北東アジア社会のなかで，モンゴル地域をとりまく内外情勢は極めて複雑になった[48]。清末新政時期（1901-11）になると，モンゴルやチベットは近代啓蒙主義のまなざしから「野蛮」「後進」であると目され，漢語教育や実辺植民などを通じた直接統治が試みられた[49]。歴史上，長期にわたり中国の支配体制下にあったモンゴルは，独立後も中国が未だにモンゴルのことを属領と見なしているのではないか，中国が強大になった後，モンゴルに領土提出を要求してくるのではないか[50]と懸念している。

　一党独裁の中国政治において，派閥闘争が外交に与える影響は他の民主政体より大きいといえる[51]が，現政権である習近平政権は，外交において，徹頭徹尾「隣国と友好的に，隣国とパートナーに」という姿勢を貫く必要があるとみなしている[52]。2013年10月25日，北京の人民大会堂で習近平国家主席とアルタンホヤグ首相が会談をした。その中で，習近平国家主席は「中国とモンゴルは山水相連なる隣国だ。両国の上層部は頻繁に交流し，相手国の独立，主権，領土保全を尊重し合い，各自の選択した発展の道を尊重し，互いの核心的利益と重大な懸念に配慮し，政治面の相互信頼と伝統的友情を強固なものにし続けている。(中略) 中国とモンゴルの4710キロの国境は平和で，安定した，友好的な国境だ。これは両国の戦略的パートナーシップの水準の高さを十分に物語っている」[53]と表明した。ここにおいても，中国とモンゴルは良好で，友好的なパートナーであることが強調されている。

　中国はモンゴルとの外交における溝を埋め，「中国脅威論」を払拭する必要があると強く認識している。中国にとって日本は，モンゴルとかつて戦争状態にあった[54]という歴史があるものの，経済援助から文化面に援助が転換し，友好国家になった国として，良好な中モ関係を建設するための参考になると筆者は考える。

　繰り返しになるが，中国は日本の援助が文化浸透に転換していったとみなし，その転換がなされた要因として，日本のソフト・パワーを挙げている[55]。ソフト・パワーとは1990年にハーバード大学のジョセフ・ナイ教授が初めて用いた言葉で「強制や報酬ではなく，国の魅力によって望む結果を得る能力」のことを指

す。このソフト・パワーには文化，政治的な価値観，外交政策という3つの基本的な源泉がある[56]。また，成功している経済，国際的イメージ，軍事力なども源泉になり，ソフト・パワーとして可能な源泉は触知できないものであると主張している[57]。

　日本でソフト・パワーについて言及される場合は，本来の定義よりもさらに「ソフト」であるという点と，源泉としての大衆文化という議論が突出して多い点が特徴である[58]。アニメ，音楽などの大衆文化，文学，茶道などの高級文化，平均寿命や国際援助，研究開発，企業活動などの面で日本のソフト・パワーは，国際的に評価されている[59]。

　中国の一部の研究者はモンゴルに対する日本のソフト・パワーには4つの側面があると考えている。1つ目は，日本が独自の文化を保ちながら，経済や技術方面で欧米諸国と同程度の近代化を果たしたことだ。民主化・市場経済化の過程の中にあるモンゴルにとって，日本の成長モデルが模範になっていると中国は評価している。2つ目は，日本が成熟した市場経済民主政治国家であるということだ。日本という大国とイデオロギーを一致させることは，政治権力の合法性を強化し，海外からの支持や援助を集めることにつながり，民衆に向けて，モンゴルが広範に認められることや時代に合った目標を追求していると表明できたと考えている。3つ目は，日本は世界的な有名企業が多いことだ。日本の先進的生産技術，成熟した研究開発ネットワーク，完備された管理システムなどはモンゴルに憧れや親しみを形成していると考えている[60]。4つ目は，モンゴルに対する「政府開発援助」の主要な方法が，優待貸しつけ，無償援助，技術協力であり，その目的が人道主義精神を発揮するためだったということだ。これによって日本の国家イメージ，具体的には侵略戦争を行った国という負のイメージを改善したと考えている[61]。

　中国共産党は2007年10月の第17回党大会で，文化を公式なソフト・パワーの重要な要素として位置づけた[62]。同大会で，胡錦濤国家主席が行った基調報告において，「全民族の文化的創造力をかきたて，国家の文化ソフト・パワーを高める」と提出している[63]。中国でソフト・パワーの源泉が論じられるときは，内政不干渉政策，対外援助，発展モデル，国際関係の制度化，共益関係の構築といった国家の対外戦略に用いることのできるものを中心に取り上げられており，これはジョセフ・ナイが示した源泉の定義より狭義の定義であるという指摘がある[64]。

　中国政府は，文化交流の重要な目的は，「中国を説明する」ことであるとし，

124

中国文化センターやフェスティバル開催を通して，中国のマイナスイメージを払拭し，望ましい国家イメージを形成することをめざしている[65]。また，地域地政戦略を実行しようとしており，アジアで優位の位置を占めることを引き続きの追求しながら，隣国との間での深刻な対立を回避する方針をとるようになっている[66]。中国が構想段階から積極的にイニシアティヴをとってきた SCO（上海協力機構）の設立と発展は，中国外交のマヌーバビリティ（展開能力）を大きく増進させた[67]。設立当初は地域安全保障の確立を課題としてきたが，現在では実務的協力を進める段階にきたと評価でき[68]，経済協力の色合いも強めている[69]。

モンゴルは東アジアの国でありながら，中央アジアの国でもある[70]。疑いなく，中国やアメリカ，ロシアなど覇権をめぐり戦う国家にとって，モンゴルは重要な位置にある。

モンゴルにおける日本と中国のソフト・パワーとを比べた時，中国は多くの恵まれた条件があるものの，完全に活かしきれていないという指摘がある[71]。さらに，中国の文化として世界に伝わっているものは 伝統文化に偏重しており，現代中国がきちんと理解されていないという意見もみられる[72]。中モ間の文化交流をみてみると，孔子学院の設立や「中華人民共和国政府とモンゴル政府における学位の相互承認協定」，「無償援助金を利用したモンゴル人留学生プロジェクトの実行計画」があり，2010 年には中国文化センターが発足した[73]。今後，中国はモンゴルに対して文化的要素を軸としたソフト・パワーを一層強調していくだろう。中国は，日本のソフト・パワーをモデルとして，モンゴルにおける中国のプラスイメージ形成の方法を模索している段階だといえる。

5　政治外交

1990 年代に入ると，日本のモンゴルとの外交手段・目的には経済的色合いに加えて政治の色合いが強まったと中国が考えていることはすでに指摘されている[74]。戦後日本外交は吉田ドクトリンにそって展開し，冷戦の大状況を前提に，日米安保条約を防衛の基軸としてソビエトの軍事的脅威に対抗するという軌道を進んできた[75]。冷戦終結後は湾岸戦争や北朝鮮核危機，台湾海峡危機など周辺地域で危機・紛争が発生し，安全保障や危機管理の在り方について，改めて見直しが迫られることになった。1996 年にクリントン大統領が来日し，日米安保共同宣言に調印がされ，1997 年 9 月に「日米防衛協力のための指針（日米新ガイドライン）」が発表された[76]。

125

中国は日モの政治関係が強まったことの日本側の理由を2つ挙げている。第1には，モンゴルに対して日本がとった積極的な外交政策は「アジア太平洋外交」の一環として力を入れたものであった[77]。日本は経済の実力に比べると政治的な影響力が見劣りし，外交イメージがあまり良くなかったため，重大な国際事業に介入して「大国外交」の能力を示し，発展中の国への影響力を拡大する必要性があった。当時のモンゴル外交は日本が大国外交を誇示するチャンスであったとみている[78]。

　第2に，日本から見てロシアや中国との関係を自国にとって有利なものにするためである。北方領土問題は戦後の日本外交の一大難問である。1980年代末に発生したソ連解体を受けて，日本は積極的にモンゴル外交を実施することで日モの関係を強化し，外交上モンゴルを日本寄りにすることによって，ロシア外交で融通の余地をつくり，北方領土問題を有利に解決しようとする狙いがあったとみている[79]。中国の経済が急速に発展し，その影響力が日増しに拡大したことに対して，日本は中国の勃興を望まなかったため，モンゴル人の中国に対する懸念を利用し，積極的にモンゴルを日本の味方にしようとした[80]とも中国は考えているようだ。

6　経済外交

　日中の対モンゴル外交は，経済利益の要素を切り開こうとする側面が強いことが共通している。モンゴルは多種の鉱物資源を有しており，石炭，銅，レアメタル，ウランなどの鉱物資源が豊富である[81]。日本はモンゴル援助によって，モンゴルの市場を得ることができるだけでなく，モンゴルの豊富な資源を獲得でき，さらには欧州・中央アジアより進んで，貿易拡張のための内陸中継輸送地を獲得しようとしていたと中国はみている[82]。

　1989年の中モ関係正常化以来，双方の相互訪問は頻繁になり[83]，同時に，経済関係も急激に発展した。中国は石炭や石油，鉱物などの資源をモンゴルに求め，関与を強める方針を打ち出している[84]。モンゴルから中国への石炭輸出量は近年急速に増加しており，2009年には7,100万トン，2010年には16,700万トン，2011年には21,000万トンであった[85]。2013年10月，習近平国家主席とアルタンホヤグ首相の会談の際に発表された，中モ関係の発展における4つの提案のうちの第2点にも，鉱物資源開発の協力構想をしっかりと実行に移し，「鉱物資源の大型プロジェクトとコネクティビティ協力を重点的に展開[86]」することが提案

126

モンゴルをめぐる日本と中国の外交戦略

された。

2013 年のモンゴルの統計をみると，モンゴルから日本への輸出額は 1,050 万ドル，輸入額は 4 億 4,420 万ドルであった[87]。同じ年にモンゴルから中国への輸出額が 37 億 630 万ドル，輸入額が 18 億 2,260 万ドル，モンゴルからロシアへの輸出額が 6,180 万ドル，輸入額が 15 億 6,190 万ドルであることと比べると，日本とモンゴルの貿易は小規模で，モンゴルに対する日本の経済的影響力が少ないことは明らかだ[88]。しかし 2015 年に日・モンゴル経済連携協定が結ばれたことを契機に[89]，貿易や投資，文化交流，人の往来など様々な分野が活発になることが期待できる。日本側の狙いはこの協定によってモンゴルが保有するエネルギー・鉱物資源の分野で投資を進めると同時に，北朝鮮の日本人拉致問題の解決への側面支援を得ることであるという[90]。

おわりに

本稿では，ポスト冷戦時代を中心としたモンゴルをめぐる日本と中国の外交戦略について考察してきた。日本にとってモンゴルとの関係を継続，維持することは，中国に対する牽制，ロシアとの間での北方領土問題の解決，対北朝鮮の側面支援を得ることなど，日本と隣国との間に起こる衝突を抑制することにつながる。またモンゴルにとって日本は，政治，経済，文化的繋がりを通して，モンゴルが抱える地政学的条件を緩和できる存在であると考えられる。民主化から 25 年が経ち，現在，モンゴルは著しい経済発展を遂げている。日本とモンゴルの間にあった援助・被援助という構造は徐々に消失しており，EPA に代表される経済的なつながりが今後はますます増大することは明らかだ。モンゴルの社会構造の変革期に，長期にわたる援助をおこなったことは，モンゴルにおける日本の認知度を上昇させ，好印象を与えたという点で，日本にとってプラスに働いた。今後も経済的つながりが深化する中で，日本のソフト・パワーを保持する必要があるだろう。

今後，鉱物資源を中心とした経済発展が進む過程で，モンゴルは中継輸送地を必要とするため，隣国を頼らざるを得ない状況が生まれる。それは中国やロシアなどの隣国への過度の依存を招くことを意味する。中モの間には様々な要素からたびたび対立や矛盾が生じてきたため，隣国との友好的パートナーを目指す中国にとって，いかに自国のプラスイメージをモンゴルに与えるかは大きな課題であるといえる。モンゴルとかつて戦争状態にあったという歴史がある

127

にもかかわらず 友好国になった日本を中国が肯定的に評価し，日モの文化交流を参考にしていることは特筆すべきことだろう。今後，中国は発信力を強化し，文化的要素を軸としてモンゴルに向けたソフト・パワーを強調していくことであろう。

註

1 　シャラド K. ソニ「1960 年代のモンゴルをめぐる中ソの対抗関係の影」（ボルジギン・フスレ，今西淳子『20 世紀におけるモンゴル諸族の歴史と文化 2011 年ウランバートル国際シンポジウム報告論文集』風響社，2012 年，p.389）。

2 　外務省「今後 10 年間の日本・モンゴル基本行動計画」
　　<http://www.mofa.go.jp/mofaj/area/mongolia/visit/nam_0702/jm_kk.html>（2014 年 11 月 8 日アクセス）

3 　外務省アジア大洋州局「最近のモンゴル情勢と日・モンゴル関係」
　　[online] http://www.mofa.go.jp/mofaj/area/mongolia/pdfs/kankei.pdf (2013 年，p.4)。

4 　外務省「経済上の連携に関する日本国とモンゴル国との間の協定の署名」
　　<http://www.mofa.go.jp/mofaj/press/release/press4_001767.html>（2015 年 5 月 30 日アクセス）。

5 　中華人民共和国外交部「中華人民共和国和蒙古国関与建立和発展全面戦略夥伴関係的連合宣言」
　　<http://www.fmprc.gov.cn/mfa_chn/ziliao_611306/1179_611310/t1184719.shtml>（2015 年 5 月 31 日アクセス）。

6 　Z. ブレジンスキー『21 世紀のユーラシア覇権ゲーム 地政学で世界を読む』（日経ビジネス人文庫，2003 年，p.68）。

7 　J. バヤサフ「モンゴル国の外交理念」（ボルジギン・フスレ，今西淳子編『20 世紀におけるモンゴル諸族の歴史と文化』風響社，2012 年，p.381）。

8 　ハムスレン・ハグワスレン「モンゴルの対外政策」（環日本海学会編『北東アジア辞典』国際書院，2006 年，p.30）。

9 　烏蘭図雅「簡論戦後日本対蒙外交的演進」（『日本学刊』vol.3，2000 年，p.29）。

10 　Alicia Campi, " Mongolia in Northeast Asia – The New Realities, " The Mongolian Journal of International Affairs, No.12, 2005, p.48.

11 　J. バヤサフ，前掲「モンゴル国の外交理念」(p.381)。

12 　Edgar A. porter は地域機関における統合の例に ASEAN とモンゴルの関係を取り上げている。1988 年 にモンゴルは ASEAN 地域フォーラム（ASEAN 　Regional Forum）のメンバーになったとあるが，正確には 1998 年のことである。さらに，Asian Cooperation Dialogue（ACD）は正確には Asia Cooperation Dialogue（ACD），Economic Cooperation（ECO）は正確には Economic Cooperation Organization（ECO）である。

13 　モンゴル政府の外交に関する 6 つの指針は以下の通り。1. ロシア連邦および中国との友好的な関係を維持する。2. 東西の高度先進国であるアメリカ・日本・ドイツとの友

好的な関係を発展させる。3. アジアでの地位を強化し，地域における政治・経済の統合への建設的な参加を確保する。4. 国際通貨基金（IMF），世界銀行（World Bank），アジア開発銀行（Asian Development Bank）およびアメリカとそれに関連する機関との関係を促進する。5. かつての社会主義国および新興独立国との友好的な関係を発展させる。6. 発展途上国との友好的な関係を発展させる。

14　Edgar A. porter「マージンからセンターへ　モンゴルの移行：新たなアジア共同体への寄与」（今西淳子, Ulziibaatar Demberel, Husel Borjigin『北東アジアの新しい秩序を探る』風響社，2009 年，pp. 292-296）。

15　Ts. バトバヤル「モンゴルと日本の国交正常化の政治史（1960 ～ 1972 年）」（『日本とモンゴル』2013 年，Vol.47, No.2, p.80）。

16　同上（pp.83-91）。

17　「正式に設定モンゴルとの外交」（『朝日新聞』，1972 年 2 月 25 日朝刊）。

18　「17 年目の "ラブコール"：宇野外相のモンゴル訪問」（『毎日新聞』，1989 年 4 月 22 日朝刊）

19　ソドブジャムツ・フレルバートル「中ロとのバランサー『第三の隣国』への期待：モンゴル（インタビュー記事）」（『外交』Vol.24, 2014 年，p.46）。

20　烏蘭図雅，前掲「簡論戦後日本対蒙外交的演進」（p. 30）。

21　首相官邸「『戦略的パートナーシップ』構築に向けた日本・モンゴル共同声明」<http://www.kantei.go.jp/jp/kan/statement/201011/19nichimongolia.html>（2014 年，11 月 8 日アクセス）。

22　外務省，前掲「今後 10 年間の日本・モンゴル基本行動計画」。

23　呉志中，「蒙古国在東北亜的地縁政治角色分析」（許志雄『2004 当代蒙古与亜州地縁関係：蒙古与東北亜関係学術会議論文集』蒙蔵委員会，2005 年，p. 457）。

24　シャラド K. ソニ，前掲「1960 年代のモンゴルをめぐる中ソの対抗関係の影」（p. 390）。

25　「『中ソ友好同盟』締結さる外蒙の独立宣言」（『朝日新聞』，1950 年 2 月 16 日朝刊）。

26　「周首相，モンゴルへ」（『朝日新聞』，1960 年 5 月 27 日夕刊）。

27　呉志中，前掲「蒙古国在東北亜的地縁政治角色分析」（p.457）。

28　「今日の問題モンゴルと中ソ」（『朝日新聞』，1964 年 9 月 7 日夕刊）。

29　「中ソ対立化のモンゴルを見る」（『朝日新聞』，1969 年 4 月 30 日朝刊）。

30　シャラド K . ソニ，前掲「1960 年代のモンゴルをめぐる中ソの対抗関係の影」（p.394）。

31　「中ソ首脳，正常化を宣言」（『朝日新聞』，1989 年 5 月 16 日夕刊）。

32　J. バヤサフ，前掲「モンゴル国の外交理念」（p. 381）。

33　中華人民共和国外交部「中華人民共和国和蒙古国関於建立和発展全面戦略夥伴関係的連合宣言」<http://www.mfa.gov.cn/mfa_chn/zyxw_602251/t1184719.shtml>（2014 年 11 月 8 日アクセス）。

34　鈴木暁彦「モンゴルになだれ込む中国の資本貿易額もトップ」（『朝日新聞』，2000 年 2 月 18 日朝刊）。

35　李明峻「後冷戦時期的日蒙外交関係」（許志雄『2004 当代蒙古与亜州地縁関係；蒙古与東北亜関係学術会議論文集』蒙蔵委員会，2004 年，p.90）。

129

36 人民網「胡主席，モンゴルとのパートナーシップ構築を提言」
  <http://j.people.com.cn/2003/06/05/jp20030605_29507.html> (2014 年 11 月 8 日アクセス)。

37 「2012 年上海協力機構首脳会議：中国，多極化を推進欧米に対抗，安保・経済で結束」
  (『毎日新聞』，2012 年 6 月 7 日朝刊)。

38 中華人民共和国外交部「中華人民共和国和蒙古国関於建立戦略夥伴関係的連合声明」
  <http://www.fmprc.gov.cn/mfa_chn/ziliao_611306/1179_611310/t831612.shtml> (2015 年 5 月
  22 日アクセス)。

39 新華網「中華人民共和国和蒙古国戦略夥伴関係中長期発展綱要（全文）」<http://news.
  xinhuanet.com/politics/2013-10/25/c_125601589.htm> (2015 年 5 月 8 日アクセス)

40 北京週報「習近平主席：中蒙関係の長期的で健全な安定した発展」
  <http://japanese.beijingreview.com.cn/zxnew/txt/2013-10/29/content_574774.htm> (2014 年 11
  月 8 日アクセス)。

41 前川愛「ODA：日本の位置」(小長谷有紀，前川愛『現代モンゴルを知るための 50 章』
  明石書店，2014 年，p.164)。

42 外務省「政府開発援助（ODA）国別データブック 2013」[online] http://www.mofa.go.jp/
  mofaj/gaiko/oda/shiryo/kuni/13_databook/pdfs/01-10.pdf (2013 年，p.92)。

43 ソドブジャムツ・フレルバートル，前掲「中ロとのバランサー『第三の隣国』への期
  待：モンゴル（インタビュー記事)」(p.46)。

44 Z. バトジャルガル「日本・モンゴル関係の展開：友好と協力」(藤田昇，加藤聡史，
  草野栄一，幸田良介編著『モンゴル草原生態系ネットワークの崩壊と再生』京都大学
  学術出版会，2013 年，p.533)。

45 馬場公彦「戦後日本人のモンゴル像：地政学的関心から文学的表象へ」(ボルジギン・
  フスレ，今西淳子『20 世紀におけるモンゴル諸族の歴史と文化：2011 年ウランバート
  ル国際シンポジウム報告論文集』風響社，2012 年，p.474)。

46 ボルジギン・フスレ「日本人のモンゴル抑留についての基礎的研究」(『学苑』
  Vol.886，2014 年，p.5)。

47 娜琳「感召蒙古：従日本対蒙古的影響談起」(『世界知識』Vol.14，2006 年，pp.30-31)。

48 ボルジギン・フスレ「内モンゴルにとっての"辛亥革命"」(『学苑』Vol.864, 2012 年, p.39)。

49 村田雄二郎「中国ナショナリズムにとってのモンゴル」(ボルジギン・フスレ，今西
  淳子『20 世紀におけるモンゴル諸族の歴史と文化：2011 年ウランバートル国際シンポ
  ジウム報告論文集』風響社，2012 年，p.104)。

50 李明峻，前掲「後冷戦時期的日蒙外交関係」(p. 91)。

51 杜震『前期胡錦濤政権における派閥闘争が対日外交に与える影響』(富士ゼロックス
  小林節太郎記念基金，2013 年，p.2)。

52 朴鍵一，範麗君，前掲「蒙古国"第三隣国"外交戦略与中国面臨的挑戦」(p. 7)。

53 中国新聞網「習近平会見蒙古国総理就発展中蒙関係提三建議」
  <www.chinanews.com/gn/2013/10-25/5426887.shtml> (2014 年 11 月 8 日アクセス)。

54 Ts. バトバヤル，前掲「モンゴルと日本の国交正常化の政治史（1960 ～ 1972 年)」(p.
  82)。

55 朴鍵一，範麗君，前掲「蒙古国"第三隣国"外交戦略与中国面臨的挑戦」(p. 5)。

56 ジョセフ・Ｓナイ著，山岡洋一訳『ソフト・パワー 21 世紀国際政治を制する見えざる力』(日本経済新聞社，2004 年，p.10)。

57 Joseph S. Nye, "ThinkAgain: Soft Power," Foreign Policy, Web Exclusive, Feb 2006, Jpseph S. Nye, "The Rise of Chine's Soft Power," PKU News, Dec. 2007, <http://ennews.pku. edu.cn/news.php?s=197954479>. Ying Zhou, "China's soft power in its foreign policy in Asia : Ideas, Institutions, and responsibilities", Waseda University Journal of the Graduate School of Asia-Pacific Studies, No.21, 2011, pp.258-260.

58 今野茂充「ソフト・パワーと日本の戦略」(大石裕，山本信人編著『イメージの中の日本ソフト・パワー再考』慶應義塾大学出版社，2008 年，p.6)。

59 同上 (p. 11)。

60 孫紅，李徳迎「区域安全複合体中的'極'与非'極'間的互動与身分塑像：以冷戦後日本対蒙古経済外交為例」(『理論界』第 8 期，2011 年，p.182)。

61 王義民「在対蒙交往中提高中国"文化軟実力"的作用」<http://www.easdri.org.cn/_d276149160.htm> (2014 年 11 月 8 日アクセス)。

62 青山瑠妙「中国を説明する：中国のソフト・パワーと文化交流」(『GAIKO FORUM』Vol.22，No.7 2009 年，p.50)。

63 童倩「中国のソフト・パワー戦略の強みと弱み」(『外交』Vol.3，2010 年，p. 33)。

64 佐藤孝一「『中国脅威論』と ASEAN 諸国：孔子学院とソフト・パワーをめぐる諸問題についての予備的考察」(『桜美林論考 . 法・政治・社会』，Vol.2，2011 年 p.6)。

65 青山瑠妙「中国のパブリック・ディプロマシーマイナスイメージ：払拭から国家ブランド創出へ」(川島真編『中国の外交：自己認識と課題』山川出版社，2007 年，pp.52-53)。

66 Z. ブレジンスキー，前掲『21 世紀のユーラシア覇権ゲーム地政学で世界を読む』(p. 73)。

67 石井明「中国と上海協力機構：安定した対ロシア・中央アジア国境地帯」(『中国の外交：自己認識と課題』山川出版社，2007 年，pp.151-153)。

68 石井明「『調和社会』構築下中国の政治外交」(『海外事情』vol.55，2007 年，p.59)。

69 副島英樹「上海協力機構の会議開幕経済協力，中ロにズレ」(『朝日新聞』，2012 年 6 月 7 日朝刊)。

70 J. バヤサフ，前掲「モンゴル国の外交理念」(p.382)。

71 王義民，前掲「在対蒙交往中提高中国"文化軟実力"的作用」。

72 王雪萍「中国の文化外交 留学生派遣を含めた人材交流に見る戦略」(川島真『中国の外交：自己認識と課題』山川出版社，2007 年，p.50)。

73 青山瑠妙，前掲「中国のパブリック・ディプロマシーマイナスイメージ：払拭から国家ブランド創出へ」(p. 50)。

74 李明峻，前掲「後冷戦時期的日蒙外交関係」(p.77)。

75 細谷千博『日本外交の軌跡』(日本放送出版協会，1993 年，p. 213)。

76 増田弘，佐藤晋，前掲『日本外交史ハンドブック：解説と資料』(p. 228)。

77　李明峻，前掲「後冷戦時期的日蒙外交関係」(p. 84)。

78　烏蘭図雅，前掲「簡論戦後日本対蒙外交的演進」(p. 35)。

79　同上 (p. 37)。

80　張海峰「冷戦後日本対蒙古的全方位外交」(『楽山師範学院学報』Vol.9, 2010 年, p.115)。

81　「モンゴルと EPA 合意へ」(『朝日新聞』，2014 年 7 月 22 日朝刊)。松倉佑輔「日本モン
　　ゴル EPA：合意来年発効，資源安定調達に貢献」(『毎日新聞』，2014 年 7 月 23 日東京
　　朝刊)。

82　李明峻，前掲「後冷戦時期的日蒙外交関係」(p. 85)。

83　同上 (p. 90)。

84　倉重奈苗「中国，モンゴルと関係強化」(『朝日新聞』，2014 年 6 月 22 日朝刊)。

85　土居正典「モンゴル」(『世界の鉱業の趨勢 2012』JOGMEC，No.67，2013 年)。

86　北京週報，前掲「習近平主席：中蒙関係の長期的で健全な安定した発展」

87　National statistical office of Mongolia, Ulaanbaatar, 2013, pp.275-276.

88　National statistical office of Mongolia, op.cit., pp.275-276.

89　外務省，前掲「経済上の連携に関する日本国とモンゴル国との間の協定の署名」。

90　松倉佑輔，前掲「日本モンゴル EPA：合意来年発効，資源安定調達に貢献」。

参考文献

（日本語）

青山瑠妙「中国のパブリック・ディプロマシーマイナスイメージ：払拭から国家ブランド
　　創出へ」(川島真編『中国の外交：自己認識と課題』山川出版社，2007 年)．

青山瑠妙「中国を説明する：中国のソフト・パワーと文化交流」(『GAIKO FORUM』Vol.
　　22，No. 7，2009 年)．

石井明「『調和社会』構築下中国の政治外交」(『海外事情』vol. 55，2007 年)．

石井明「中国と上海協力機構：安定した対ロシア・中央アジア国境地帯」(『中国の外交：
　　自己認識と課題』山川出版社，2007 年)．

今野茂充「ソフト・パワーと日本の戦略」(大石裕，山本信人編著『イメージの中の日本ソ
　　フト・パワー再考』慶應義塾大学出版会，2008 年)．

Edgar A.porter「マージンからセンターへ：モンゴルの移行：新たなアジア共同体への寄与」
　　(今西淳子，Ulziibaatar Demberel，Husel Borjigin 編著『北東アジアの新しい秩序を探る』
　　風響社，2009 年)．

王雪萍「中国の文化外交：留学生派遣を含めた人材交流に見る戦略」(川島真『中国の外交
　　：自己認識と課題』，山川出版社，2007 年)．

外務省アジア大洋州局「最近のモンゴル情勢と日・モンゴル関係」
　　([online] http://www.mofa.go.jp/mofaj/area/mongolia/pdfs/kankei.pdf [2013 年])．

外務省「今後 10 年間の日本・モンゴル基本行動計画」
　　(http://www.mofa.go.jp/mofaj/area/mongolia/visit/nam_0702/jm_kk.html，2014 年 11 月 8 日ア
　　クセス)．

外務省「経済上の連携に関する日本国とモンゴル国との間の協定の署名」
　　（http://www.mofa.go.jp/mofaj/press/release/press4_001767.html，2015 年 5 月 30 日アクセス）．
外務省「政府開発援助（ODA）国別データブック 2013」[online]
　　（http://www.mofa.go.jp/mofaj/gaiko/oda/shiryo/kuni/13_databook/pdfs/01-10.pdf，2013 年）．
久保亨，土田哲夫，高田幸男，井上久士『現代中国の歴史両岸三地 100 年のあゆみ』（東京
　　大学出版会，2008 年）．
倉重奈苗「中国，モンゴルと関係強化」（『朝日新聞』，2014 年 6 月 22 日朝刊）．
佐藤孝一『中国脅威論』と ASEAN 諸国：孔子学院とソフト・パワーをめぐる諸問題につ
　　いての予備的考察」（『桜美林論考法・政治・社会』，Vol. 2，2011 年）．
シャラド K. ソニ「1960 年代のモンゴルをめぐる中ソの対抗関係の影」（ボルジギン・フス
　　レ，今西淳子編著『20 世紀におけるモンゴル諸族の歴史と文化 2011 年ウランバート
　　ル国際シンポジウム報告論文集』風響社，2012 年）．
首相官邸「『戦略的パートナーシップ』構築に向けた日本・モンゴル共同声明」
　　（http://www.kantei.go.jp/jp/kan/statement/201011/19nichimongolia.html，2014 年，11 月 8 日
　　アクセス）．
J. バヤサフ「モンゴル国の外交理念」（ボルジギン・フスレ，今西淳子編著『20 世紀にお
　　けるモンゴル諸族の歴史と文化』風響社，2012 年）．
ジョセフ・S ナイ著，山岡洋一訳『ソフト・パワー 21 世紀国際政治を制する見えざる力』
　　（日本経済新聞社，2004 年）．
人民網「胡主席，モンゴルとのパートナーシップ構築を提言」
　　（http://j.people.com.cn/2003/06/05/jp20030605_29507.html，2014 年 11 月 8 日アクセス）．
鈴木暁彦「モンゴルになだれ込む中国の資本貿易額もトップ」（『朝日新聞』（3 版），2000
　　年 2 月 18 日朝刊）．
下斗米伸夫『アジア冷戦史』（中公新書，2013 年）．
ソドブジャムツ・フレルバートル「中ロとのバランサー『第三の隣国』への期待：モンゴ
　　ル（インタビュー記事)」（『外交』Vol. 24，2014 年）．
Z. バトジャルガル「日本・モンゴル関係の展開：友好と協力」（藤田昇，加藤聡史，草野
　　栄一，幸田良介編著『モンゴル草原生態系ネットワークの崩壊と再生』（京都大学学術
　　出版会，2013 年）．
Z. ブレジンスキー『21 世紀のユーラシア覇権ゲーム地政学で世界を読む』（日経ビジネス
　　人文庫，2003 年）．
土居正典「モンゴル」（『世界の鉱業の趨勢 2012』JOGMEC，No. 67，2013 年）．
童倩「中国のソフト・パワー戦略の強みと弱み」（『外交』，vol. 3，2010 年）．
Ts. バトバヤル「モンゴルと日本の国交正常化の政治史（1960 〜 1972 年)」（『日本とモンゴ
　　ル』2013 年，Vol. 47，No. 2）．
杜震「前期胡錦濤政権における派閥闘争が対日外交に与える影響」（富士ゼロックス小林節
　　太郎記念基金，2013 年）．
馬場公彦「戦後日本人のモンゴル像：地政学的関心から文学的表象へ」（ボルジギン・フス
　　レ，今西淳子編著『20 世紀におけるモンゴル諸族の歴史と文化：2011 年ウランバート

133

ル国際シンポジウム報告論文集』風響社，2012 年）．

ハムスレン・ハグワスレン「モンゴルの対外政策」（環日本海学会編『北東アジア辞典』国
　際書院，2006 年）．

北京週報「習近平主席：中蒙関係の長期的で健全な安定した発展」
　（http://japanese.beijingreview.com.cn/zxnew/txt/2013-10/29/content_574774.htm，2014 年 11 月
　8 日アクセス）．

細谷千博『日本外交の軌跡』（日本放送出版協会，1993 年）．

ボルジギン・フスレ「内モンゴルにとっての『辛亥革命』」（『学苑』Vol. 864，2012 年）．

ボルジギン・フスレ「日本人のモンゴル抑留についての基礎的研究」（『学苑』Vol. 886，
　2014 年）．

副島英樹「上海協力機構の会議開幕経済協力，中ロにズレ」（『朝日新聞』，2012 年 6 月 7
　日朝刊）．

松倉佑輔「日本モンゴル EPA：合意来年発効，資源安定調達に貢献」（『毎日新聞』，2014
　年 7 月 23 日東京朝刊）．

前川愛「ODA：日本の位置」（小長谷有紀，前川愛『現代モンゴルを知るための 50 章』明
　石書店，2014 年）．

増田弘，佐藤晋『日本外交史ハンドブック：解説と資料』（有信堂高文社，2007 年）．

村田雄二郎「中国ナショナリズムにとってのモンゴル」（ボルジギン・フスレ，今西淳子編
　著『20 世紀におけるモンゴル諸族の歴史と文化：2011 年ウランバートル国際シンポジ
　ウム報告論文集』風響社，2012 年）．

村田雄二郎「今日の問題モンゴルと中ソ」（『朝日新聞』（3 版），1964 年 9 月 7 日夕刊）．

村田雄二郎「周首相，モンゴルへ」（『朝日新聞』（3 版），1960 年 5 月 27 日夕刊）．

村田雄二郎「17 年目の“ラブコール”：宇野外相のモンゴル訪問」（『毎日新聞』，1989 年 4
　月 22 日朝刊）．

村田雄二郎「正式に設定モンゴルとの外交」（『朝日新聞』（13 版），1972 年 2 月 25 日朝刊）．

村田雄二郎「中ソ対立化のモンゴルを見る」（『朝日新聞』（12 版），1969 年 4 月 30 日朝刊）．

村田雄二郎「中ソ首脳，正常化を宣言」（『朝日新聞』（4 版），1989 年 5 月 16 日夕刊）．

村田雄二郎「『中ソ友好同盟』締結さる外蒙の独立宣言」（『朝日新聞』（37 版），1950 年 2
　月 16 日朝刊）．

村田雄二郎「2012 年上海協力機構首脳会議：中国，多極化を推進欧米に対抗，安保・経済
　で結束」（『毎日新聞』，2012 年 6 月 7 日朝刊）．

村田雄二郎「モンゴルと EPA 合意へ」（『朝日新聞』2014 年 7 月 22 日朝刊）．

（中国語）

中華人民共和国外交部「中華人民共和国和蒙古国関於建立戦略夥伴関係的連合声明」
　（http://www.fmprc.gov.cn/mfa_chn/ziliao_611306/1179_611310/t831612.shtml，2015 年 5 月 22
　日アクセス）．

中華人民共和国外交部，「中華人民共和国和蒙古国関於建立和発展全面戦略夥伴関係的連合
　宣言」

（http://www.mfa.gov.cn/mfa_chn/zyxw_602251/t1184719.shtml，2014 年 11 月 8 日アクセス).

中華人民共和国外交部「中華人民共和国和蒙古国関与建立和発展全面戦略夥伴関係的連合宣言（全文）」（http://www.fmprc.gov.cn/mfa_chn/ziliao_611306/1179_611310/t1184719.shtml，2015 年 5 月 31 日アクセス).

中国新聞網「習近平会見蒙古国総理就発展中蒙関係提三建議」（www.chinanews.com/gn/2013/10-25/5426887.shtml，2014 年 11 月 8 日アクセス).

李明峻「後冷戦時期的日蒙外交関係」（許志雄『2004 当代蒙古与亜州地縁関係；蒙古与東北亜関係学術会議論文集』蒙蔵委員会，2004 年).

朴鍵一，範麗君「蒙古国"第三隣国"外交戦略与中国面臨的挑戦」（李楊『数拠分析報告・専題報告』中国社科智訊，2013 年).

孫紅，李徳迎「区域安全複合体中的'極'与非'極'間的互動与身分塑像：以冷戦後日本対蒙古経済外交为列」（『理論界』第 8 期，2011 年).

王義民「在対蒙交往中提高中国"文化軟実力"的作用」（http://www.easdri.org.cn/_d276149160.htm，2014 年 11 月 8 日アクセス).

烏蘭図雅「簡論戦後日本対蒙外交的演進」（『日本学刊』vol.3，2000 年).

呉志中「蒙古国在東北亜的地縁政治角色分析」（許志雄『2004 当代蒙古与亜州地縁関係；蒙古与東北亜関係学術会議論文集』蒙蔵委員会，2005 年).

新華網「中華人民共和国和蒙古国戦略夥伴関係中長期発展綱要（全文）」（http://news.xinhuanet.com/politics/2013-10/25/c_125601589.htm，2015 年 5 月 8 日アクセス).

娜琳「感召蒙古：従日本対蒙古的影響談起」（『世界知識』Vol.14，2006 年).

張海峰「冷戦後日本対蒙古的全方位外交」（『楽山師範学院学報』，Vol.9, 2010 年).

（英語）

Alicia Campi, "Mongolia in Northeast Asia – The New Realities", *The Mongolian Journal of International Affairs*, No.12, 2005.

National statistical office of Mongolia, *Mongolian Statistical Yearbook 2013,* Ulaanbaatar, 2013.

Joseph S. Nye, 'ThinkAgain: Soft Power, " *Foreign Policy*, Web Exclusive, Feb 2006.

Jpseph S. Nye, 'The Rise of Chine's Soft Power, " *PKU News,* Dec. 2007.

Ying Zhou, "China's soft power in its foreign policy in Asia : Ideas, Institutions, and responsibilities", *Waseda University Journal of the Graduate School of Asia-Pacific Studies*, No.21, 2011.

1990年代前期モンゴルにおける歴史教育実践
：O教師のライフヒストリーにみる教師観・歴史観の形成

髙橋　梢

(Kozue Takahashi)

はじめに

　本研究の目的は，民主化により国内の政治的社会的体制に変化が生じた1990年代のモンゴル国において，新体制による従来のイデオロギーの変化などが教育内容に直接的かつ深刻な影響をおよぼした歴史社会科教育の実態を，教師のライフヒストリーから読みとくことにある。

　1990年代の普通教育学校[1]における歴史社会科教育の状況を概観すると，ひとつの問題がうかびあがる。民主化後，教育方法や教授内容の変更および教科書内容の改訂が急務となった。暫定措置として1991年に即席の学習指導要領が発行されたものの教科書の発行には時間を要した[2]。民主主義，市場経済を経験したことのない教師にとって，何をどのように教えればよいかとまどい，教育活動を行うさいに具体的な教材となる教科書も不在であったことは負担をさらに大きなものとした（髙橋2010）。このような状況下で，教師はいかにして教科書にかわる教材を準備し，新たな教育内容に対応し，授業を実践していったのか。立ちどまることの許されない教育現場と個々の教師における新体制の受容の度合いについてその実態を解明するには，当事者による具体的な証言をていねいに分析する必要がある。民主化移行後の1990年代をどのように評価するかということにかんしては，小出（2006, 2007, 2008, 2009, 2010, 2011）がモンゴルの教育分野でリーダーシップをとってきた政治家，教育専門家，一般の教師らの証言を分析しており，重要な先行研究のひとつとなっている。これらによると，証言者の多くは共産主義の行きづまりや社会主義が成功しないであろうことを実感し，民主化への希望，期待を表現していたものの改革が成功したとはいえ

137

ないという評価をくだしており，1990年代前半の時期を教育が「後退した」時期とみている。しかし，こうした当事者の証言にみられるのと同様，憂いやとまどい，希望や不満などをかかえながら，自分自身の心情とは別のものとして社会主義・共産主義を脱却した新制モンゴルとしての「わが国の歴史」「わが国の社会」について，歴史の見かたや社会のしくみを子どもたちに教えることが課された歴史社会科教師の声を読みとき，どのような教育が展開されていたのかをつまびらかにすることの重要性が高まっているように感じられる。なぜならば，1990年代に教育を受けた子どもたちが現在のモンゴル社会を背負って立つ世代となっており，彼らの歴史観，社会観の形成に少なからず影響を与えたと考えられる歴史社会科教育に従事していた教師らをはじめとする当事者の証言が，現代のモンゴル社会の様相を理解するうえでのひとつの視点となると考えられるためである。

　そこで本稿では，1990年代前期（1990 − 1995年）における自国史理解を学校教育においてどのように展開していったのかという観点から，社会主義時代に教育を受け，教師となり，教師として民主化を経験し，その後も離職せずに教職を貫くO教師に焦点をあて，モンゴル社会の歴史的背景と社会的要因と教師との関係をライフヒストリーとして分析し，モンゴル社会の変化の枠組みに位置づけられるO教師の歴史社会科教師としての姿勢の形成と変容過程についての分析的考察を行う。

1　分析の枠組み

1　調査の手法

　本稿では，ライフヒストリーの手法をもちいて，社会主義時代に教育を受け，現場教師として民主化を経験した教師のかたりから分析を行う。ライフヒストリーは，サンプルを多くとることができず，また個人の経験に重点がおかれるため，本来社会科学がめざしてきた客観性を追究し一般化することはできない。しかしながら，ライフヒストリーのもっとも大きな強みは，グッドソン（2001）のいうように個人の主観的リアリティに徹していることにあり，教師の「声」に耳を傾けるような焦点のあてかたに重きをおいている点にあろう。すなわち，本研究においてライフヒストリーの手法をもちいることは，教師から自身の人生や授業実践など個人的な経験をかたってもらうことにより，教師のかかえる問題や当時の教育現場の状況をより具体的に，より真実に近いかたちでうきあ

がらせることができるという利点がある。

以上のような教師のライフヒストリーの研究の枠組みに学び，本稿では，O教師を政治的社会的変動の文脈に位置づけ，民主化を経ることによって彼女がいかにして歴史教育活動を実践するようになったかを描写しながら，個人レベルでの教師観，歴史観についても論じるものである。

2　調査の対象

本研究の対象は，社会主義時代に義務教育を受けて歴史社会科教師となり，民主化を経験したのちも一貫して現場の教師として教壇に立ち続けているO教師とする。

調査対象者O教師とは，オラーンバータル市教育局に勤める普通教育学校歴史社会科教育部の責任者の紹介で知りあった。調査対象者選出の条件として，社会主義時代に教職につき教師として民主化を経験した歴史教師をもとめたところ，「経験豊富で人格的にも申し分のない教師だ」ということでO教師を紹介された。彼女の経験や知識，その人格がモンゴル全土の歴史社会科教師の模範として認識され，教師研修や視察のさいのモデル授業をたびたび依頼されていることから考えると，O教師のライフヒストリーは，モンゴルの歴史教育界が理想とする歴史社会科教師像をものがたるひとつの重要ファクターであるととらえることができよう。

O教師は，1956年生まれで義務教育，テフニコム（tekhnikum：中等技術学校）を修了したのち5年間の社会人経験を経て社会人入試を受け，国立師範大学歴史地理科に学び，歴史社会科教師として教職につき，2012年の定年を迎えたのちも私立学校で非常勤講師をつとめている女性教師である。彼女のライフヒストリーを生活経験および教育経験の観点から時期区分したものが表1である。

表1　O教師のライフヒストリー・年譜

年	年齢	O教師の生活経験	O教師の教育経験
1956	0	12月17日オラーンバータル市で生まれる。生まれてすぐより祖父母のもとで育てられる。	
1964	8		オラーンバータル市第23番学校入学
1972	16		テフニコム（中等技術学校）入学
1975	19	おもに調理師として働く	
1979	23	モンゴル人民革命党仮入党	

1980	24	モンゴル人民革命党正式入党	モンゴル国立師範大学歴史地理学科に社会人入学
1984	28		トゥブアイマグ・バトスンベル村の公立学校に歴史教師として赴任
1985	29		ハイラースト72番学校に赴任
1987	31	この年生まれた実妹の娘を養女に迎える	党委員会附属マルクス・レーニン大学校夜間コースで哲学を学ぶ（－1988年）
1988	32		オラーンバータル市第24番学校に歴史社会科教師として赴任
1991	35		ソロス財団主催のアメリカ研修に参加し，教授法の講義をうける
1993	37	モンゴル人民革命党離党	
1997	41		モンゴル国立師範大学修士課程（1999年修了） 宗教大学夜間コースで仏教哲学を学ぶ（7年間）
1999	43	祖母の死	
2012	56		オラーンバータル市第24番学校を定年退職 私立サント学校に歴史社会科非常勤講師として赴任

3　分析の視点

　インタビュー調査は3回行い，すべて録音し，後日テープおこしを行った。1回目は研究協力の依頼および予備調査として2013年3月25日に実施した。2回目は本調査として，2013年12月22日に，3回目は追調査として2014年3月29日に調査対象者の自宅にて行った。

　インタビューの形式としては，生まれてから現在までの経歴をふまえ，調査対象者の教師としての「かたり」を自由に話してもらうことをベースとしたうえで，調査目的にしたがって①なぜ歴史社会科教師になったのか，②民主化をどのようにうけとめたか，③社会の変化は歴史を教えるさいにどのように影響したか，④歴史観，⑤教師観など，民主化にともなう生活や考え方の変化と歴史社会科教育実践にかんする具体的な質問項目を設け，これらについても自由にかたってもらう半構造化インタビューという形式を採用した。また，「かたり」のなかで生き生きとつむがれる対象者の個人的「事件」などにも注意深く耳を傾けながら，聞きとりを行った。

　分析の手続きとして，1回目の予備調査で得たインタビューのテープおこしと分析にもとづき，2回目の本調査時に発問する項目をまとめた。本調査では，予

備調査をふまえた半構造化インタビューを実施し，1回目同様にインタビューの
テープおこしと分析を行った。3回目の追調査では，分析項目をまとめる段階で
あいまいな点やあらたに見いだされた疑問点などを，歴史社会科教育実践にか
かわる点にしぼり具体的に聞きとる作業を行った。

　本稿では，民主化によるモンゴル社会の変化をひとりのモンゴル国民として，
また歴史社会科教師としてどう受けとめ，これまでに形成された歴史観，教師
観をその後の教育実践にどのようにむすびつけていったのかという問題を，O
教師を事例とするライフヒストリーの分析から考察する。今回の分析では，調
査対象者のライフストーリーから描きだされる「民主化」をキーワードとした
歴史社会科教育実践の展開という点にしぼってまとめたため，インタビュー調
査で得られた対象者のライフヒストリーの全部を論じきることはできていない。
今回描くことができなかった部分については，あらためてまとめる予定である。
次節より，O教師のライフヒストリーの分析的考察を行う。

2　O教師のライフヒストリー

1　祖父母のもとで育てられて：おいたちと人間形成

　O教師は，1956年にオラーンバータルで生まれた。学生結婚をした両親には
O教師を育てる余裕も経済力もなかったため，生まれてまもなく祖父母にあず
けられて育った。「だから，わたしは祖父母の子。ふたりのもとで，ひとになっ
たの」という。下に5人弟妹がいる。祖母は遊牧民家庭に生まれ，初等教育も
修了していないひとで，読み書きができる程度だったようである。皮のなめし
工場ではたらいていた。祖父は法律家，裁判官をしていて，祖父母の代に1939
年（1936年だったかもしれない［O教師の記憶があいまい］）にザブハン・アイマグか
らオラーンバータルに移ってきた。筆者が調査時に訪問したO教師の住む家は，
祖父が裁判官だったときに国から与えられたもので，「［祖父母の子どもとして育った
から］わたしが受け継いで今ここに住んでいる」のだという。

　第23番学校を卒業し，9年生に進学するとき，祖母の「女性は料理裁縫など
家事全般をきちんとできるようにしておかなければなりませんよ。まずはこれ
を習得しなさい。そのあとなら何を学んでもいいよ」との教えにしたがい，テ
フニコムの調理師コースに進学して3年間職業技術を身につけ，卒業後から調
理師として5年間はたらいた。「祖母の教えはまったく正しかったわ」と誇らし
げにかたるように，テフニコムでの3年間と社会人としての5年間はO教師の

141

人生経験において自立した生活をおくるための基礎が築かれたという自負となり，価値のあるものとして認識されている。

　おもに調理師としてはたらき 5 年がたったころ，O 教師の手にアレルギーが発症したため，これを機に自分の人生をふりかえり，「祖母の教えどおり，5 年間調理師としてはたらいて家事もきちんとできるようになった。そろそろ，つぎの道に進んでもいいころ」だと考え，子どものころから民族学者や歴史学者になる夢をもっていたことをおもい，大学に進学することにした。「祖父母に相談すると許可してくれたので，社会人枠で受験したところ最高得点をとったの。それでイルクーツク大学心理学部に国費留学生として推薦されてその心づもりでいたのに，イルクーツク大学側が小学校教師でない人を受けいれないっていうのよ。笑っちゃうでしょ。まあ，心理学はそれほど興味があったわけでもないし，もともと歴史学部に入りたかったから師範大学の歴史地理学部に入学したのよ。4 年間優秀学生として学び，卒業後教職についた」のだという。育ててくれた祖父母の教えを守りながら，その後自分の希望する道に進むことができたため，自分の歩んできた道は正しかったのだと納得している。

2　歴史社会科教師になって：歴史への興味と教師としての活動

　O 教師は「もともとは民族学者や歴史学者になりたいとおもっていたから，はじめから教師になろうと考えていたわけではない」が，国立師範大学を優秀な成績で卒業すると，トゥブ・アイマグのバトスンベル村にある公立学校で歴史社会科教師としてのキャリアをスタートさせた。歴史社会科教師になったのはやはり「子どものころから歴史が好きだった」ことが大きな要因となっている。ただし，自身が 23 番学校で学んでいたような学校の授業は，教師になる動機にはなっていないという。「わたしたちに歴史を授業してくれた先生は適当で怠慢な人だった。授業では教科書に書かれている内容を読みあげて，それをノートに写させるだけ。わたしは歴史が好きだから先生のこともよく観察していたけれど，わたしたちに書きとらせながら自分はその場で指導案を作っているのよ。きちんと授業の準備もしてこないのが嫌だった」といい，そのような授業では興味がもてなかったから，当時使用していた教科書も思い出せないという。

　ではなぜ，どのようにして歴史に興味をもつようになったのか。これにたいし，「子どものころ，たぶんチョイノム[3]だったと思うんだけど，詩人が書いたチンギス・ハーンの詩が子どもたちのあいだで内緒で出まわっていて，それを読んで関心をもつようになったかもしれない」といい，社会主義時代にタブー

142

視されていたチンギス・ハーンに興味をいだいたことがひとつの要因だとし，歴史ものの映画やドラマの影響，「祖母が身近な実体験や故郷のいいつたえなど，歴史のお話をたくさんかたってくれた」ことも歴史を好きになる大きなきっかけであったとしている。調査者が日本人であったことも関係しているのだろうが，戦後，日本人捕虜収容所が祖父母の家の近所にあったことやひとりの捕虜と祖母との交流の話なども生き生きとかたってくれた。祖母からきいた話をいまでも教え子たちにきかせることがあるという。

　歴史社会科教師として地方で1年勤務したとき，「人民革命党委員会から，あなたはわがアイマグに必要な人材だからあと2年この地ではたらいてほしい。待遇として党大学に入学させてあげるからといわれたけれど断ったわ。祖父が亡くなってひとりでくらす祖母のそばにいたかったし，党ではたらくより，わたしは教師の仕事がしたい」と人民革命党からの誘いを断り，オラーンバータルに戻った。社会主義時代は労働者が上流階級であったため，社会人を経て大学に入り，さらに地方ではたらいてきた「わたしにたいする評価は非常に高かった」という。スフバータル区から任命を受けてハイラースト72番学校の教頭として3年はたらいた。この学校はマンモス校で，3交代制，約100人の教師と約2000人の生徒がおり「朝から晩までひたすら子どもの見まわりや教師の統括，行政的立場での仕事だった」ため，教師として歴史を教えることはできなかった。3年が過ぎた頃，妹に子どもが生まれ，その子を養子にもらったため，「自宅から近い学校ではたらきたい」という希望と，教頭などの管理職ではなく子どもたちに直接ふれあうことができる「現場の教師がやりたい」という希望を申し出て24番学校に転勤し，以来歴史社会科教師として定年まではたらいた。「いまは請われて私立学校で教えている。非常勤だけど，常勤の教師と変わらないくらいの時間教えている」のだという。

3　民主化を経験して：歴史社会科教師としてのスタイルの確立

　O教師は民主化について，「1980年代後半，ソ連のペレストロイカや東欧諸国の分離独立など世界情勢の変化をまのあたりにして，この流れがいずれ近いうちにモンゴルにもやってくるということを歴史社会科の教師たちは感じとっていた」という。「1989，1990年とモンゴルでも社会が動きはじめた。いざ波がくると，とても変な，違和感があった。周辺の社会生活でみると，たとえば担任しているクラスの子どもたちの親たちがみんな商売人になって，自分の子どもに注意を向けなくなり，みんなお金のため」となってしまった。「教師自身もそ

れはわかっているけれど，お金を得るためには子どもや家庭など重要ではなくなり，人びとの心がおかしくなってしまっていた。国立デパートの広場や大通りはすべて闇市のようになっていた」という社会の状況を受けいれ乗り越えることは，「簡単にできたとはいえない」。Ｏ教師自身，お金が必要になり，「もっている服などを売って必要なものを買った。でも店などに物がない状況でつらかった」と当時をふりかえる。

　「国が対策をとったなかにひどいものがあった。教師の１年分の給料に相当するお金をわたして，これでビジネスしていいよと。それで多くの教師が学校を去っていった。みんな商売に向かうようになった。教師の給料なんて少ないものだったから，自分で商売してたくさん収入が得られるほうを選んだ。一部のひとはそうしてビジネスで成功して会社経営をする者もでた。でもうまくできなかったひとは数年後出戻ってきた」といい，それでもＯ教師は「生きていくためにはお金が必要になったから，こういう状況も理解はできるし，まちがいとはいえない。教師の給料は低かったから」と理解を示している。

　教室でも混乱はおきていた。「歴史とはなんなのか，歴史は本当なのか嘘なのかと信用がなくなっていった。これまでたった一つの見かた，イデオロギーだったところからいろいろなイデオロギー，考えかたが入ってきて，現場は非常に混乱した。なにをどう教えればよいかわからず，そうすると歴史社会科教師の評判は簡単に落ちていくからがんばるしかなかった」のである。だが，「いままで正しいと教えてきたものがすべて嘘になった。社会の最下層のひとが教師になるようになった。給料が安いので教師になりたいひとが減少した。歴史社会科教師がごっそりいなくなったので，もうだれでも採用されるようになった。教師の地位や名誉が暴落し，とくに歴史社会科教師は信用がなくなった。こうして，教師をやめて去ったひと，やめなくとも午前中は適当に授業して午後は商売をしにいく，というスタイルをとった人びとがたくさんいた。こういう時代だったから，歴史社会科教師をつづけた先生たちはほんとに賞賛すべき」であるという。Ｏ教師自身は現場で奮闘する道を選択した。「自分でがんばる以外方法はなかった。だから，わたしは新聞をすみずみまで読んで切り抜きをし，人民革命党内に歴史研究所というのがあってそこで自分たちの歴史を再検討する研究会や講義が行われていて，そういう場所にみずからすすんで参加して最新の情報を得ていた。夜間学校などにも参加した。そういう場所に民主化運動の先頭をいくひとたちも集まっていて，当時の政権のいいところわるいところなどを議論しあったり，情報を共有していた」という。

民主化後，歴史教科書の内容は「完全に古くなり，その教科書で教えることはできなくなった。古代，中世の歴史はそれほど大きな変化がなく活用できたが，近現代史を教えることは非常に難しかった。たとえば1921年以降の歴史，とくに社会主義時代の歴史を教えるのはなにかへんな感じがした。いままで教えていたことがまちがいだったという見かたにかわったから。教科書もなく，それにかわる教材も用意されていない。そのときに役だったのはラジオ，テレビ，新聞，そこかしこで開かれていたセミナーや講義だった。人民革命党自身が率先してみずからの歴史を見なおす取りくみをはじめた。わたしも無知のままでいることはしなかった。自分で何とかしようと努力した。でも本当に近現代史は難しかった。1921年を例にあげると，ダンザンやボドーなどは悪い評価だったのによい評価にかわった[4]。人民革命の最初の7人というように特筆されるようになった。この時代についてのあらゆる資料や本をめくってみたが従来のものでは教えるものがみあたらず，教えてはいけない内容になっていた」と苦労をかたっている。教科書はすぐに発行することが困難なため，O教師は「朝から2時までの授業が終了した後，教育局が開く研修会に参加してなにをどう教えるかを学んだり，それ以外に夜間学校など」で情報収集をして授業づくりに取りくんだという。このような状態であったため，1991年に教育省および教育研究所から暫定的に発行された学習指導のてびきは「頼みの綱として非常に重宝した」。しかし，それだけでは不十分なため「きちんと授業の準備を入念にしなければいけないとおもい，自分で情報をあつめた。学者たちの講義やラジオやテレビ，新聞などを駆使して教材をつくった。すると子どもたちも受けいれてくれた。社会主義時代は教科書にあることだけを教えていたわ。ほかのことを教えると職を失う危険性があったからね。でも民主化後は教科書にあることだけ話してもまったくだめ。教科書の内容は嘘だらけになり，ただ子どものかばんに入って行き来するだけだった。当時わたしはウネン（Ünen：真実）という新聞を購読していたので，紙面に掲載される歴史の新しい見かたを述べた記事を切り抜いて授業で活用し，子どもたちにも宿題で切り抜きをさせた。最新の情報が載っている新聞は授業の良い教材になったし，子どもたちがこれにならって自分たちで情報収集する力をつけていった。こういう経験から，何か困難がおこったときにも冷静に対処する方法，自分で情報をあつめてうごくということを身につけさせることができたのよ。これはわたしのやりかたであって，他の教師のやりかたは知らないけれど」。

　このように民主化直後から試行錯誤の授業づくりがつづいていたため，1994

年に非公式ながら大学教授らにより執筆された生徒用のモンゴル史参考図書について「これはよかった，わかりやすいし良書だとおもうわ」と授業でも活用し，複数冊購入してほかの教師にくばるなどして活用していたとかたり，この参考図書を評価している。

　民主化後の歴史社会科教師としてのスタイルを確立していくうえで，「1991 年にソロス財団[5]の援助によってアメリカで実施された 2 週間の研修に参加」し，教授法の講義を受けるなどした経験は，その後の教育活動にとてもよい影響をあたえたという。

　O 教師は 1979 年に仮入党し，翌 1980 年に正式入党していた人民革命党を，民主化後の 1993 年に離党している。これは，自身が歴史社会科教師になって仕事をするなかで「この職業は，どこかひとつの党員でいることはできない，かたよった立場で教えることになってしまう」というきもちがめばえたためであり，同時に「個人的に，人民革命党の考えかたや方針にも少し違和感が出てきていた」ともかたっている。

4　生涯，一歴史社会科教師として：O 教師にとって歴史とは，教師とは

　社会主義時代，共産主義イデオロギー社会で育ち，民主化を経験した O 教師は「すべてのものに歴史はある。石ころにもある。もし口がきけるならどんな歴史をかたることか。あらゆるものに影のようについてまわるもの。もっともよくないのは歴史を歪曲することよ。悪いことをすればかえってくる。因果応報。ただし，ただ時系列的に，何年になにがおこってこうなった，これが真実だ，というのを歴史というのは無意味なこと。わたしは「時間は前にすすんでいる。いつだって戻ることはない。うしろを振り返るというのは歴史をみるということ」だと子どもたちにいっている。たとえば今日遅刻した，友だちを馬鹿にした，赤点をとった，など今日の自分をふりかえってそういう歴史が残っていたらどう？　これってすごく不本意でしょ，というと子どもたちはそれぞれ考えるのよ。歴史はまさにこれ。知識として世界でなにがおこってきたのかを知ることは必要だけど，それらから自分の身近な生活や経験をむすびつけることができる力を養うことが大事。実生活にいかせるようにものごとの見かたを教えようと努力している」という歴史観にしたがって教育実践を行っているという。

　O 教師は，「1999 年に祖母が亡くなってからいままでずっと」習慣として続けていることがある。毎年 12 月，受けもつクラスの子どもたち全員にチョコレートをくばっている。「自分は子どもたちがいるから給料をもらい仕事ができてい

146

1990 年代前期モンゴルにおける歴史教育実践

るのだというおもいがあるから。祖母への報恩感謝と，子どもたちへの感謝の
きもちとして」くばっているという。

「教師はただ授業をするだけではない，子どもと非常に近しくいることが大切
だと考える。ただ授業するだけの関係だと子どもは教師から 50 ～ 60% くらいの
理解を受けとるにとどまる。自分の教え子に優秀な子が多いのは，子どもとの
かかわり，心のつながりが深いことが理由のひとつだとおもう。教師というも
のは心が大切な職業だ。いい授業をしようとか，どうやって理解させようと考
える以前に，いまの教師は自分の外見にばかりこだわり，子どもをみようとし
ない人が多い。自分の時代もそういう教師はいたけれど。そう考えると，教科
書がころころかわったりというようなことはとるにたりないこと」。

O 教師の信念として，「生涯，一歴史社会科教師」という考えがある。彼女の「教
師というのは本当に，人間の本質が問われる仕事 (setgelgeenii ajil) なのよ」という，
「人間の本質から生ずる考え」(setgelgee) に正直になり子どもと接することが大切
なのだとくりかえしている。「教師というのはひととのつながりが大事な仕事で
しょ，わたしは子どもたちとふれあっていることが大好きだし，家でじっとし
ていることに耐えられないの。わたしはどれだけ年をとっても，子どもたちと
すぐに友達のような関係を築けるのよ」ということばに O 教師の教師観，信念
があらわれている。

3　分析的考察

O 教師のかたりからなにが読みとれるだろうか。民主化による 1980 年代後半
から 1990 年代前半にかけてのモンゴル社会の変動期において，普通教育学校で
どのように歴史社会科教育実践が行われていたのかという問題について O 教師
の実践のかたりから分析するとつぎの点があきらかになった。

1 点目として，モンゴルという国家を長年にわたり一党独裁体制で率いてきた
モンゴル人民革命党がイニシアティブをとりながら，粛清や迫害にたいする謝
罪や情報公開により歴史を見なおす作業を開始し，民主化の少し前からはじまっ
た「上からの改革」を，民主化の名のもとにさらにすすめたことが，程度の差
こそあれ，個々の教師に変化をあたえたとみることができよう。そのなかで O
教師は，人民革命党員でありながらも民主化運動のリーダーたちとも交流し，
みずからの目で社会を見きわめようとしていた。そのような行動が人民革命党
内では批判的にみられていたこともある。民主化後，O 教師は「歴史社会科教

147

師たるものは，どこかひとつの党にかたよっていてはいけない，いかなるときも中立の立場であるべきだ」との考えから，1993 年に離党した。ただし，党が民主化運動の渦中に学者たちを講師として歴史を再検討するために活動し，市民にも公開していたことなどについて評価している。

　このようなモンゴル社会のながれのなかで，O 教師は自分がどのような立場にあるべきかを冷静に見きわめていた。民主化直後の生活について「社会生活の混乱に対応するのは大変だった」とはいうものの，「イデオロギー，思想の変化という点においては，むしろ積極的に受けいれていった」のである。つまり社会主義体制から抜け出せないということはなく，民主化のながれのなかで自分が歴史社会科教師としてどのように行動すべきかをきちんと判断することができるひとであった。積極的に情報収集し，なにが正しいのかを子どもに伝えるために努力したひとであるとみることができる。そのかたりからは，社会主義・共産主義のイデオロギーが支配的であったその考えかたにそまることなく，自分なりの歴史観，社会をみる目を養ってきたのであり，民主化というモンゴル社会の大きな変化に左右されることなく，築きあげてきた教師としての信念をもって行動し，変化を積極的に受けいれ適応していったのだと読みとることができよう。

　2 点目には，民主化を経て自分なりの歴史観や教師観を確立しゆく過程における対応力と柔軟性の高さがあげられよう。O 教師は，民主化によって教える内容がかわってしまった自国史や公民などの社会科目に対応するため，あらゆる情報をすすんで収集することにつとめた。公的に発行された暫定的な学習指導のてびきを頼りにしながらも，それだけで授業づくりの準備をおわらせず，できるかぎりの努力をした。社会の混乱状態がつづき，歴史社会科教師の立場が苦境にたたされ学校を去る教師が少なくないなかでもなお，自身の使命であるという自覚をもち，子どもたちと向きあい，歴史をみる目，社会性をはぐくむために力を尽くしてきたという自負がある。そこには，祖父母に育てられた環境とそのなかでめばえたひととひととのつながりや社会とのつながりに対する強い関心がひとりの教師としての O 教師の立場を築いたのだとみることができる。子どもたちに，自らの目で確かめ，真実をつきとめる力，周囲の人間にたいする慈しみの心，そうした人間力を身につけさせるために歴史社会科教師として邁進したいという O 教師の姿勢が，民主化による変動期を乗り越えさせたのであろうとみることができる。また，モンゴル国が民主化直後からの教育分野にたいする諸外国の援助協力を受けるなかで，1991 年に参加することができ

148

たアメリカ研修での経験は，O教師にとって得るものが多かった。モンゴルでは一斉授業で教師から子どもたちへと一方的な授業スタイルが確立されていたが，教師と子どもの関係が双方向となり，子どもたちが自分で考え意見を発表しあうことができる授業スタイルが導入される契機ともなり，この経験からO教師なりの授業スタイルを構築する大きなヒントを得ることができたのである。

　O教師のライフヒストリーから分析される歴史社会科教育実践の根底には，元来「学ぶ」ことが好きなO教師の性質がおおいに影響していることを見のがすことはできない。

おわりに

　教育にもとめられるものはそのときの国家の体制によりかわる。モンゴルでは社会主義・共産主義イデオロギーの体制から市場経済・民主主義体制へと移行するなかで，自国史をいかに理解するかということが重要課題となった。それは直接的に学校教育現場に影響し，歴史社会科教師の意識を左右することとなったのであるが，本稿で事例にあげたO教師は，自身の確固たる信念と柔軟な姿勢をもって民主化に対応した。

　筆者にかたられたO教師の「歴史社会科教師」としてのストーリーは，真実であるということを前提に分析をこころみたものであるが，彼女のストーリーからは，失敗談や挫折という経験がほとんどかたられなかった。このことにたいして違和感をいだいたのもまた事実である。しかしながら，本文中で述べたように，O教師の教育実践がむかしもいまもモンゴルにおける歴史社会科教育の理想的なモデルであるというとらえかたをするならば，調査に協力してくれたO教師の「声」に真摯に耳をかたむけ，ここにかたられたストーリーがなにをものがたっているのかということに素直に向きあうことが，モンゴルにおける歴史社会科教育実践の実態を読みとくうえで重要なのではないだろうか。

　民主化というキーワードを軸として，モンゴル社会の変動期における歴史社会科の授業づくりにかんして，各教師がどのように実践していったのかを証拠づけるような史料をあつめることは容易ではない。そこで，個人への聞きとり調査により実態をあぶりだしていく地道な作業が必要になってくる。本稿ではO教師ひとりのライフヒストリーを論じたにすぎず，全体像として結論づけることはできないが，今後サンプル数をふやしながら本研究を継続していくことで，モンゴル国内の教育が「後退した」時期とみられているこの時代の様相を

いちだんと深く読みとくことが可能になると考えている。

最後に，本調査にこころよく協力をしていただいた O 教師に深い感謝の意を表したい。

註

1　普通教育学校（Yörönkhii Bolovsrolyn Surguuli）は初等教育課程（baga angi），前期中等教育課程（dund angi），後期中等教育課程（akhlakh angi）を含む小中高一貫の学校のことである。前期中等教育課程までが義務教育である。1990 年代の課程編成は，おもに 4・4・2 制が採用されていた。初等教育課程に含まれる 4 年生で自国史の概要を学習し，前期中等教育課程では 5，6 年生の段階で世界史，7 年生で自国史の古代から前近代，8 年生で自国史の近現代の範囲を学習していた。

2　1991 年に教育省（Bolovsrolyn yam）および同省直轄機関である教育研究所（Bolovsrolyn khüreelen）が暫定『普通教育学校における歴史社会科目の学習指導にかんする諸問題（てびき）』（Yörönkhii Bolovsrolyn Surguulid tüükh, niigmiin tukhai medleg khicheel zaakh asuudald/zövlömj/）を発行し，翌 1992 年に教育研究所が暫定『普通教育学校歴史社会科授業プログラム』（Yörönkhii Bolovsrolyn Surguulid üzekh tüükh, niigmiin tukhai medleg khicheeliin khötölbör: IV - X angi）を発行した。教育省認可による公式のモンゴル史教科書は，4 年生用教科書が 1994 年に東京都板橋区の援助によりモンゴル文字で発行されたものの，7，8 年生用教科書にかんしてはさらなる時間を要し，1998 年にようやく発行された。ただし，非公式には 1994 年に O. プレブ，Z. ロンジド，T. ルハグワーらによって生徒用に近現代史の範囲をあつかった参考図書『モンゴル国の歴史：近現代』（Mongol Ulsyn tüükh: shine üe）が出され，これらが実際に授業で活用されていたことが複数の証言により確認されている。

3　レンチニー・チョイノム（Renchinii Choinom, 1936 - 1979）。モンゴルの詩人。1969 年にモンゴル人民共和国の社会国家体制を誹謗中傷する反政治的な内容の詩を書いたとして逮捕され，1973 年まで拘禁されていた。O 教師のかたりにも登場する，チンギス・ハーンを礼賛する詩とは「アジアのモンゴル」（Aziin Mongol）のことであろう。モンゴルの人びとのあいだに流布しチョイノムの名を広く知らしめたもっとも有名な作品であるが，当時の社会主義体制下で危険分子である「民族主義者」として迫害を受けた。1990 年に『文学芸術』紙において公的な名誉回復をはたし，1990 年度国家賞を受賞している。詳細は，岡田（1991）の論説を参照されたい。

4　1921 年革命の歴史は，1980 年代末からはじまった「改革」の一環としてすすめられた歴史の見なおし作業によってその評価と認識が変化した。S. スフバータルを英雄として絶対視してきた歴史記述にたいする批判がなされ，文書史料などの利用が可能になったことによる研究の進展から，スフバータルよりも，1921 年 3 月の党大会で人民党委員長に選出された S. ダンザンやその少しあとに臨時政府首相に選ばれた D. ボドーらのほうが重要な役割をはたしたと評価されるようになり，現在ではこちらが通説と

150

なっている。いわゆる「スフバータル神話」からの脱却である。1921年革命の歴史の再検討については，二木（1994，2004）の論説にくわしい。

5　ジョージ・ソロスの主宰する「オープン・ソサエティ」財団のこと。モンゴルでは，ドイツのコンラッド・アデナウアー財団などとともに民主化の早い段階からこれらの財団をつうじて民主主義教育支援を得ていた。現在もソロス財団による教育分野への支援はつづいている。

参考文献

アイヴァー・F. グッドソン著，藤井泰・山田浩之編訳『教師のライフヒストリー：「実践」から「生活」の研究へ』（晃洋書房，2001）.

アイヴァー・グッドソン，パット・サイクス著，高井良健一・山田浩之・藤井泰・白松賢訳『ライフヒストリーの教育学：実践から方法論まで』（昭和堂，2006）.

岡田和行「反逆の詩人レンチニー・チョイノム」（『東京外国語大学論集』第42号，1991）.

小出達夫「モンゴル人と教育改革（1）：社会主義から市場経済への移行期の証言」（『北海道大学大学院教育学研究科紀要』第98号，2006）.

小出達夫「モンゴル人と教育改革（2）：社会主義から市場経済への移行期の証言」（『北海道大学大学院教育学研究科紀要』第100号，2007）.

小出達夫「モンゴル人と教育改革（3）：社会主義から市場経済への移行期の証言」（『北海道大学大学院教育学研究科紀要』第102号，2007）.

小出達夫「モンゴル人と教育改革（4）：社会主義から市場経済への移行期の証言」（『北海道大学大学院教育学研究科紀要』第106号，2008）.

小出達夫「モンゴル人と教育改革（5）：社会主義から市場経済への移行期の証言」（『北海道大学大学院教育学研究科紀要』第109号，2009）.

小出達夫「モンゴル人と教育改革（6）：社会主義から市場経済への移行期の証言」（『北海道大学大学院教育学研究科紀要』第111号，2010）.

小出達夫「モンゴル人と教育改革（7）：社会主義から市場経済への移行期の証言」（『北海道大学大学院教育学研究科紀要』第112号，2011）.

小長谷有紀『モンゴルの二十世紀：社会主義を生きた人びとの証言』（中公叢書，2004）.

小長谷有紀編『モンゴル国における20世紀（2）：社会主義を闘った人びとの証言』（国立民族学博物館調査報告 71：1－9，2007）.

髙橋梢「モンゴルにおける歴史教育の役割に関する考察：1921年以降の歴史教育政策の変遷に焦点を当てて」（『歴史教育史研究』第8号，2010）.

二木博史「モンゴル人民党成立史の再検討：「ドクソムの回想」を中心に」（『東京外国語大学論集』第49号，1994）.

二木博史「モンゴルにおける"歴史の見なおし"とアーカイブズの公開」（『歴史学研究』No.789，2004）.

S. B. メリアム著，堀薫夫・久保真人・成島美弥訳『質的調査法入門：教育における調査法とケース・スタディ』（ミネルヴァ書房，2014）.

［付記］本研究の一部は，日本学術振興会特別研究員奨励費を受けて行われたものである。

モンゴルの教員養成課程への
授業研究関連科目導入の意義

ノルジン・ドラムジャブ

（Norjin. Dulamjav）

はじめに

　日本とモンゴルは 1972 年に外交関係を樹立したが，当時のモンゴル人民共和国はソ連に忠実な社会主義国であり，体制の差異を超えてまで二国間関係が緊密化することはなかった。しかし，モンゴル国が 1990 年代初めに，民主化へ移行することによって，モンゴルと日本の関係は転換期を迎え，新時代が開かれた。モンゴルが自由化されると，関係構築のための相互努力や，民族的な親近感，モンゴルの民主化・市場経済化に対する日本の積極的な経済協力をベースとして，両国関係は多くの分野で飛躍的に発展することとなった。

　その結果，社会主義期には反日的な教育が行なわれていた時期があったにもかかわらず，現在では日本的な教育方法を行う学校が高い人気を集めている。その背景には，かつて文部科学省国費留学生の帰国者の中からビジネスマンや政治家として活躍する卒業生が多く現れるようになったことが大きい。以前は，旧ソ連留学組，ドイツ留学組が特に教育分野には多かったが，現在では日本留学組が高く評価されるようになり，それに伴って日本の教育水準がモンゴル国民に高く評価されるようになったのである。その結果，民主化以降のモンゴル国では，日本語学習者の数が爆発的に増加し，ここ数年でモンゴル国から日本へ留学する学生が増加するようになった。

　その一方で，日本では少子化が社会問題となっており，2018 年以降には急激に国内の日本人学生数が減少するとされる中で，日本の大学等の高等教育機関は，米国，欧米，そして巨大な人口を持つ中国などばかりに目を向けるのではなく，モンゴルへの進出を計るようになった。最近では，モンゴルの主要な五

153

つの国立大学と日本の大学との学術交流協定の締結が急速に増加しており，これによってモンゴルの大学と日本の大学の間では，教員研修，学生交流が盛んになりつつあるほか，各研究分野での共同研究も増加している。このような状況を背景として，日本の大学や教育機関の中には，モンゴル人学生の獲得のために現地事務所を設置する大学や教育機関も現れるようになった。つまり，学生数の減少に悩む日本の大学と，高い生活水準を目指して外国留学を希望するモンゴルの学生は，相互の問題を補完しあうパートナーになり得る関係であると言える。

　このように考えると，モンゴルの日本の大学の交流は簡単に実現できるように思われるが，実際には日本とモンゴルの教育制度や教育水準はかなり異なっており，それは相互の交流と協力を深める上で大きな障害となっている。その解決のためには，まずモンゴルの大学における教育水準を高めることが必要であり，モンゴルにおいては教育分野における国際協力として多くの教育プロジェクトが実施されてきた。その中でも，とくに近年注目されているプロジェクトがJICA指導法改善プロジェクトである。そこで，本稿では，市場経済化の過程で大きな社会変化を経験しつつあるモンゴルにおいて，教育政策の改革の一環としてJICAの支援により授業研究を基礎教育課程に導入した事例を検討し，その意義と今後の課題を明らかにしていく。そのために，モンゴルにおける教育政策の展開，社会体制変化後の教育改革，教育分野における国際協力としてのJICA指導法改善プロジェクト，その評価と今後の課題，という4つの段階に分けて検討していきたい。

1　モンゴルにおける教育政策の展開

　モンゴルにおける教育政策は，一般的に3つの時期に大別して説明される。

　第一の時期である近代以前のモンゴルでは，主にチベット仏教寺院で教育が行われていた。清朝支配下のモンゴルでは，チベット仏教が厚く信仰されていたため，多くの牧民が男の子を仏教寺院に預け，彼らは仏教寺院の仕事を通してチベット語の読み書き，算数，暦，医学などを習得していった。近年の歴史学の研究成果によれば，革命直前のモンゴルでは成人男子の半数近くがチベット文字での読み書きができたと言われているが，これは同時代の他のアジア諸国と比較して決して低い識字率ではない。社会主義政権下では「無知蒙昧」の象徴とされたチベット仏教であったが，近年の歴史学や文化人類学の研究では，

154

むしろチベット仏教寺院での教育が日本の寺子屋のような役割を果たし，社会主義期のモンゴルが誇った高い識字率の基礎となったと評価されるようになっている。

　第二の時期は，1911 年のモンゴル独立宣言に始まるボグド・ハーン政権期から人民政府を経て 1990 年の社会主義政権の終焉に至る時期である。1911 年に成立したボグド・ハーン政権は，ブリヤート・モンゴル人の研究者ツェウェーン・ジャムツァラーノを招聘し，その提言に従って小学校を設立したほか，初等中等高等の三段階の教育制度や医学・農牧業・教員養成などの専門教育の制度を導入することをめざした。1921 年に人民政府が成立すると，人民政府は国民に対する近代教育の導入を開始するが，この時期で特筆されるのは，決してソ連一辺倒だったわけではなく，1925 ～ 1926 年にはフランス・ドイツへ 45 名もの留学生を派遣し，さらにイギリス・日本への留学生派遣も計画されていたという事実である。これは，当時のソ連がモンゴルを「緩衝国」として位置付け，モンゴルの内政や外交に干渉しないという方針を取っていたため，モンゴル政府には西欧も含めた幅広い外交を行うことが可能であり，それが教育政策にも反映された結果であった。しかし，1928 年以降にソ連でスターリンによる支配が確立されると，コミンテルンはモンゴルの内政に介入するようになり，モンゴルはソ連型社会主義のみを近代化モデルとして受け入れることとなった。教育政策においても，ソ連の学校教育制度をモデルとして 10 年制の普通教育学校が導入された。ソ連型の学校教育制度の下では，一般的に知識重視で，児童・生徒は教師の板書をひたすらノートに書き写すという授業が展開され，児童・生徒の自主性や個性を尊重するという意識は少なかったのである。

　このようなソ連の学校教育制度をモデルとしたモンゴルの教育政策は，1990 年の民主化運動を契機として大きな転換を遂げることとなった。これが現在を含めた第三の時期である。1989 年末に始まった民主化運動によってモンゴル人民革命党は一党独裁を放棄し，教育現場でも社会主義色を一掃する試みが始まった。まず，1922 年に設立された教員養成学校を前身とし，モンゴル最大の教育養成大学であった国立教育学校が 1990 年にモンゴル国立師範大学に再編され，さらに 2003 年に幼児教育から全ての教員養成関連の学校を統合したモンゴル国立教育大学へと拡大した。

　さらに，2005 年 9 月に新たに導入された教育指針・新教育スタンダード（日本の学習指導要領にあたる）により，基礎教育課程を 10 年制から 12 年制へ移行したほか，総合学習や総合理科といった新しい教科を導入し，従来の暗記中

155

心型指導法から子どもの発達を支援する指導法への移行をめざす大幅な教育改革が実施された。

しかし，このような教育改革は，当然のことながら順調に進んだわけではなく，1990年代には教員は低い給与の象徴であり，有能な教員を集めることが難しくなり，離職率も高くなった。また，市場経済化に伴う貧富の格差の拡大は，私立学校の高額な学費を負担できる富裕層と義務教育すら満足に受けることが難しい貧困層に二極分化する結果をもたらした。このような状況下で国際機関，外国政府の援助機関，NGOによる教育分野に対する支援が本格的に展開されるようになった。

他方で，2010年頃から世界的な鉱物資源の高騰によりモンゴル政府の歳入が急増し，教育予算が増加した結果，教員の給与の増加や国立教育大学の卒業生の就職率の高まりなど，新たな状況が生まれつつあり，それはモンゴル政府の教育政策にも影響を与えつつある。

2 社会体制変化後の教育改革

近年，モンゴルの教育分野で，大きな改革として，従来の暗記中心の指導法の見直しをはじめている。国家体制が変化し，自由化への移行が進むとともに，新しい社会状況と価値観の変化に対応して多様な価値観を認め，行動する力が求められるようになってきた。

2003年から試行され，25年に正式に導入された教育スタンダードでは，従来の知識偏重教育から人間形成重視への移行が図られた。教育スタンダードの大きな特徴は，教科外指導を学校教育の重要な領域に位置づけたことである。また，学校，教員が自主的にカリキュラムを開発するようになった。

教育スタンダードで示された学習目標は，知るために学習すること，行動することを学習すること，人間として生きる意味を学習すること，共に社会生活を送ることを学習することである。併せて，「知の学習」，「実践の学習」，「生の学習」，「存在の学習」という概念である。ここでの，各概念について内容を見てみよう。「実践の学習」とは，常に開発する方法を学ぶことで，「生の学習」とは，思想や移住地を問わずに，共同生活できる道徳な習慣及び行動を定着させることである。最後に，「存在の学習」では，児童，生徒の評価は知識，道徳，価値観，美的感覚の成長を合わせて評価することが重要である。従って，新教育スタンダードにより，学校でただ単に子どもの中に新しい知識を学習させるだけでな

く，子どもの知識能力や理解力を育成することを通じて社会生活上のルールを身につけた人間を育成することが目標として定義された。これに伴って，従来の教師中心の教育が批判され，変化する社会に対応する教育が模索された。その結果，教育課程や指導法も改革されつつある。この改革について検討する際，日本の国際協力機構（JICA）の協力を見逃すことはできない。

3 JICA 指導法改善プロジェクト

モンゴルで 2005 年 9 月に新たに導入された教育指針・新教育スタンダード（日本の学習指導要領にあたる）により，①基礎教育課程を 10 年制から 12 年制へ移行し，これに伴い入学年齢も 8 歳から 6 歳へ引き下げ，②総合学習や総合理科といった新しい教科を導入，③従来の暗記中心型指導法から子どもの発想や思考を促すような子どもの発達を支援する指導法への移行をめざすなど，大幅な教育改革が実施されたことは前述した通りである。

しかし，新教育スタンダードは大学教授が中心になって策定されたために，その内容が難解で現場の教員には理解しづらいという批判が出たほか，現場の教員には「子どもの発達を支援する指導法」の具体的な方法が分からず，授業は相変わらず従来の指導法のままで行われるという事態に陥った。

そこで，モンゴル教育文化科学省にとっては新しい指導法を開発することが急務となり，理数科を中心に途上国への協力実績のある日本政府に指導法改善に関する技術協力を要請し，JICA による技術協力プロジェクトとして「子どもの発達を支援する指導法改善プロジェクト」が 2006 年 4 月から 2009 年 7 月にかけて実施された。

このプロジェクトでは，従来の暗記中心型指導法から生徒が自ら学ぶ力を引き出す新しい指導法への改善を目的とし，4 つの指導法開発センターと 3 つのモデル県・市の教育文化局，9 つのモデル校を対象に協力を行った。具体的には，算数，数学，初等理科，総合理科，化学，物理，IT 教育，総合学習の 8 科目の教員用指導書を 1 年次から 3 年次にわたって毎年作成し，1 年次はウランバートル市のモデル校，2 年次以降は 9 つすべてのモデル校で試行授業を通じて内容を改善し，新しい指導法の開発を行った。

このプロジェクトの終了時評価報告書によれば，本プロジェクトを実施した結果，①8 科目 24 単元の指導書案がモンゴルの状況を踏まえて作成され，これらはモデル校の教員やモデル県の指導主事の 90% 以上から内容が分かりやすい

157

と評価されたこと，②大学教員・モデル県指導主事・モデル校関係者が参加した研修会が 15 回開催され，指導法に関する知見を高め実践的スキルを身に着けるとともに，関係者間の協議を通じて学校現場に合う指導法の開発がすすめられたことにより，指導書開発プロセスに関して 66.7％の評価を得たこと，③モデル校において学校現場に応じた指導法が試行された結果，教員の話す時間が短くなり，子どもの意見を聞くようになったことや，試行教員の指導書開発プロセスに関して 96.5％の高い満足度が得られたこと，④指導法案改善と授業改善のためにモデル校の試行授業でモニタリングが実施されたことやモニタリングマニュアルが作成されたことなど，総じて高く評価されている。

　終了時評価報告書は，その要因として，「特筆すべきは，従来の指導書開発とは異なり，大学（研究）と県教育文化局（行政），学校（教育現場）の三者協働体制により指導書を作成したことである。こうしたアプローチがモンゴルの現状や教育現場のニーズに合った指導書開発を可能にした」「この三者協働アプローチが，従来の大学教員が中心となって作成されるアカデミックな指導書とは異なり，モンゴルの教育政策に一致し教育現場で活用できる指導書の開発を可能にし，プロジェクトの成果や目標の達成に貢献すると同時に妥当性や有効性を高めた最大の要因である」と指摘している。

4　教員養成課程における授業研究の組織的導入の必要性

　JICA による指導法改善プロジェクトとは，いわばモデル校として指定された基礎教育課程の学校において授業研究を試行的に実施したものであり，それは前述のようにモンゴルの教育現場からも高い評価を得てきた。これを深化・発展させるためにはモデル校での試行や教員個人の工夫やノウハウで終わらせず，教員養成課程において授業研究関連科目を組織的に導入し，その効果を検証し，さらなる改善につなげていくことが必要であると考えられる。

　そのためには，授業研究に関する先行研究を踏まえた理論研究を行うと同時に，JICA の指導法改善プロジェクトの経験を踏まえてモンゴルの教育現場に適した授業研究関連科目のモデルカリキュラムの開発・試行・修正という一連の実践的プロセスが必要である。言い換えれば，JICA による指導法改善プロジェクトは，教員養成課程における授業研究関連科目の組織的導入によって完成されるとも言えるだろう。

　そこで，教育政策の改革の一環として JICA の支援により授業研究を基礎教育

課程に導入した事例を検討し，教員養成課程への授業研究関連科目の導入の意義と課題を明らかにするとともに，モデルカリキュラムを開発し，それを国立教育大学において試行することにより，JICAによって導入された授業研究をモンゴルの教育現場に根差したモデルに深化・発展させる方法を検討することが今後の課題となる。

これまでにJICAによって実施された指導法改善プロジェクトの成果により，モンゴルの基礎教育課程において授業研究が一定の有効性を持つことは実証されたが，これを教員養成課程における授業関連科目の導入のためのカリキュラム開発にまで発展させなければ，本当の意味での現地に根付いた自律的な活動にはなり得ないだろう。それは，アカデミックな視点と実践的な経験を踏まえて，「子どもの発達を支援する指導法」の柱としての指導法改善に資することが期待されるとともに，教員養成大学における教員の研究能力の向上や共同研究能力の改善にもつながるものと考えられる。

このように，モンゴルの教員養成課程への授業研究関連科目の導入は，教育分野における国際協力という政策的な目的を超えて，モンゴルの教育現場に根差した自律的な教育改革モデルの事例として，国際比較の研究対象となり得る興味深い課題であると考えられる。そして，モンゴルの教員養成課程への授業研究関連科目の導入を授業研究の先進事例である日本における授業研究の展開と比較することにより，より普遍性を持った授業研究の理論モデルを構築するための材料を提供することにもつながると期待されるのである。

おわりに

市場経済化の過程で大きな社会変化を経験しつつあるモンゴルでは，教育政策の改革の一環としてJICAの支援により授業研究を基礎教育課程に導入する取り組みが試行されてきた。さらに，今後の課題として教員養成課程への授業研究関連科目の導入が検討されている。授業研究関連科目を教員養成課程へ導入することは，同時にJICAによって導入された授業研究の取り組みをモンゴルの教育現場に根差したモデルに深化・発展させる方法を検討することにもつながる。

このように，教育分野における国際協力として実施されてきた指導法改善プロジェクトを教員養成課程への授業研究関連科目に導入しようとすることは，単なる政策目標を超えた新たな教育モデルを国際比較研究の材料としても有効

であり，アカデミックにおけるモンゴル発の重要な貢献になり得る可能性を秘めた研究であると考えられるのである。

参考文献

内田孝「1920 年代のモンゴル人民共和国における留学政策と作家たち」（柴山豊・岡田和行編『モンゴル文学への誘い』明石書店，2003 年）.

京都大学高等教育教授システム開発センター『大学授業研究の構想―過去から未来へ』（東信堂，2002 年）.

的場正美，柴田好章『授業研究と授業の創造』（渓水社，2013 年）.

モリス・ロッサビ『現代モンゴル－迷走するグローバリゼーション－』（明石書店, 2007 年）.

モンゴル科学アカデミー歴史研究所編著，二木博史 / 今泉博 / 岡田和行訳，田中克彦監修『モンゴル史』（恒文社，1988 年）.

Bayasgalan Oyuntsetseg「日本におけるモンゴルの教育に関する研究－指導法改革に対する諸外国の協力と課題を通じて－」『中央学院大学社会システム研究所紀要』13(1) (2012 年）.

JICA 子どもの発達を支援する指導法改善プロジェクトプロジェクト概要
（http://www.jica.go.jp/project/mongolia/0455077E0/01/index.html, 2014 年 12 月 28 日閲覧）.

JICA 子どもの発達を支援する指導法改善プロジェクトプロジェクト活動
（http://www.jica.go.jp/project/mongolia/0455077E0/02/index.html, 2014 年 12 月 28 日閲覧）.

JICA 子どもの発達を支援する指導法改善プロジェクト フェーズ 2 プロジェクト概要
（http://www.jica.go.jp/project/mongolia/004/outline/index.html, 2014 年 12 月 28 日閲覧）.

JICA 子どもの発達を支援する指導法改善プロジェクト フェーズ 2 プロジェクト活動
（http://www.jica.go.jp/project/mongolia/004/activities/index.html, 2014 年 12 月 28 日閲覧）.

JICA「子どもの発達を支援する指導法改善プロジェクトプロジェクト」終了時評価報告書
（http://www2.jica.go.jp/ja/evaluation/pdf/2008_0602168_3_s.pdf, 2015 年 1 月 4 日閲覧）.

モンゴルにおける教員養成課程大学への授業研究導入の必要性
（http://www.cgu.ac.jp/Portals/0/09-kenkyu/publication/13-1/13_1_4.pdf, 2014 年 12 月 28 日閲覧）.

京都大学高等教育研究開発推進センター「大学授業研究の方法」
（http://www.highedu.kyoto-u.ac.jp/edunet/archive_pdf/02.p33.fuji.pdf, 2014 年 12 月 28 日閲覧）.

日本とモンゴルにおける，教育の国際化に関する考察

井場麻美

（Asami Iba）

はじめに

　教育の国際化とは，教育カリキュラムの国際化を指す。グローバル化に伴い，日本及びモンゴルにおいて教育の国際化は避けては通れない問題となった。国際的に承認されたカリキュラムを実践しディプロマを取得することによって，国際社会へ進出する道が開けることも要因として挙げられる。

　現在日本では，国際バカロレアのカリキュラムを実践する学校が急速に広がり，国際バカロレア認定校の数は増えつつある。一方，モンゴルにおいてはケンブリッジスタンダードに基づくカリキュラムが策定され，試験的に実施されつつある。

　日本における国際バカロレア校の例及びモンゴルにおけるケンブリッジスタンダード導入校の例に基づき比較しつつ，日本とモンゴルにおける今後の教育の形について明らかにしていくこととしたい。

1　国際カリキュラムとは

　国際カリキュラムとは，「国際的に」承認されたカリキュラムのことを指す。国際バカロレア及びケンブリッジスタンダード等のカリキュラム修了のディプロマを取得することにより，国際的に認められた大学資格を取得することができる。世界へ進出するためには，大学入学のための試験が大きな関門となるが，国際カリキュラムを修了することにより，それが免除されるのである。

　国際カリキュラムの内容は，自国カリキュラムよりも内容が国際性を帯びているため，自国カリキュラムよりも国際性豊かな学生を養成するものとして信

頼性が高い。そのため，自国カリキュラムの改善として取り入れられることが多くなってきた。日本では国際バカロレア，モンゴルにおいてはケンブリッジスタンダードである。他国でも同様の取り組みが行われている。例えば中国ではアメリカの大学に留学するという前提で，AP（Advanced Placement）というアメリカの大学のカリキュラムを高校のときから行うプログラムがあるが，アメリカに限定したものであり，ここで指す国際カリキュラムとは少し趣旨の異なるものであるためここでは扱わない。

2　日本における国際バカロレア

1　国際バカロレアとは

　今日のグローバル化に伴い，人々は自国を超えて様々な場所へ移動し続けている。仕事のために移動する親に従い，または就学のために1人で世界中を移動する子どもたちの数も増えてきた。しかしながら，その中で，子どもたちへの教育，とりわけ高等教育への入り口が国独自の制度のために複雑な手続きを要したり，就学年度が足りないために入学試験を受けられなかったりなどの問題も併発した[1]。そのため高等教育を受けることは，子どもたちにとって困難が生じるものであった。こうした問題を受けて，1968年にスイスのジュネーブで国際バカロレア（International Baccalaureate, Baccalauréat International, Bachillerato Internacional）が発足された[2]。国際バカロレア（International Baccalaureate：IB）とは，主に国際バカロレアが，国際バカロレア認定校の，ディプロマ資格取得のためのプログラムを修了した卒業生に与えている，国際的に認められる大学入学資格である。IBは全体を包括する教育理念として「全人教育」を目標に掲げている。子どもたちが地球市民（Global Citizenship）であることを自覚し，豊かな知識，優れた能力のあるバランスのとれた人間へ育成するという教育である。そのためIBのカリキュラムは，思考力・表現力に重点を置いた高い知的水準の達成，異文化に対する理解力と寛容性の育成，社会の一員としての自覚と責任感を養うような教育内容となっている。

　3〜19歳の子どもの年齢に応じて3つのプログラムがある。3˜11歳にかけて行われるPYP（Primary Years Programme: 初等教育プログラム），11˜16歳にかけて行われるMYP（Middle Years Programme: 中等教育プログラム），16˜19歳にかけて行われるDP（Diploma Programme: ディプロマ資格プログラム）である。DPの課程を修了し，ディプロマ資格取得のための統一試験に合格することで，国際

日本とモンゴルにおける，教育の国際化に関する考察

バカロレア資格を取得することができる。試験言語は英語かフランス語かスペイン語を選ぶことができるが，英語で受けることが多い。

3　日本における国際バカロレアに関する取り組み

1　日本における国際バカロレア政策

　国際バカロレアのカリキュラムを実施している学校は世界 146 カ国の 3,952 校（2014 年 11 月の時点）である。その 3 分の 1 以上はアメリカ（1,574 校）にある。日本には IB 認定校は 27 校（2014 年 9 月の時点，その内一条校 7 校）ある。IB認定校は PYP，MYP，DP のいずれかのプログラムを取り入れることで IB 認定校となるが，プログラムの中の科目を選択することはできず，柔軟な学校経営という点では難しい。基本的にその国の高校卒業修了証書を取得することはできない。

　国のグローバル人材育成推進会議[3]は 2011 年 6 月に，IB 認定校かそれに準じた教育を行う学校を 5 年以内に 200 校程度に増やす目標を設定している。文部科学省は，IB の趣旨を踏まえた教育を推進し，国の教育改善に生かすものとして，2012 年度からモデル校を 5 校指定し，実践に乗り出している。具体的には，IB の趣旨を踏まえたカリキュラム等に関する調査研究として，IB の理念を生かしたカリキュラムづくりを行う学校を指定し，国際バカロレアの趣旨を踏まえたカリキュラムや指導方法，評価方法等に関する 3 年間の調査研究を行わせている。IB の DP カリキュラムの TOK（知識の理論）の科目を最重要視していることから，高等学校を指定校としている。下記に研究指定校を記した。

　学校教育法第一条で規定されている学校（いわゆる一条校）が国際バカロレアの認定校になるためには，学校教育法等関係法令と国際バカロレアの定める教育課程の双方を満たす必要がある。基本的には，一条校であって国際バカロレア認定校であっても，当該学校の全生徒が国際バカロレアのカリキュラムを受講しているわけではない。国際バカロレアコースというものを新たに設置し，少数精鋭で授業を実施し，日本の中等教育修了証は取得せず国際バカロレアのディプロマのみを取得している場合がほとんどである。一条校で国際バカロレアのカリキュラムを行うにあたって，授業言語の縛りが無い PYP と MYP のカリキュラムだけを導入することも可能だが，その後の教育を考えると DP のカリキュラムを導入せざるを得なくなる。もし DP のカリキュラムも導入するためには，DP の授業言語が英語，フランス語，スペイン語のいずれかと考えると，

163

PYP，MYP での連携のある授業をしていくことが不可欠であり，また国の認定など制度的な問題も多数あり労力を要するものである。

　しかしながら，2014 年の 5 月には文部科学省及び国際バカロレアが，DP において，日本語でも実施可能な科目（「日本語 DP」対象科目。通常は英語，フランス語またはスペイン語によって授業が行われる。）として，新たに数学及び物理を追加することについて合意した [4]。また 2015 年度より，都立国際高等学校に DP が設置される [5]。日本における DP の公立学校への設置は初の試みである。1 学年 25 名の少数精鋭でのぞむ。今後の IB 校拡大が期待される。

表 1．平成 24 年度，国際バカロレアの趣旨を踏まえた教育の推進に関する調査研究において公募によって選ばれた指定校 5 校

	都道府県	国公私立	学校名
1	愛知県	国立	名古屋大学教育学部附属中・高等学校
2	愛知県	公立	愛知県立旭丘高等学校
3	京都市	公立	京都市立堀川高等学校
4	北海道	私立	札幌聖心女子学院高等学校
5	大阪府	私立	関西学院千里国際高等部

2　指定校 5 校の具体的な調査研究課題

（1）名古屋大学教育学部附属中・高等学校（国立）

　TOK の枠組みと評価方法を生かした協同的探究学習による自立した思考者としての生徒育成　～「総合人間科（総合的な学習の時間）」「自然と科学・地球市民学（学校設定教科）」の発展　～

（2）愛知県立旭丘高等学校（公立）

　公民科（倫理）および総合的な学習の時間における TOK の趣旨を踏まえたカリキュラム開発。

　DP において日本語の使用が認められることを前提とした公立高等学校が国際バカロレア認定校となるための課題の研究。

（3）京都市立堀川高等学校（公立）

　「探究基礎」における TOK を踏まえた指導法及び論文・発表の評価法の研究開発。

　実体験を重視した生徒主体の活動に対する，CAS を踏まえた評価法の研究開発。

日本とモンゴルにおける，教育の国際化に関する考察

（4）札幌聖心女子学院高等学校（私立）

IB の趣旨を踏まえた教育と自校の教育の関連性や IB 教育の活用と発展の可能性についての研究。

「Extended Essay」の評価基準とルーブリックを用いた指導評価。

DP「言語 B 英語」の評価基準とルーブリックを用いた「ライティング」授業展開。

TKO の趣旨を踏まえた「倫理」及び学校設定科目「環境科学」の展開。

（5）関西学院千里国際高等部（私立）

IB 教育を実施しているインターナショナルスクールでの教育活動を踏まえた，学習指導要領に則った授業への IB 教授法導入の有用性についての調査研究。

一条校の生徒として DP を取得するために乗り越えるべき諸条件に関する調査研究。

3　研究指定校の具体的な取り組み

国際バカロレアの趣旨を踏まえた教育の推進に関する調査研究指定校の一つである，関西学院千里国際中等部・高等部（SIS）[6]へ取材をすることができた。同校は，同敷地内に IB 認定校である関西学院大阪インターナショナルスクール（OIS）を併設しており，両校の生徒間及び教師間交流は大変盛んなものとなっている。

SIS は，3 年間の調査研究を通して，将来は一条校である SIS で学びながら DP のディプロマを取得し，世界へ進出できるようにしたいとしている。そのため OIS との共同で授業展開を行っている。現在音楽，体育及び美術の授業を共通授業とし一緒に行っているのに加えて他の授業も一緒に行うことを計画している。

同校の高等部の授業選択は，大学と同じような自己の将来及び興味範囲に従ってほぼ選択式となっている。基本的に一条校の高等学校における授業は，大学進学に合わせたセンター試験のための学びとなっていることが多いが，SIS ではその原則を克服するべく生徒が自分の判断に基づいて生きていくための，自己が必要とした学びを実行できるようにしている。一条校においても国際基準に合った国際カリキュラムの下で学ぶことができる学校になるために尽力している学校である。

また他の研究指定校を見ても，以前よりクリティカルシンキング及び探究型教育等で教育研究に熱心に取り組んで来ている学校が選ばれている。国際バカ

ロレアの実践のためには，大変な労力を要する。教育熱心であり且つ教員の高度なレベルが求められている。

4 モンゴルにおけるケンブリッジスタンダード

1 モンゴルにおけるケンブリッジスタンダード導入のための取り組み

モンゴル国において，英語とモンゴル語におけるバイリンガル教育を推進し，初等中等教育を改善させるために，ケンブリッジスタンダードを導入すること

表2 ケンブリッジ実験校31校

No.	所在地	学校名
1	アルハンガイ県	「フムーン」第1番学校
2	バヤンウルギー県	第3番学校
3	バヤンホンゴル県	「ノモーン・ダライ」総合学校
4	ボルガン県	「エルドミーン・ウルグー」総合学校
5	ゴビアルタイ県	第1番学校
6	ドルノゴビ県	第2番学校
7	ドルノド県	「ハン・オール」総合学校
8	ドンドゴビ県	「エルドミーン・ダライ」学校
9	ザブハン県	「チャンドマナ・エルデネ」総合学校
10	ウブルハンガイ県	「メルゲド」学校
11	ウムヌゴビ県	第1番学校
12	スフバータル県	全中等学校
13	セレンゲ県	第4番学校
14	トゥブ県	「フムーン」総合学校
15	オブス県	「シン・イレードゥイ」総合学校
16	ホブド県	第1番学校
17	フブスグル県	「エルドミーン・ダライ」学校
18	ヘンティー県	第1番学校
19	ダルハンオール県	「オヨーニー・イレードゥイ」総合学校
20	オルホン県	第8番学校
21	ゴビスンベル県	第5番学校
22	ウランバートル市バヤンゴル区	第28番学校
23	ウランバートル市バヤンズルフ区	第14番学校
24	ウランバートル市バヤンズルフ区	第33番学校
25	ウランバートル市バガノール区	「ボロブスロル」総合学校
26	ウランバートル市ナライハ区	「ゴロムト」総合学校
27	ウランバートル市ソンギノハイルハン区	「イレードゥイ」総合学校
28	ウランバートル市スフバータル区	第45番学校
29	ウランバートル市チンゲルテイ区	第23番学校
30	ウランバートル市ハンオール区	第115番学校
31	ウランバートル市バヤンゴル区	第20番学校

日本とモンゴルにおける，教育の国際化に関する考察

表3 新スタンダード実験校9校

No.	所在地	学校名
32	ウランバートル市バヤンゴル区	第93番学校
33	ウランバートル市バヤンゴル区	「エルドミーン・ウルグー」総合学校
34	ウランバートル市バヤンゴル区	「モンゲニ」学校
35	ウランバートル市バヤンズルフ区	第44番学校
36	ウランバートル市ソンギノハイルハン区	第12番学校
37	ウランバートル市スフバータル区	第71番学校
38	ボルガン県	ヒシグ・ウンドゥル郡学校
39	ドルノゴビ県	ザミン・ウード郡学校
40	ザブハン県	トソンツェンゲル郡第1番学校

が決定。そのため実験校による試行が行われることとなった。ケンブリッジス
タンダードは基本的に全て英語で授業が実施されるインターナショナルスクー
ルにおけるスタンダードだが，モンゴル国では国のナショナル教育スタンダー
ドとして導入しようと試みた。

　ケンブリッジスタンダードの試行は，2つの方法によって行われた。一つは，
ケンブリッジスタンダード導入のために新設した3つのケンブリッジスタンダー
ド・パイロットスクールにおける試行であった。2010年9月からシン・エリン・
スクールで先駆けて行われ，続けて2011年10月からシン・エフレル・スクール，
モンゴル・テムーレル・スクールで行われた。

　2012年9月からは1県1校，合計で21校に加えてウランバートル市内の10
校を加えた全国のケンブリッジスタンダード校31校で，数学と理科に科目を限
定してケンブリッジスタンダードの試行が行われた[7]。

　モンゴル国全国にわたって実施され，国際スタンダード導入のための大規模
な試行であったのだが，政権交代もあり2013年3月には，実験校31校での試行
が取りやめられることとなった。(ケンブリッジスタンダードパイロットスクー
ル3校の試行は継続。)そしてモンゴル国独自の新しいスタンダード(新スタン
ダード。2014-2015年度学期より，初等教育課程のみであるが正式な教育スタン
ダードとなり，全校で実施されている[8]。中等教育については旧スタンダード及
びカリキュラムを使用継続。)のもと，全く新しい教育を行うことが決定した。
2013年度から，新しいスタンダードのもと教科書が作られ，新たに9校を加え
た40校で新スタンダードの試行が行われている。新たに加わった9校では初等
教育課程でのみ試行が行われている。

167

2　モンゴル国の教育カリキュラム改革について

　現行のスタンダードは2004年度に作られたものであり，2008年に期限が切れている。しかしながら2008年以降も教科書等が作られ続けた。初等教育方法改善のため，先進諸国の児童中心主義教育が推進されている。教育の持つ機能は「子どもを育てる」ことと，「学習させる」ことだが，「子どもを育てる」という面がおろそかになりつつあった[9]。

　2006年5月に出されたマスタープランでは，教育の質の向上に向けて特に先進国の教育水準に到達できるように，国の社会的文化的な価値を損なうことなく，教育の構造改革，訓練の内容を改善し，人間として生活保障しうるだけの内容を確保する，と表明している。教育の質の向上が教育改革の一番の目標とされてきた[10]。

　グローバル化の波を受け，モンゴル語と英語のバイリンガル教育を推し進めることで教育改革を行う試みが始まった。ケンブリッジスタンダードが多くの国々で導入されている点，英語で授業が行われる点，取得可能な大学入学資格や学習内容が国際的に認められ教育の質が保証される点，またスタンダードは教科ごとの導入が可能であり，学校運営が柔軟にできる（ケンブリッジのディプロマだけではなく，モンゴルの中等教育修了証も取得することができる。）という以上の点を評価し，ケンブリッジスタンダードを導入する運びとなった[11]。

　2012年4月13日にモンゴル教育科学省はケンブリッジ本部を訪問し，協定に署名[12]。最終的にはモンゴル国全土の初等中等教育課程において，ケンブリッジスタンダードをナショナルスタンダードとする教育を行うことを目標に，導入のための政策が推し進められた[13]。

3　ケンブリッジスタンダードとは

　5歳から19歳までの子どもたちを対象に，160以上の国，9000校以上で行われている[14]。2005年から始まったケンブリッジ国際検定（CIE: Cambridge International Examinations）という試験を受験し合格することにより，国際的に認められた大学入学資格を与えるというものである。ケンブリッジ大学の一部署のNPO団体「ケンブリッジアセスメント」が管理・運営を行っている。世界の30以上の省庁と提携を結んでいる。主に試験に関する助言等を行っている。教育課程は初等教育課程の5-11歳，中等教育課程の11-14歳，後期中等教育課程の14-16歳，大学準備課程の16-19歳に分かれている。

　CIEを受けることにより，国際的に認められている大学入学資格を取得するこ

168

日本とモンゴルにおける，教育の国際化に関する考察

とができる。大学入学資格の種類は大きく分けて3種類ある。IGCSE（International General Certificate of Secondary Education）国際中等普通教育証明書は，通常11年生のときに受ける。合格すると，O level（Ordinary Level）という資格を取得できる。その後，AS level（Advance Supplementary level）を12年生のときに，A level（Advance level）を13年生のときに受けるのが一般的である。

ケンブリッジスタンダードは，70科目（2013年7月時点）から自分の進路に合わせて選ぶことが可能であり，教科の選択には柔軟性がある。主題を理解し，知識を応用し，いかなる状況にも対処し，変化に対応できる柔軟性と責任を持ち，英語を運用することができ，他者に影響を及ぼすことができ，文化的自覚を持つことができる学習像を目指している。

4 実際の試行過程

（1）ケンブリッジスタンダード・パイロットスクールにおける試行過程

ケンブリッジスタンダードの試行は，2つの方法で行われた。まず始めにケンブリッジのために新しく設立した3つのケンブリッジスタンダード・パイロットスクールによって行われた。シン・エリン・スクール（New Era International Laboratory School），シン・エフレル・スクール（New Beginning International Laboratory School），モンゴル・テムーレル・スクール（Mongol Aspiration International Laboratory School）の中等教育課程のみを持つ，教育科学省直轄の国立普通教育学校3校で行われた。

初めに試行が行われたのは2010年9月のシン・エレン・スクール[15]で，他2校は2011年10月より試行が始められた。ケンブリッジのスタンダードとモンゴル語，社会科のナショナルスタンダードを組み合わせたカリキュラム設計となっている。教授言語は専ら英語，モンゴル語や社会科に関する授業に関してはモンゴル語で行っている。外国国籍の子どもたちも少数ではあるが通っており，ほぼインターナショナルスクールの形態を取っている。現在シン・エリン・スクールの全校生徒は160人，シン・エフレル・スクールは120人，モンゴル・テムーレル・スクールは40人となっている。ケンブリッジスタンダードである，1クラス20人以下というクラスの大きさを守ってクラス運営を行っている。学費は国が負担しており，通常であればケンブリッジスクールの学費は5,000-8,000ドルのところ，この3校は無償である。現在IGCSE，AS levelの試験のためのカリキュラムを導入している過程にある。

一番初めにケンブリッジスタンダードの試行が始まったシン・エリン学校で

169

は，70以上の科目の中から11科目を選択して教えている。初めの年は，選抜試験に合格した13人の教員と，8年生と9年生合わせた80人の生徒で授業が行われた。現在では7年生から12年生までの生徒たちが学んでいる。シン・エリン学校で行われる授業は，モンゴル語と英語両方で行うバイリンガル教育である。数学，化学，物理，生物は英語で，モンゴル語，地理，モンゴル文字，文学，現代社会はモンゴル語で行われている。学校は2部制ではなく，1部制で朝から夕方まで学校に通って授業を受けている。

モンゴル国ではケンブリッジスタンダード導入以前より，すでに2校のケンブリッジスクールがあった。私立のOrchlon school（オルチロン・スクール，1年間の学費50万円ほど）と，Ulaanbaatar Elite International School（ウランバートル・エリート・インターナショナルスクール，1年間の学費60万円ほど）の2校である。

私立のオルチロン・スクール[16]は，2008年度よりケンブリッジスタンダードとモンゴル語・社会科のナショナルスタンダードを組み合わせたカリキュラム

表4　オルチロン・スクールカリキュラム（2年生）

No.	授業科目	1学期 2a1/2a2	1学期 2b1/2b2	1学期 2c1/2c2	2学期 2a1/2a2	2学期 2b1/2b2	2学期 2c1/2c2	3学期 2a1/2a2	3学期 2b1/2b2	3学期 2c1/2c2	4学期 2a1/2a2	4学期 2b1/2b2	4学期 2c1/2c2	合計
	Approved by .... D.Batmunkh, Principal, Orchlon school													
	オルチロンスクール初等教育課程 (in hrs/week, hrs/year)													
1	モンゴル語	7	7	7	7	7	7	7	7	7	7	7	7	84
2	英語	5 5	5 5	5 5	5 5	5 5	5 5	5 5	5 5	5 5	5 5	5 5	5 5	120
		12	12	12	12	12	12	12	12	12	12	12	12	144
3	算数	5	5	5	5	5	5	5	5	5	5	5	5	60
4	英語で算数	3	3	3	3	3	3	3	3	3	3	3	3	36
		8	8	8	8	8	8	8	8	8	8	8	8	96
5	英語で理科	2	2	2	2	2	2	2	2	2	2	2	2	24
		2	2	2	2	2	2	2	2	2	2	2	2	24
6	英語	5	5	5	5	5	5	5	5	5	5	5	5	60
7	保健	1	1	1	1	1	1	1	1	1	1	1	1	12
8	市民教育	1	1	1	1	1	1	1	1	1	1	1	1	12
		7	7	7	7	7	7	7	7	7	7	7	7	84
9	体育	1	1	1	1	1	1	1	1	1	1	1	1	12
10	水泳	2	2	2	2	2	2	2	2	2	2	2	2	24
		3	3	3	3	3	3	3	3	3	3	3	3	36
12	音楽	1	1	1	1	1	1	1	1	1	1	1	1	12
13	美術・技術	1	1	1	1	1	1	1	1	1	1	1	1	1
		2	2	2	2	2	2	2	2	2	2	2	2	24
	週の時間	34	34	34	34	34	34	34	34	34	34	34	34	408

表5 オルチロン・スクールカリキュラム（10年生）

Батлав: .... "Орчлон" сургуулийн ерөнхий захирал Д.Батмөнх
オルチロンスクール後期中等教育課程
10年生

No.	授業科目	1学期				2学期				3学期				4学期(試験前)				4学期(試験期間)				4学期(試験後)				合計
		10a1	10a2	10b1	10b2	10a1	10a2	10b1	10b2	10a1	10a2	10b1	10b2	10a1	10a2	10b1	10b2	10a1	10a2	10b1	10b2	10a1	10a2	10b1	10b2	
1	モンゴル語	2		2		2		2		2		2		2		2						3		3		22
2	モンゴル文学	2		2		2		2		2		2		2		2						3		3		22
3	英語	6	6	6	6	6	6	6	6	6	6	6	6	6	6	6	6	8	8	8	8	6	6	6	6	152
		10		10		10		10		10		10		10		10		8		8		12		12		120
4	数学	5		5		5		5		5		5		5		5						5		5		50
5	IGCSE 数学	3		3																						6
6	AS 数学					3		3		3		3		3		3						3		3		24
		8		8		8		8		8		8		8		8		0		0		8		8		80
7	モンゴル史	3								3												2		2		10
8	社会科									3		3		3		3						3		3		18
9	保健					3		3																		6
10	市民教育	1		1		1		1		1		1		1		1						1		1		10
		4		4		4		4		4		4		4		4		0		0		6		6		44
11	物理	4		4		4		4		4		4		4		4		8		8		2		2		52
12	生物	4		4		4		4		4		4		4		4		8		8		2		2		52
13	化学	4		4		4		4		4		4		4		4		8		8		2		2		52
		12		12		12		12		12		12		12		12		24		24		6		6		156
14	体育	2		2		2		2		2		2		2		2						2		2		20
15	美術・技術	1		1		1		1		1		1		1		1						2		2		12
		3		3		3		3		3		3		3		3		0		0		4		4		32
16	世界史	4		4		4		4		4		4		4		4		8		8		2		2		52
17	ビジネス																									0
18	地理																									0
19	英文学	4		4		4		4		4		4		4		4		8		8		2		2		52
20	情報																									0
21	芸術デザイン																									0
		8		8		8		8		8		8		8		8		16		16		4		4		104
	週の時間	45		45		45		45		45		45		45		45		48		48		40		40		536

運営を行っており，モンゴル国，ケンブリッジ両方の中等教育証明書を取得可能である。モンゴル語と英語のバイリンガルスクールであり，生徒の98%はモンゴル人である。卒業生の70%は海外の大学へ進学し，その中の80%はモンゴル国に戻り活躍していることから，モンゴル国の国際的な有用人材の育成をスローガンにバイリンガル教育を行っている。O level 試験のために数学，英語，中国語，A level 試験のために 数学，サイエンス，言語，ヒューマニティの授業

表6　ウランバートル・エリート・インターナショナルスクール

| | | 2014-2015 Lessons & Hours | | | | | | | | | | | | |
| | | | | | | | | PRIMARY | | SECONDARY | | | HIGH | | |
No.	Branch	Lessons	1	2	3	4	5	6	7	8	9	10	11	12
1	ENGLISH	MAIN COURSE	6	6	6	6	6	4	4	4	4	5	5	5
2		MAIN COURSE ACTIVITY				1	1	1	2	2	2			
3		READING-WRITING						2	2	2				
4		ENGLISH LITERATURE										1	1	1
5		TOEFL/IGCSE/IELTS										2	2	2
6	MATH	MATHEMATICS	5	5	5	5	5	5	6					
7		ALGEBRA								4	4	4	4	4
8		GEOMETRY								2	2	2	2	2
9	SCIENCE	SCIENCE	2	2	2	2	2	2						
10			1	1	1	1	1	1						
11		BIOLOGY							1	1	1	2	2	2
12		CHEMISTRY								1	2	2	2	2
13		PHYSICS								1	1	2	2	2
14		ICT	2	2	2	2	2	2	2	2	2	2	2	2
15	SOCIAL	SOCIAL SCIENCE	1	1	1	1	1		1	1	1	1	1	1
16	SCIENCE	WORLD GEOGRAPHY							1	1	1	1	1	1
17		WORLD HISTORY							1	1	1	1	1	1
18		INTERNATIONAL BUSINESS											1	
19		ECONOMY												1
20	FOREIGN	TURKISH/RUSSIAN							2	1	1			
21	LANGUAGE	FOREIGN LANGUAGE							4	3	3	2	2	2
22	FINE ARTS	ART	1	1	1	2	2	1	1	1				
23		GUIDANCE	1	1	1	1	1	1	1	1	1	1	1	1
24		MUSIC	2	2	2	2	2	2	1	1	1			
25		TECHNICAL DRAWING									1	1	1	1
26		PHYSICSAL EDUCATION	2	2	2	2	2	2	2	2	2	2	2	2
27	NATIVE	LANGUAGE AND LITERATURE	4	4	4	4	4	4	2	2	2	2	2	2
28		MONGOLIAN SCRIPT									1			
29		GEOGRAPHY							1	1	1	1	1	1
30		HISTORY							1	1	1	1		
		TOTAL	27	27	27	29	29	29	35	35	35	35	35	35

（2011-2012年度，同学校はトルコ系会社所有の学校であるため，トルコ語の授業がある。）
出典：Ulaanbaatar Elite International School（URL: http://124.158.125.114/elite）。

を提供している。オルチロン・スクールでのケンブリッジスタンダードとナショ
ナルスタンダードを併用した学校運営の成功が，国レベルでの政策への原動力
となっている。

日本とモンゴルにおける，教育の国際化に関する考察

（２）普通教育学校・ケンブリッジ実験校における試行過程

　一方，2012 年 9 月から行われたケンブリッジ実験校 31 校（ウランバートル市
10 校，他県 21 校：1 県につき 1 校）の設置での試行は，初等教育課程機関と中
等教育課程機関が 1 つの敷地内にある，公立の普通教育学校[17] で行われた。実
験校では 3 年にわたってケンブリッジスタンダードの試行を行い，もし試行が
問題なく進めばモンゴル国内全ての普通教育学校において，2014 年度からケン
ブリッジスタンダードへ完全移行するという計画であった。

　試行は 1 学年の 1 クラスだけで，理科と算数（数学）の科目に限ってケンブリッ
ジスタンダードを導入するという形態をとり，教授言語はモンゴル語であった。
ケンブリッジスタンダード実験クラスに選ばれなかった他のクラスは，2004 年
に作られたスタンダードに基づいて作られた従来通りのスタンダードに基づい
て授業を行っていた。実験クラスではケンブリッジスタンダードにもとづいた
授業が行われることとなっていたが，現場に具体的な指示が出されていなかっ
たり，教科書の配布が間に合わなかったりなど試行は困難を極めた。

　ケンブリッジスタンダード実験校となっていた 20 番学校へ訪問した際[18]，ケン
ブリッジスタンダードの理科を主に担当していた教員に話を聞くことができた。

　（問）ケンブリッジスタンダードは，現場の教員に対してどのような説明がな
されたのか。

　（答）教員たちは数回，モンゴル教育科学省主催のセミナーに参加した。教員
たちに配布されたのは，Scheme of Work というケンブリッジスタンダードの授
業計画のモンゴル語訳のみで，英語のものをモンゴル語に訳したものをもらっ
たのだが，誤訳が多い。他に配布されたものはない。

　（問）教科書はケンブリッジが発行したものを使っていたのか。

　（答）教科書は発行が間に合わず（モンゴル語への翻訳），以前のカリキュラ
ムに即して作られたものを使用している。教科書は 4 月からケンブリッジ実験
校に配布される予定である模様。

　（問）ケンブリッジスタンダードの特徴としてどのようなものが挙げられるか。

　（答）ケンブリッジスタンダードの理科は実験が中心的な活動として行われ，
課題を提示し，課題に即して実験を行い，実験から法則を導き出すという流れ
になっている。モンゴル国での従来の理科の授業は，課題を提示し，課題を解
決するための法則を教え，法則が実際に正しいかどうか確かめるために実験を
行うという流れであった。子どもたちへの思考のさせ方が従来のもとと全く異
なる。実験をたくさん行って楽しい授業にしたいが，モンゴル国では実験器具

173

が不足しており困難な点が多くある。

5 ケンブリッジスタンダード導入の成果

　モンゴル国で昨年6月に行われた第6回目の総選挙では，野党であった民主党が勝利を収めた。前政権政党であった人民党は野党となった。ケンブリッジスタンダードのナショナルスタンダードへの導入政策は，前政権が打ち出した教育政策であったため取りやめる施策の対象となった。さらに6月の大統領選で現職のエルベグドルジ氏（民主党推薦）が再選を果たしたことが，施策の進行の追い風となった。

表7　新スタンダード実験校カリキュラ（2013-2014）

		1	2	3	4	5	6	7	8	9	10	11	12	合計
教科	国語	231	231	245	245	245	108	72	72	72	144	144	144	2421
	文学							72	72	72	72			
	モンゴル文字							72	72	36				
	歴史						72	72	72	72	72			962
	社会科						36	36	36	36	36	108	108	
	人と社会	66	98	105	35	70								
	保健				70	105	36	36	36	36	36	36	36	252
	人と自然													2754
	生物						72	72	72	108	108	180	70	
	地理							72	36	36	72	72	72	
	化学						36	72	72	108	144	180	72	
	物理						36	72	72	108	108	180	108	
	数学	132	165	175	175	175	144	144	144	144	144	180	144	1866
	美術	66	66	70	70	70	36	36	36					990
	技術						36	72	72	72	72	72	72	
	絵画									72				
	体育	66	66	70	70	70	72	72	72	72	72	72	72	846
	音楽	66	66	70	70	70	36	36	36	36				
	英語					105	108	108	108	108	108	108	108	851
	ロシア語							72	72	72				216
	情報						36	36	36	36	72	72	36	324
教科の全授業時間		627	693	735	735	910	936	1224	1188	2296	1188	2404	1042	11978
週平均の授業時間		19	21	21	21	26	28	34	33	37	33	35	28.9	
一日平均授業時間		3.8	4.2	4.2	4.2	5.2	5.2	6.8	6.6	7.4	6.6	7	5.8	
その他	市民・道徳	33	33	35	35	35	36	36	36	36	36	36	36	423
	総合学習	99	66	70	70	35	36							376
	選択科目						36	72	72	72	180	180	175	787
年間全授業時間		769	792	840	840	980	1008	1332	1298	1404	1404	1620	1253	13540
週の全授業時間		23	24	24	24	28	28	37	36	39	39	45	34.8	
一日の全授業時間		4.6	4.8	4.8	4.8	5.6	5.6	7.4	7.2	7.8	87.8	9	7	

表8　新スタンダード実験校時間割（2013-2014）

学年		1年生				2年生				3年生				4年生				5年生			
1週間		8	8	9	8	8	8	9	8	9	8	10	8	9	8	10	8	9	8	10	8
学期		1	2	3	4	1	2	3	4	1	2	3	4	1	2	3	4	1	2	3	4
教科	モンゴル語	7	7	7	7	7	7	7	7	7	7	7	7	7	7	7	7	7	7	7	7
	算数	4	4	4	4	5	5	5	5	5	5	5	5	5	5	5	5	5	5	5	5
	人と自然	2	2	2	2	3	3	3	3	3	3	3	3								
	美術・技術	2	2	2	2	2	2	2	2	2	2	2	2	2	2	2	2	2	2	2	2
	人と環境													2	2	2	2	2	2	2	2
	人と社会													1	1	1	1	2	2	2	2
	英語																	3	3	3	3
	体育	2	2	2	2	2	2	2	2	2	2	2	2	2	2	2	2	2	2	2	2
	音楽	2	2	2	2	2	2	2	2	2	2	2	2	2	2	2	2	2	2	2	2
週の授業時間		19	19	19	19	21	21	21	21	21	21	21	21	21	21	21	21	26	26	26	26
全学期の授業時間		152	152	171	152	168	168	189	168	189	168	210	168	189	168	210	168	234	208	260	208
1日の授業時間		3.8	3.8	3.8	3.8	4.2	4.2	4.2	4.2	4.2	4.2	4.2	4.2	4.2	4.2	4.2	4.2	5.2	5.2	5.2	5.2
1年の授業時間		627				693				735				735				910			
その他	道徳	1	1	1	1	1	1	1	1	1	1	1	1	1	1	1	1	1	1	1	1
	総合学習	3	3	3	3	2	2	2	2	2	2	2	2	2	2	2	2	1	1	1	1
週の授業時間		23	23	23	23	24	24	24	24	24	24	24	24	24	24	24	24	28	28	28	28
全学期の授業時間		184	184	207	184	192	192	216	192	216	192	240	192	216	192	240	192	252	224	280	224
1年の全授業時間		759				792				840				840				980			
1日の全授業時間		4.6	4.6	4.6	4.6	4.8	4.8	4.8	4.8	4.8	4.8	4.8	4.8	4.8	4.8	4.8	4.8	5.6	5.6	5.6	5.6

　2013年3月には，ケンブリッジ実験校31校でのケンブリッジスタンダード試行が，本年度いっぱいで停止されることが決定した。そしてモンゴル国独自の新しいスタンダードのもと，全く新しい教育が行われることが決定した。2013年9月の新年度から，新しいスタンダードの試行が実験校によって行われている。ケンブリッジスタンダードパイロットスクール3校は，そのまま引き続きケンブリッジスタンダードが行われることとなった。試行の規模が縮小したものの，ケンブリッジスタンダードの高評価に変化はない。

　新スタンダードの実験校として選ばれたのは，ケンブリッジスタンダード実験校であった31校に新たに9校を加えた40校。2013年の9月から今回は全学年，全教科で実施[19]。

　但し，ケンブリッジスタンダード実験校でもあった31校では小・中・高全ての課程において実験校用のスタンダードのもとに授業を行うが，新しく加わった新スタンダード実験校9校においては，初等教育課程のみ実験校用のスタンダードを用いて授業を行う。

　新スタンダード実験校のカリキュラムの具体的な内容として，実験校ではな

表9 普通学校時間割（2013-2014年度）

		1	2	3	4	5	6	7	8	9	10	11	12	合計
教科	準備教育	80												80
	国語	224	224	238	238	238	175	70	70	70	140	140	140	2352
	文学							70	70	70				
	モンゴル文字							70	70	35				
	歴史							70	70	70	70			827
	社会科							35	35	35	35	105	105	
	人と社会				34	34	35							
	保健	84	96	102	34	34	35	35	35	35	35	35	35	407
	人と自然				34	68	70							
	生物							70	35	35	70	70	70	1736
	地理							70	35	35	70	70	70	
	化学								70	70	70	70	70	
	物理							35	70	70	70	70	105	
	数学	112	160	170	170	170	175	140	140	140	140	140	140	1797
	美術	56	64	68	34	34	35	35	35					
	技術				34	34	35	70	70	70	70	70	70	670
	絵画									70				
	体育	56	64	68	68	68	70	70	70	70	70	70	70	814
	音楽	56	64	68	68	34	35	35	35	35				430
	英語						68	105	105	105	105	105	105	803
	ロシア語								70	70				210
	情報						35	35	35	35	70	70	35	315
教科の全授業時間		668	672	714	714	782	805	1085	1120	1120	1015	1015	1015	10725
週平均の授業時間		20.9	21	21	21	23	23	31	32	32	29	29	29	
一日平均授業時間		4.18	4.2	4.2	4.2	4.6	4.6	6.2	6.4	6.4	5.8	5.8	5.8	
学校科目	市民教育	28	32	34	34	34	35	35	35	35	35	35	35	407
	選択科目	28	32	34	34	34	35	70	70	70	175	175	175	932
	総合学習			34	34	34	35							137
年間全授業時間		724	736	816	816	884	910	1190	1225	1225	1225	1225	1225	12201
週の全授業時間		22.6	23	24	24	26	26	34	35	35	35	35	35	
一日の全授業時間		4.5	4.6	4.8	4.8	5.2	5.2	6.8	7	7	7	7	7	

い学校と比較して以下のものが挙げられる。一番の特徴は，市民教育という科目に道徳が加えられ，総合学習の時間は1年生からの実施となり，時間数が大幅に増えているという点である。

　新スタンダード実験校のカリキュラムは，ケンブリッジスタンダードカリキュラムとは全く別のものとされているが，ケンブリッジスタンダード及び日本のカリキュラムを参考にしているものが多い。ケンブリッジスタンダード導入の成果として挙げられるのは，モンゴルが多少なりとも国際基準に近づくための

きっかけとなったことである。

おわりに

　日本における国際バカロレアの導入，モンゴルにおけるケンブリッジスタンダードの導入について紹介してきたが，どちらも共通して言えるのは，自国のカリキュラム改善のために国際カリキュラムを利用し，大学進学時において世界へ進出できるような学生の輩出を目指しているということである。そのために解決すべき課題は多いが，何より将来の発展に資する人材育成のために尽力すべく取り組まれている。国際バカロレアのカリキュラムもケンブリッジスタンダードも両方国際的に活躍できる人材を育成するという点では一致している。ただ，ケンブリッジスタンダードの方がカリキュラム構成に柔軟性があるため認定校数は多い。

　自国のカリキュラム改善のために国際カリキュラムが利用されている例は数知れない。日本，モンゴルのみならず，特にアジア地域にかけて大きく拡大しつつある現状がある。グローバル化に伴い，国際カリキュラムの存在を無視できなくなっている。「英語」を使ったカリキュラムを修了し，ディプロマを取得することが，国内のカリキュラムを修了し国内のディプロマを取得したものよりも高度なレベルにあるという暗黙の了解が拡大しつつある。しかし国際化を重視するあまり，一国民としての教育がおろそかになるという点は否定できない。日本においてもモンゴルにおいても，国際カリキュラム導入の学校に通っている子どもの母国語能力及び母国に関する理解が不十分になっているという現実がある。ただ，現在カリキュラムの国際化は避けて通れないものとなった。母国に対する理解を尊重するとともに，国際性豊かなカリキュラム内容を取り入れていくことが必要である。

　日本の国際バカロレアの拡大は，DPの2科目が日本語による教授が可能となりまた公立学校における取り組みも拡大していることから，今後は試験受験言語に日本語を追加させ，日本語によって国際バカロレアのディプロマを取得し世界へ進出できるような環境を作るために，より一層発展していくものとみられる。モンゴルのケンブリッジスタンダードに関しては，ケンブリッジ大学との協定が終了していなく，実験を中止した今となってもなおアセスメントにかかるケンブリッジからの協力もあることから，今後は私立学校及び国立特別学校での実施拡大を目指していくものとみられる。今後の両国のカリキュラムの

国際化に引き続き注視していくこととしたい。

註

1 浅沼茂，高野文彦編『国際バカロレアの研究・研究プロジェクト報告書』（東京学芸大学海外子女教育センター，1998 年，pp. 25-40）。

2 国際バカロレア機構（URL: http://www.ibo.org）。

3 文部科学省（URL: www.mext.go.jp）。

4 同上。

5 「都立国際高等学校に来年度開設，英語による国際バカロレアコース」（『海外子女教育』海外子女教育振興財団，2014 年，p. 42）。

6 関西学院千里国際高等部（URL: http://www.senri.ed.jp）。

7 "Боловсролын салбарын 2011-2012 оны хичээлийн жилийн статикийн мэдээллийн эмхтгэл (1)", Боловсрол Соёл, Шинжлэх ухааны яам, Улаанбаатар, 2012.

8 『ウンデスニー・ショーダン』（[モンゴル語] 2014 年 8 月 20 日）。

9 小出達夫「モンゴル・人と教育改革（7）：社会主義から市場主義社会への移行期の証言」（『北海道大学大学院教育学研究院紀要』北海道大学教育学研究院，2011 年，pp. 27-58）。

10 浅沼茂「最近のモンゴル教育改革について」（日本国際教育学会紀要編集委員会『国際教育』第 13 号，2007 年，pp. 103-105）。

11 "Educated Mongolian – Education, science sector quality reform program 2012-2016 ", Ministry of Education and Science of Mongolia, 2012.

12 モンゴル教育科学省（URL: http://www.meds.gov.mn）。

13 *Монголын Боловсролыг 2006-2015 онд Хөгжүүлэх Мастер Төлөвлөгөө*, Монгол Улсын Засгийн Газар, Улаанбаатар, 2007.

14 CIE（URL: http://www.cie.org.uk）。

15 シン・エリン学校取材（2013 年 3 月 20 日，3 月 23 日。英語教師に対して）。シン・エリン・スクール（URL: http://www.newera.edu.mn）。

16 オルチロン・スクール取材（2013 年 10 月 3 日。副校長に対して）。Orchlon school（http://www.orchlon.mn）。

17 JICA『モンゴル国・工学系高等教育情報収集・確認調査・最終報告書』（2013 年，pp. 40）。

18 20 番学校取材（2013 年 3 月 20 日，10 月 2 日理科教師とマネージャーに対して）。

19 "Бага боловсролын үндэсний шинэчилсэн сургалтын хөтөлбөрийн туршилтын удирдамж (Лаборатори сургуулиудад хэрэгжүүлнэ)", Боловсрол Соёл, Шинжлэх ухааны яам, Улаанбаатар, 2013.

日本とモンゴルにおける，教育の国際化に関する考察

参考文献

（モンゴル語）

Монголын Боловсролыг 2006-2015 онд Хөгжүүлэх Мастер Төлөвлөгөө, Монгол Улсын Засгийн Газар, Улаанбаатар, 2007.

"Боловсролын салбарын 2011-2012 оны хичээлийн жилийн статикийн мэдээллийн эмхтгэл (1)", Боловсрол Соёл, Шинжлэх ухааны яам, Улаанбаатар, 2012.

"Educated Mongolian – Education, science sector quality reform program 2012-2016", Ministry of Education and Science of Mongolia, 2012.

"Бага боловсролын үндэсний шинэчилсэн сургалтын хөтөлбөрийн туршилтын удирдамж (Лаборатори сургуулиудад хэрэгжүүлнэ)", Боловсрол соёл, Шинжлэх ухааны яам, Улаанбаатар, 2013.

（日本語）

浅沼茂，高野文彦編『国際バカロレアの研究・研究プロジェクト報告書』（東京学芸大学海外子女教育センター，1998 年）.

浅沼茂「最近のモンゴル教育改革について」(日本国際教育学会紀要編集委員会『国際教育』第 13 号，2007 年).

小出達夫「モンゴル・人と教育改革（7）－社会主義から市場主義社会への移行期の証言」(『北海道大学大学院教育学研究院紀要』北海道大学教育学研究院，2011 年).

JICA『モンゴル国・工学系高等教育情報収集・確認調査・最終報告書』(2013 年).

関西学院千里国際中等部・高等部取材.

文部科学省（URL: http://www.mext.go.jp）.

モンゴル教育科学省（URL: http://www.meds.gov.mn）.

CIE（URL: http://www.cie.org.uk）.

IB（URL: http://www.ibo.org）.

Ulaanbaatar Elite International School（URL: http://124.158.125.114/elite/）.

Orchlon school（URL: http://www.orchlon.mn）。

オルチロン・スクール取材（2013 年 10 月 3 日。副校長に対して）.

シン・エリン・スクール（URL: http://www.newera.edu.mn）。

シン・エリン学校取材（2013 年 3 月 20 日，3 月 23 日。英語教師に対して）.

20 番学校取材（2013 年 3 月 20 日，10 月 2 日理科教師とマネージャーに対して）.

「都立国際高等学校に来年度開設，英語による"国際バカロレアコース"」(『海外子女教育』，海外子女教育振興財団，2014 年).

179

内モンゴル東部地域における教育の一考察
：ホルチン左翼後旗を中心として

ボヤント

（Sedorjiin Buyant）

はじめに

　現代中国で，1957年の「反右派闘争」と1958年の「大躍進運動」が相次ぎ行われ，続いて1960年になって「新三反運動」，また1964年に「四清運動」が行われた。内モンゴル自治区でも例外なくそれらの運動が行われた。1964年，内モンゴル東部地域のホルチン左翼後旗（以下は「後旗」とする）における教育[1]システムの一つの機関であるガンジガ第一中学校（甘旗卡第一中学校，以下は「一中」と略記する）で，「民族分裂案件」が発生した。この案件は1964年に発生してから1969年まで，5年以上も続いた。現地調査によると，後旗の人々，政府，社会がこの案件を殆ど一律に「民族分裂案件」と「公式的」に認識しているが，その認識と事実との間にかなりの距離がある。本稿では，この案件の発生原因と過程，および結果を論じて，いわゆる民族区域自治制度が内モンゴル東部地域の後旗における教育にどのような影響を与えたのか，中共後旗委員会は，後旗のモンゴル教育に対しどのような態度であったか，これらの問題を一環として，後旗における現地調査および当時の後旗に関する一次資料である公文書を用いて，後旗における教育の歴史的背景と政治的背景を論述し，中共後旗委員会や中共ジリム・アイマッグ委員会から「民族分裂案件」と定義された案件の実態を検討する。

　この案件はモンゴル人への教育に大きな影響を与え，さらにそれによって後旗の教育に関する様々な問題が歪曲され続けた。本稿において「民族分裂案件」の問題を解明することは，既存の民族問題研究と内モンゴル東部地域における

181

文化大革命の背景に関する研究の空隙を埋め，今後の研究の端緒としても有意義なものとなろう。

1　歴史的・政治的背景

1　日本人と後旗におけるモンゴル教育の概略

（1）中国側の研究で，内モンゴル地域の教育，とくに東部地域の教育は1949年10月1日からスタートした，と公式に定義されている。資料によると，旧中国（1949年10月より前のこと）では，少数民族と民族地区における教育が十分後れていた。新中国が成立する前に，内モンゴル地区に僅か19校の中学校があって，1600校の小学校があった。そして，新中国が成立した以後，党と国家は，少数民族と民族地区の教育に対して，その地区の状況に対応する教育方針，政策を設置し，経済的に手を貸して，少数民族の教育を指導の上，管理機関を設置し，少数民族の教師を養成した，40年間の努力によって，少数民族の教育事業を空前に発展させた[2]，と評価し，または，我が国における55個の少数民族の教育事業の基礎が良くなく，数多くの少数民族の教育事業が解放以後こそ発展した，ある少数民族の教育事業はゼロから始まった[3]，との定義もあって，「解放前」の事実を否定している。

　後旗における近代教育は，1905年のメーリン・シボ（麦林希伯）学校（モンゴル人の生徒のみ受け入れる）が学校として最初のものとして始まった。この学校は，メーリン（当時の行政職務）であるウリジ・バヤル氏の住宅を校舎として設立され，ウリジ・オチル氏が校長（学監）になった[4]。1908年に，チャント（昌図府の郊外）のワンイーン・ホロ（スン・ワン，僧格林欽王の府）の付近で，一つの小学校（小学堂）が建てられ，モンゴル人生徒と漢人生徒を募集していた。課程には，「修身，歴史，地理，算術，読経，体操」など6つがあった。そして，1925年に，この学校は農科初級中学校に改められた。同年に，メーリン・シボ漢学校を旗立小学校に変えて，モンゴル語，国語，算術，歴史，地理，博物，唱歌，図画，体操の9つを課程とした。しかし，その時代の学校では，ほとんど王公たちの子供やその親戚の子供たちが主な生徒であった。調査によると，今日の後旗において，田舎や村で暮らしている年寄りの人々，80代の老人のほとんどが青年の時代に，日本語を勉強した経験がある。また，1947年から1982年までに行なわれた様々な政治的運動の中で，迫害されなかった人々はほとんどいなかった。その共通の原因は，満州国時代に彼らは日本に留学し，

182

或いは日本軍（満州国軍人）に参加し，日本学校で教師として働いた経験があり，日本の僧侶と何かの関係があるなど，日本人と繋がっていたことであった。そして，各時期の次から次へと行なわれた政治的運動で，中共後旗委員会や中共ジリム・アイマッグ委員会によって，彼らは「日本国の特務，日本人のスパイ，日本軍人，売国奴，裏切り者，反徒，逆徒，日本鬼子の手先，日本人の子供」などと名付けられ，多かれ少なかれ拷問され，迫害された。

　1932 年 3 月，新京（今の長春市）で満州国が成立して，その秋に後旗は，「東科後旗」と言う名前となって，満州国に属された。旗の所在地は，ジリガラン鎮であり，エリデンビルゲ（包善一）氏が旗長に任命された[5]。満州国時期に，興安省の行政機関は，ある程度のモンゴルの土地を開墾し，財政収入を増加させたことがある。しかし，その代わりに興安省政府は，その時代のモンゴル王宮と協議して，モンゴル地域に近代的な学校を建て，モンゴル人の子供たちに教育を受けるチャンスを与えた。1933 年，後旗で日本人によって，二つの小学校が建てられ，それを「国民小学校」と「優秀小学校」とそれぞれ名付けた。一つは，東科後旗（科左後旗）の旗府の所在地であるジリガラン鎮での「第一初級小学校」であり，ウンドス（温都蘇，包喜春）氏が校長となった。もう一つは，公司五家子村での「第二初級小学校」であり，トグタフ（陶克図呼，包治平）氏が校長を務めた。のちの 1937 年に，満州国の興安省がこの二つの学校を初級小学校と高級小学校に改めて，同年の 5 月に，初級小学校を「国民学校」（公司五家子村で）と，高級小学校を「国民優秀学校」（ジリガラン鎮で）と，それぞれ名付けた。ジリガランの「国民優秀学校」の生徒は 611 名で，その中，優秀クラスが 4 個，国民クラスが 8 個，教師が 11 名であった。サーリンガ氏（薩楞阿，或いは張天恵）が校長であった。そして，日本人の栗山清利氏が主事を務めていた。1939 年に満州国興安南省がこの学校を「省実験初等学校」と指定した。その一方，その他のヌタッグ（旗の下級行政機関，「区」とも言う）でも，学校が建てられ，1939 年になると，16 校の小学校（各ヌタッグ当たりに 1 学校）が建てられ，その中，9 校は優秀クラスを設置し，日本語を「国語」として，モンゴル語と漢語を「満州語」として学習していた[6]。1945 年 8 月 15 日までには，後旗で，各ヌタッグに 1 ヵ所の学校があって，「国民優秀学校」が 10 校，「国民学校」が 5 校あって，教師の人数が 117 名で，生徒が 3,704 名であった[7]。このように後旗及びその他の旗での近代教育システムが建てられた。即ち，内モンゴルの東部地域における近代教育システムは，その時代に日本人によって建てられた。第二次大戦後，内モンゴルの東モンゴル自治政府が内モンゴル自

183

治区人民政府になってから，「解放以来，党と政府がモンゴル族に対して数多くの学校を建て，モンゴル族が平等に教育を受けるようになった」と言う公式な定義がある。実はその「数多くの学校」は満州国時期に建てられた「国民学校」の名前を変更させたに過ぎないのである。更に，中国側の研究での，「1949年10月から1966年5月までの17年間は，内モンゴルの民族教育の黄金時代であった」という定義は疑問であると考える。

1938年の秋，満州国政府の興安局は，長春市にモンゴル人に対する「土地奉上」を執行する大会を開催し，各旗の王公を招待した。会議で，ボヤン・マンダフ氏は，明朝と清朝時代に統治者たちがモンゴル人に対して行なった愚民政策を非難し，教育の重要性を説いた。そして興安局は，蒙民厚生会（モンゴル人に対した厚生会）の具体的な事業を興安南省の省長である寿明阿氏と民政庁の長官であるマーニ・バダラ氏に担わせた。満州国政府はモンゴル旗から借りた土地で農業を営み，その代わりに「報酬金」として毎年300万元を払い，その半分をモンゴル人に対しての厚生事業に使い，学校をつくり，農業，牧業，医学などの人材の育成に使っていた。それ以外に，国内の学生や留学生の奨学金，災害救済，ラマの祭事などを補助していた。例えば，それらの振興事業の中で，ワンイーン・スム（王爺廟）での「育成学院」と後旗のエケ・タラ（伊胡塔拉）での「産業技術学校」が有名であり，モンゴル人社会のために技術者を育成していた。以上の二つの学校の経費，教職員の給料，生徒たちの衣食，寮費などは，蒙民厚生会が提供していた。これ以外に，蒙民厚生会は，モンゴル人生徒やモンゴル人学生に対する補助金を確保し，モンゴル人の留学生であれば，毎月60元の奨学金を発給し，高校に合格したモンゴル人の生徒に対して毎月40元の奨学金を発給していた。またワンイーン・スムに，「皮革工場」を建て，職員はすべてモンゴル人であった。蒙民厚生会は，モンゴル人社会に対して，1944年に200万元を使い，チンギス・ハーン廟を建てた[8]。また，1939年4月1日に，満州国東科後旗公署は，当時の旗府＝ジリガラン鎮の広福寺大廟の西北に日本の近代教育的性格のラマ学校をつくった。校長は，後旗から日本の京都にある知恩院に留学したドロム・ラマの仁忠であり，日本の吉田三朗ラマが教務官であった。100名以上の児童ラマに，満州国の小学校の教科書で教えられていた。主な授業には，モンゴル語，日本語，美術，体操，絵画，音楽，労作などがあった。そのラマ校の生徒の8人が日本の和歌山，高野山，京都の知恩院，比叡山などに留学させられた[9]。これらの事が満州国と後旗の社会の間や日本人とモンゴル人の間に，ある程度の信頼感を生みだした。後に，後旗が「新中国」に属する

ことになり，社会主義の道へ歩んだが，そのイデオロギーはまだ殆ど社会主義化されていなかったのであった。

　(2) 1955 年に，後旗の人民政府がジリガラン鎮からガンジガ鎮へ移動し，1958 年 9 月 3 日にガンジガ第一中学校（一中）を建てた[10]。すなわち，後旗は中国共産党政権によって，社会主義・共産主義の道を歩み，10 年余りの年月を経て，一つの高級中学校が建てられたのであった。しかし，資料によると，学校をつくることにおいて，政府は「指示」を出したが，あまり出資しなかった。「当初は，モンゴル人生徒と漢人生徒を募集し，『蒙・漢合校』であった。5 個のクラスと 18 名の教師がいて，副教務主任はヤンツンジャブ氏であった。校舎が足りないため，1960 年 7 月 16 日から 10 月 4 日まで，副教務主任のジリガラ氏が，教師であるズルヘ氏，オルト氏と一緒に百人あまりの生徒を連れて，ガンジガ鎮の東にあるハフハ村付近で，4 万個の煉瓦をつくり，校舎を建てた。毎年春になると，教師と生徒が耕作し，水路を造り，畑で働いて，夏に畑の草を刈り取り，井戸を掘り，南河谷を整理する。秋に野菜を収穫し，冬にアルガル（牛のフン）を拾い，ホゥルスタイ・ハック（北湖）から蘆を運んだ。授業以外に，重い労働を荷わされて，活気を失っていた」[11] というプロセスで建てられた。

　1958 年までの，各ヌタッグや村での，小学校の状況について，歴史の資料や政府の公文書に書かれているが，殆どの学校は寺院を中心とした「伝統」学校や，満州国時代に建てられた各ヌタッグの学校と「国民学校」を基にして作られた学校であった。後旗政府には，1949 年の「後旗における学校の統計」があるが，政府の出資によりつくられた新しい学校の資料はなかった。一中は，モンゴル出身の教師とモンゴル人の生徒を中心として，後旗におけるモンゴル教育の枢軸である。1947 年以降，後旗の政府と党委は，「土地改革」，「三反運動」，「社会主義改造と社会主義建設」，「反右派闘争」，「大躍進」と「人民公社化」などの政治的運動に主な力やエネルギーを注いで，モンゴル人社会の教育に対しては殆ど何もしてないに等しい。1957 年から続いた「反右派闘争」と「大躍進運動」及び「人民公社化」運動が 1961 年末に大々的に展開されて，それが 1960 年からの「新三反運動」と 1964 年の「四清運動」に継続されて，1966 年の「文化大革命」に引継がれたのであった。後旗におけるモンゴル学校の教師たちは，元々満州国の近代教育を受け，日本人との関係などがあるが，1964 年までは徹底的に「粛清」されていなかった。後旗の教育機関においての「民族分裂案件」は，後旗における「反右派闘争」と「大躍進運動」がほぼ終わって，「文化大革命」

が始まる前のことであった。

2　政治的背景

(1) 1960 年 5 月 18 日，中共中央委員会は，「農村において『三反』運動を展開する指示」[12] を発布し，「三反運動」が行われた。運動の原則には，「我々幹部の陣営に隠れている地主，富農，反動分子，悪い分子などを必ず摘発し，一律に粛清し，党内に混入したのを党から排除し，法律的に制裁すること。処分を受ける人数を概ね総人口の 3％以下にして，免職する人物と，党籍を取り消しする処分を 1％に抑えること」[13] と指定した。この背景で，1960 年 6 月 28 日，中共内モンゴル自治区委員会の「三反指導小組」は，「三反運動中における若干の問題に関する意見」[14] を公布し，「農村での範囲には，公社と管理区の幹部，小隊の隊長，会計，管理員，保管員などを含める。小，中学校（教師と職員）は，一律に『三反』運動に参加しないことである。高等学校と各幹部学校の教師と職員は，短期訓練を受ける。参加させる幹部の比率に関して，中央の指示と同じく 3％とする」[15] と明確に示した。これらが，当局が始めに教育に対して指示したことであった。そして，当局が後旗の現代教育のソフト面で，教師や生徒たちの思想をクリアする運動が始まった。

従って，1962 年 1 月 29 日，中共内モンゴル自治区委員会は，「農村，牧畜区で社会主義教育を深く続けることに関する意見」[16] を出し，「農村と牧畜区における幹部，党員，農民，牧民が含まれる」ことになった。さらに，同年の 12 月 27 日に，「今冬明春に農村に整風，整社事業を行う通知」[17] を出し，「農村の幹部らと党員を整理し，公社や大隊を整理する」ことになった。その結果，その運動が後旗の「一中」にも向けられた。さらに，1963 年 4 月 2 日，中共内モンゴル自治区委員会は，「1963 年に高等学校の入学試験に出願する高校生に対して，政治審査を行う通知」[18] を出し，生徒の家庭出身が「地主，富農，反動分子，悪い分子，右派分子であれば，「清浄な歴史」ではないため，試験に参加させないことになった。

(2) 周知の通り，1962 年 9 月の中国共産党第八次十中全体会議で，毛沢東は「階級闘争を絶対に忘れるな（千万不要忘憶階級闘争）」という呼びかけを行ない，全国で社会主義教育が行われた。そして，翌年の 2 月に，中共中央の会議で，毛沢東が「修正主義」を防止することを呼びかけ，「四清」運動が行われた。その結果，中共後旗委員会（「旗委」と省記する）社会主義教育事務室は，1963 年

内モンゴル東部地域における教育の一考察

写真1　ガンジガ第一高校（「学校誌」の表紙，2009年10月3日　筆者撮影）

8月から11月にかけて，「『四清』を綱領とする社会主義教育によって，公社の幹部と各大隊の幹部を整理した」[19]のであった。その一方，後旗における直属機関，公営企業，小中学校の教師や職人に対して，「粛反，整理」事業を行っていた。また，1963年11月15日から「全旗においての粛反，整理事業の計画に関する意見」を出し，「過去に粛反，整理されなかった機関や学校に必ず1963年に探りを入れ，対象となるものを列挙し，1964年に徹底的に粛清する」[20]ことになった。この計画に，一中の教師，生徒，職員が含まれた。そして，1960年から1964年にかけて，後旗の社会では様々な運動や政治的活動が交錯して，人間関係が非常に複雑であった。その上，「反右派闘争」や「大躍進運動」による餓死事件や自殺事件と貧困問題，1959年の「チベット事件」の宗教に関係する影響などが交錯し，社会に恐怖の気分が漂ったのである。

2　一中における「民族分裂集団」案件のプロセス

1　生徒のラントゥー（趙・朗頭）氏と劉国卿氏

1961年8月，旗委には，上級の政策に対応して一中に党支部を建てる計画があった。そして，宣伝部の副部長であったデルゲル・サン氏を一中の校長として派遣し，ズルヘ氏を中共一中団総支部書記として派遣した[21]。ラントゥー氏は，1961年9月に，一中の高校一年第1クラスに入学し，班長（クラス長）になり，同級生の間で協議して，モンゴル族の将来のために，誰が何をするかと

187

写真2　ラントゥー氏（2009年10月4日，筆者撮影）

いう問題提起もして，各人に物理学，化学，数学，歴史などの科目をそれぞれ「任務」として分担させて，一緒に頑張っていくつもりだった[22]。

　1962年10月上旬，一中の党支部の命令で団総支部委員会は，全クラスの団支部書記を改選することになった。しかし，ラントゥー氏のクラスで選ばれた支部書記は，団総支部書記と担任の先生がすでに定めた候補者ではなかった。このことが「民族分裂案件」（以下は「案件」と略記する）が発生した導火線であった。なぜならば，ラントゥー氏がクラスの生徒たちを説得して，団支部書記の「選挙」を自分の考えた通りの結果としたからである[23]。

　当時，ラントゥー氏の担任の先生であった劉国卿氏に対するインタビューによると，彼は，「各クラスにおける団書記は，一貫して党支部書記の『接班人』であり，党支部からの指導に無条件に『服従』し，党に対し非常に忠誠である人物によって担うことが常識であった。当時，私は若くて，共産党の各級機関に関する『規則』を十分に理解していなくて，未経験であったため，生徒とともに一致し，団総支部書記と喧嘩した。それが団総支部書記の怒りの元になった」と語った。さらに，1964年2月，副教務主任であったヤンツェン・ジャブ氏が旗委による「四清」運動に参加し，「社会主義教育」を受け，一中で，革命の伝統においての教育が行われ，同時に教師や職員の家族の歴史と村での出身の歴史に関する活動も行われた[24]。このように，党支部を設けて，団支部書記らを改選する変遷の中で，劉国卿氏と生徒のラントゥー氏の動機や言論は，当局の事業に差し障る対象となった。

2 ラントゥー氏の動機

筆者は，2009年9月，現地調査に行き，ラントゥー氏にインタビューした。彼は「高校の時，モンゴル人民共和国の総書記であったツェデンバル氏が内モンゴルへ訪問したことを聞いて，心が温まる思いがし，また，当時私の読んだある本の最後に『ハルハ・モンゴルとウブル・モンゴルは，一つの祖先である，同じ民族である為，何時か合併するはず。この任務を未来の青年たちに託す』と書かれていた。この文の深い意味は，その『任務』を我々青年に頼んでいるから，我々が必死に頑張って，モンゴル人の将来のために何かできると思って，クラス・メートの間で話題にしていた」と言った。

当時（1962年10月）の団支部書記の選挙について聞くと，彼は「元団支部書記は，一中の団総支部と秘密の関係を結び，クラスの内部のことを密告していたことを皆で察知した。そして，選挙する際，皆で元の団支部書記へ投票しなかった。その上，担任の劉先生（劉国卿）も我らと親しんだが，元の団支部書記とはあまり親しくなかった」と語った。これについて，劉国卿氏は「我がクラスで行った団支部書記選挙の結果が，一中の庭で『爆弾の様なニュース』になった。そして，私と総支部書記との関係が微妙になり，総支部書記が私に不満をもった上，ラントゥー氏のせいであるとも感じた。書記が私からクラス長であるラントゥー氏の動機について聞くと，私は当時若かったため，身分が高い書記と喧嘩した。のちに，我がクラスの生徒たちが私に対して『外モンゴルと内モンゴルは，なぜ合併しないのか』，『中華の華と言う文字が漢人を代表しているかどうか』，『現在，民族が真に平等であるか』などの質問をした。私はこれらのことを学校のデルゲル・サン校長とヤンツェン・ジャブ教務主任に報告した」[25] と書いている。

また，「当時，我がクラスで，数件の『政治事件』が発生した。黒板に『彭徳懐万歳！』，『オラーンフー万歳！』，『×××は，空虚な理論家である』と誰かによって書かれていた。これは自然に『階級闘争』において，積極分子たちの密告する材料になった。これらのことが上級へ報告されたかもしれない。その時，国際情勢も緊張していて，1963年4月，後旗の宣伝部長が一中に来て，専ら民族問題についての報告をし，学校の指導者がクラスに行き，討論させていた。生徒たちは非常に緊張して，指導者に対して『熱烈』ではなかった。のちに，1963年末に，公安局がもう一つの『民族分裂案件』（白長水氏の民族分裂案件）において，捜査を行い，ラントゥー氏も連座させられた。白長水氏は，ラントゥー氏と親しい関係があるため，生徒のラントゥー氏も公安局に呼ばれ，色々

拷問された」[26]と書いている。

3　恐怖の夏休み

　旗委は，一中に党支部を設けた以後，人々に対して詳しく監察する事になった。「1964 年の 7 月，学校から既に通知を出し，全体の教師と職員及び高三クラスが休みなしに政治運動を行うこととされた。7 月 22 日に，学校の書記と校長が政治運動を開始する動員指令を出し，『民族分裂集団』と闘争する政治運動を開始し，公安局，検察庁，裁判所の工作組が学校に駐在した。23 日にアイマッグからも工作組（盟工作組）が派遣され，『民族分裂集団』を摘発するために，学校に駐在した。そして，二つの高三クラスの生徒を合わせて，報告を聞きながら皆で討論し，学校全体で昼夜をおかずに『民族分裂活動』に対して『開戦』した。二つのクラスの担任であった私とジョド（紹道）氏が工作組によって，学校やクラスから疎外され，他の人物がクラスを担任した。私は旗政府の教育課に呼ばれて，中学校の試験データを集計させられることになった。

　そして，4，5 日後，ガンジガの映画館で，全教師と生徒及び旗委，政府の幹部らが集まって，『民族分裂集団』を批判する大会議を行った。私も呼ばれて参加させられた。会議の主催者により選ばれたツァガン・ショブー氏が高三第二クラスに関する『ラントゥー民族分裂集団』を摘発させた。2 年の間，担任教師として教えたクラスが『民族分裂集団』になり，とくに，一番賢くて可愛い，信頼があるクラス長のラントゥー氏がボスにされたことを思い起こして，非常にくやしくて，つらかった」[27]と劉国卿氏は書いている。それによって，この事は後旗全体の幹部らへイデオロギー「教育」するサンプルになった。

　筆者が 2009 年 10 月，ガンジガ鎮に行き，劉国卿氏と会った時，彼はこの「案件」について資料を渡しながら，「幸いなことは，当時のいわゆる『民族分裂集団』の生徒たちが一貫して，担任であった私をその集団のメンバーとして摘発しなかったことだ。運動が終了する際，私に対して，指導者たちからの結論は『集団のメンバーとして疑わしいが，具体的根拠がなかった。しかし，階級闘争に関する観念が弱くて，反革命集団を庇った過失だった』」と言った。しかし，これらのことは「文化大革命」の時期に，劉国卿氏が 2 回も繰り返し「反革命分子」とされた「根拠」になった。

　1964 年の夏休みに，アイマッグ工作組と後旗公検法組及び一中の党支部，団総支部によって，もう一つの「民族分裂活動」が摘発された。すなわち，一中の化学課程の教師である包俊卿であった。包俊卿氏は，1958 年，蘭州師範大学

内モンゴル東部地域における教育の一考察

の学生として在籍していた時期に,「心に思っていることを党に吐き出す(向党交心運動)運動」の際,「私が走り幅跳びをすれば,内モンゴルからモンゴル国の国境まで行ける」と言ったことがあったそうだ。このことが1964年になって,「階級闘争」の「根拠」とされ,包俊卿氏は「民族分裂活動者」と見なされ,走り幅跳びをすることによって「逃走」する動機とされ,拷問された[28]。このように,教師たちに対して当局のイデオロギーと異なる人々の粛清が始まった。

4　ラントゥー氏へのインタビュー

　2010年10月に,筆者はラントゥー氏にインタビューした。彼は,「今までに共産党の良い面は私に見えなかった」と言い,何十年もの間,誰にも言えなかった心に溜まった無実の罪を着せられた事を思い出し,やりきれない思いをして,窓の外をじっとみつめていた[29]。彼は「当局は私に『自分の過失と思いを詳しく報告せよ』と,強制的な命令を下した。しかし,私は皆の前で,舞台に出て行って,『私には過失は一切ない。今,自分もそう思っている』と発言し,過去のことを否定しないように明確に述べた」と語った[30]。

　1964年8月に,彼は統一試験の結果も見ることなしに,一中の党支部と旗委により,強制的に故郷へ帰らされ,労働改造に参加させられた。故郷に帰ってから,地元の大隊書記(村の党支部書記)により,民族問題が原因でしばしば村幹部会議に「批判される」対象になり,拷問されたり,拷責されたりした。彼は「このような事が絶え間なく続き,1966年になって,さらに厳しく批判されてきた」と言った。1968年2月27日に,彼は郵便局の職員であるツッゲ氏と結婚したが,3月10日に妻のツッゲ氏も後旗委に呼ばれ,「内人党の民族分裂分子」として逮捕され,手錠をかけられて,他の人々と一緒に「内人党隊伍」に連行された。その一方,ツッゲ氏は,ラントゥー氏と結婚したせいで,同年の5月に郵便局の仕事を停職になった。当時の事について,ラントゥー氏は,「私と一緒に『内人党』と名付けられた人物の中に,1964年に後旗の党委書記であったバートル・サン氏もあった。彼は,後旗党委のトップの人物になり,全旗の幹部らを指揮し,その時(1964年)私たちを『民族分裂集団』と名付けていたのに,1968年になると,私と一緒に『内人党』になった。更に,彼は我々の行列の一番前に並ばせられて,『内人党』の隊伍を示しているように黒色の旗を背負って,皆で遊街[31]された。街や会議場で私の頭と上半身を下に引き吊り,足にまで汗が流れ,両方の足の感覚が麻痺し,大小便することも無感覚になった。監獄に入れられ,外国との連絡があると言う理由でも,殴られたり,蹴られた

191

写真3 劉国卿氏（左2），ラントゥー氏（左4），（ラントゥー氏が提供）

りして，お正月を過ごして，1969年の6月に釈放され，家へ帰された。監獄で蹴られたことにより，一つの肋骨が折れ，いまだに突出しているままである」と言いながら，肋骨を筆者に見せた。そして，家へ帰ってから，厳しく労働改造を受けながら，折られた肋骨や病気を治療するお金がないため，医療知識を自習してきた。1978年に村で「赤脚医生（医者）」になり，翌年（1979年）に公社の学校で，「民弁教師」(牧畜区や農村における学校の教師）として，従事した。

5 公文書での「ラントゥー氏」

1964年6月9日に，後旗公安局は一中に対して行った捜査の内容を，それぞれジリム・アイマッグ公安処一課と，旗委へ報告した。その「報告」の公文書は，「ガンジガ中学における包俊清氏[32]をボスとする民族分裂集団に関して，新しい手がかりが見つかった状況の続き」[33]であり，以下のように記述されている。

(1) 1964年5月22日，一中の団総書記の反映によると，5月20日，高三・二班の生徒であるツァガン・ショブー氏の申込んだ「入団申請予備表」が団委からの審査で認められなかった。指導者が彼と相談する際，彼はラントゥー氏をボスとする小組織に参加し，何回も密謀し，卒業した後，外モンゴルへ亡命すると計画したことなどを述べた。そして，ツァガン・ショブー氏の自首したことを分析し，研究した上，その情報を基本的に信頼があると認識した。

内モンゴル東部地域における教育の一考察

写真4　ラントゥー氏に与えた「障害者証書」(ラントゥー氏提供)

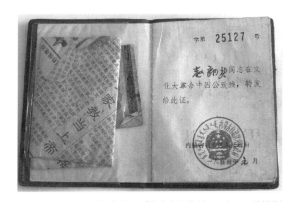

写真5　ラントゥー氏に与えた「障害者証書」(ラントゥー氏提供)

　(2) ツァガン・ショブー氏の報告では，「高二になって，民族の意欲と気持ちが高まり，モンゴル人を統一させることに関しても議論して，漢人をモンゴル地方から追い出すなどのことも議論していた。先生であるアモル・ジリガラ氏が授業中に，『周恩来総理がモンゴル国の総理と談判する際，もしソ連がブリヤードモンゴルをモンゴル国に返すならば，我々も内モンゴルをモンゴル国へ返す』」と言った。そのため，内モンゴルは，ただモンゴル国と合併してこそ，生活が良くなると言う提唱をしていた。内モンゴル地域で，漢人が日増しに増えて，権力を掌握しているがゆえ，モンゴル人には，職があるのに権利がない。現在は，モンゴル人が漢人によって同化される危険が及んでいる。とくに，修正主義の反対する文献を学習して以降，ラントゥー氏などは修正主義者の放送

193

局の宣伝を聞いて，フルシチョフ氏の論じることが理に適っていることが分かった。例えば，『中国人は現在，1本のズボンを5人で共用している』と言った言葉もあった。毎年，一人当たりの布票[34]は 6.5 尺であり，5人の布票をあわせて，ようやく1人の服がつくれる。綿花も足りないものを，なぜフルシチョフ氏の話に反対するのか。実は，フルシチョフ氏の方が正しいのである。5月〇日，ラントゥー氏が会議を主催して，彼がモンゴル語を，デゲジルフ氏とトメン・ジルガラ氏が物理学を，マンダ氏が体育を，ツァガン・ショブー氏が医学をそれぞれ研究するように計画した。ともに，学内で生徒を説得し，組織を拡大し，卒業して以降通遼市やガンジガで集まって，チャンスがあったら外モンゴルへ行くつもりである」と言った。

（3）ツァガン・ショブー氏は，「モンゴル人の利益のために努力して結党するために，党の綱領を準備し，組織があって，指導者があっての活動をする。モンゴル人を独立させることに貢献することこそ，価値がある人生であると認識した」と言った。要するに，各自が任務を分担し，活動をするようになった。

（4）彼らは民族を分裂させ，集団的にモンゴル国へ逃亡する可能性がある。しかし，包氏と劉氏二人の教員は，確かに民族意識が強いため，期せずして一致した可能性がある，生徒と教師が聯合して集団的案件になる可能性がある。今後は専ら指導的な人物を派遣し，徹底的に明らかにすること，などのことが書かれている。

後旗公安局は，翌年に「1964 年における事務終結報告」[35] と，この「案件」をまとめた結果を旗委と上級党委へ報告した公文書で，「1964 年に，我が旗に5個の政治的案件が発生した。その内，民族分裂集団案件が2件，反革命階級的復讐案件が2件，反動的スローガンが1件であった。関連した人々は 58 名で，その中，主要なメンバーが 14 名である。この内，人民警察が1人，軍人が1人，生徒が8名，医務学員が1名，新たに生じた問題のある人物とされた者が1名，歴史的な反革命者が1名，新たに発見された反革命者が1名であった。彼らの1人を逮捕し，1名を拘留し，2名を外地に処分し，7名を批判闘争して，1名を批判教育した。とくに，処分した2件の民族分裂集団案件は，共産党と人民に反対して，祖国の統一と民族団結を破壊する反動的綱領があり，モンゴル革命党を組織し，内・外モンゴルを合併するために，一代で出来なければ，何代に渡っても闘争していくことであった。とくに，ラントゥー氏を主とした案件に

194

ついて，アイマッグの党委と旗委の指導で，各方面の機関がよく協力した結果，
20 日間の期間で効果をあげたのである」と示されている。公文書では，ラン
トゥー氏を「民族分裂案件」のボスとして定義している上，黒板に書かれたス
ローガンは，「反革命的」内容になり，高校生たちが議論したことが党委や団総
支部によって，摘発され，公安局に「反革命，民族の団結を破壊する，祖国の
統一を分裂する」などと公安局に都合よく定義され，迫害を加えられたのであっ
た。その上，旗委は，検査院と裁判所など法制機関の決議もなしに，ラントゥー
氏を「民族分裂案件」の「主犯」と定義し，後旗及びジリム・アイマッグに通
報した。

6 「案件」と文化大革命のつながり

　ラントゥー氏は，1964 年の 8 月に故郷へ帰らされて，労働改造に参加させら
れた。だが，2 年もたたない 1966 年 6 月になると「文革」の大渦中に巻き込まれた。
　後旗における「文化大革命」は，一中から始まった。1966 年 6 月 18 日に，全
校の 18 個のクラスが授業を停止し，「文化大革命運動」に参加し，学校党支部の
指導で，物理学と化学の実験室を中心として，壁新聞（大字報）を貼りだした。
6 月 23 日から，全体の党員と「積極分子」たちが署名した「2001 号」と言う壁
新聞が貼り出され，副教務主任であるヤンツェン・ジャブ氏を猛烈に攻撃し，
また包徳氏と包俊卿氏がひどい目にあわせられ，すべての教師と職員，及び旗
の直属機関のすべての幹部らが参加させられた。そして，ヤンツェン・ジャブ
氏，包徳氏，包俊卿氏ら 3 人の教師を隔離審査することが公布された。のちに，
後旗党委は，一中へ工作組を派遣し，公安局は，専ら案件組を派遣し，教師と
生徒との中に「存在」する「民族分裂主義分子」，「反革命分子」，「牛鬼蛇神」を
探し出すことになった。後旗党委と公安局は，この目的を達するために，一中
の教師と生徒たちを学校に 120 日間，閉じ込め，249 人が「反革命分子の牛鬼蛇
神」にされて，11 名の教師が「民族分裂分子」にされた[36]。劉国卿氏は，その
11 名に含まれ，主な罪名は「1964 年，高 2 の 2 クラスにおける『民族分裂集団』
を庇い通した」ことであった。その故に，「民族分裂案件」が再び「探し出され」，
故郷で苦しく「労働改造」を受けていたラントゥー氏が逮捕され，大衆専政委
員会（群専）によって監視され，拷問され，刑務所に入れられた。
　その次，党委の「紅衛兵」が一中で造反をおこない，「民族分裂集団」に関連
する人物を探し出すために，学校の教室や実験室など教育設備を破壊した。そ
の一方，軍隊が駐屯した。このような恐怖的雰囲気が 2 年間も続き，1968 年から，

一中の「内モンゴル人民革命党（内人党）」を探し出す運動が始まって，教師と職員たちを「学習班」に参加させ，「内人党」と「戦う」ことになった。1969年1月4日，後旗革命委員会は，一中と言う学校名を取り消しにし，一切の財産，職員，教師，教室などが「五・七幹部学校」にされ，教師や職員たちが「内人党」を探し出す政治闘争に参加させられるようになった[37]。劉国卿氏は，「会議は，1969年2月3日から始まり，2日間行なわれた。そして継続して17時間の『内人党を促して投降させる大会議』によって，人々が強制的に『反革命者』，『内人党』分子にされた。私もその一人だった」と語った[38]。

　そして，一中の50年間の歴史で，何回かの「民族分裂案件」以外に，文化大革命が始まった途端に，もともとの「民族分裂集団」を探し出し，11名の教師と249名の生徒を「民族分裂分子」として，無実の罪を着せ，「反革命」分子と「牛鬼蛇神」分子として拷問した。そして，教師と職員の70%を占める42名の人々が「内人党」として摘発された。その故，教室や学校は，犯人を入れる刑務所になった。その後，「ガンジガ中学校」と言う誇るべき名前が強制的に「五・七幹部学校」に変えられ，教師と生徒が「工人宣伝隊」と「幹部宣伝隊」に替わり，10年間に渡り「打ち，破り，奪う」混乱に巻き込まれた[39]。

　1978年の末になって，当局から次から次へと「落実政策」の公文書が出され，1979年に，後旗及びジリム・アイマッグは，吉林省から再び内モンゴル自治区に属することになり，既に繰り返し粛清を受けた一中がジリム・アイマッグの「重点的な中学校」として認められた[40]。劉国卿氏は「民族分裂案件」を上訴したが，返事はなかった。ラントゥー氏らの「民族分裂分子」と言う「帽子」は外されたが，一般の人たちのラントゥー氏に対してのイメージはまだ「民族分裂案件」のボスとして続いている状態であった。

おわりに

　当事者であり，一中の歴史にも詳しいエミン・ウンドル氏は「一つの迫害を受けた事件は，1964年に発生した『民族分裂集団』を探し出した事件である。学校の庭に，警察と軍隊が駐屯し，旗委や政府の人物らが行ったり来たりして，騒動を起こし，白色テロの雰囲気であった。そして，20日間に，昼夜を分かたずに会議を行ない，大きな声で批判させ，事実と嘘を交ぜ，最後に，まだ子供である我々の仲間からラントゥー氏，マンダ氏，トメン・ジリガル，デグジリフー氏，ノルブ氏などを『民族分裂集団』の主犯として，罪を着せた。のちに

全旗の幹部会議で，彼らを批判し，労働改造を受ける対象として農村へ還らせた。その結果，彼らの理想が失われ，一生の元気が無くなった。実は，彼らは，我々のエリートであり，モンゴル民族を愛する，卓越した人物である。彼らは，自分の理想を民族の運命と結びつけながら，『モンゴルのために』，『モンゴルを新興させるために』努力する青年たちであった」[41] と，評価し，とくに，下線の箇所で，ラントゥー氏と彼らの仲間たちの事を分析して評価した。

1964 年に一中の生徒たちを「民族分裂集団」と定義した一中党総支部と旗委のトップの人物であったバートル・サン氏も，1968 年に「内人党」のメンバーとして，拘禁されたり，拷問されたり，「五・七幹部学校」に参加させられたり，厳しく労働改造を受け，ラントゥー氏たちと一緒に迫害された。この事実から見れば，共産党中央委員会と中共内モンゴル自治区委員会の目的は，ただ社会主義や共産主義に反対した者に対する粛清だけでなく，異民族に対して，とくにモンゴル人に対しての精神的な粛清と肉体的な苦難を与えたことが分かる。これについて，劉国卿氏は，「ラントゥー氏と私は，『民族分裂集団案件』に関わって批判され迫害された。しかし，1966 年の末になると，『反動路線』が起こって，我々を批判し圧迫した人物たちが倒されて，逆に他の人々に批判されるようになった。更に，我々は逆に『造反』し始め，『紅衛兵』たちが，彼らを批判して，我々を『徹底的に見直した』。そして，1968 年になって両方とも批判された」[42] と語った。「案件」の主な流れと筋を分析すると，これは文化大革命の準備作業であると考えられる。

「案件」は，政治制度だけの問題であるならば，漢人社会の中学校にも「民族分裂案件」が出てくるはずだ。だが，一貫して漢人社会や漢人学校の中では，「民族分裂」と言う案件が 1 回も発生しなかったのである。本来，ラントゥー氏と後旗党委の書記であったバートル・サン氏は，異なる階級の代表者として，両者がお互いに戦っていた。しかし，「内人党」を探し出す時には，この 2 人が例外なく「内人党員」として，同時に迫害された。このケースを見れば，2 人ともモンゴル人であったことが主な原因であると考えられる。この「案件」が発生した以後，東部地域の教育は，従来のモンゴル・アイデンティティを失い，徐々に社会主義・共産主義化され，とくに中国共通の教科書の使用によって教育の基本的思想が変わるようになった。

政治的背景によって当局により作り上げられたこの「案件」は，後旗だけで発生した問題ではなく，他の旗やアイマッグ及びフフホト市でも，しばしばこのような「案件」が発生していた。この「案件」は，他の地域で行なわれた多

数の「案件」の典型的な「民族分裂集団案件」である。「案件」の具体的な詳細を明らかにしたことから，内モンゴル地域とチベット地域及びウイグル地域で発生したその他の「民族分裂案件」とは何かをも理解することに手掛かりを与え，それを通じて，中国の「民族案件」の本質を理解することに大きな役割を果たすことになろう。

註

1　本論文で言う「教育」は，中国で「民族教育」と言われている。すなわち，内モンゴルなど中国領内でおこなわれたモンゴル人に対する教育をさす。

2　「中国民族区域自治50年」課題組『中国民族区域自治50年』（内蒙古人民出版社，1997年，pp. 327-328）。

3　Öbör Mongɣol-un Öbertegen ǰasaqu Orun-u Čöken Toɣatu Ündüsüten-ü Surɣan Kümüǰil-ün Sudulah Qural, *Ündüsüten-ü Surɣan Kümüǰil-un tuqai Ögülel-ün Tegübüri*, Öbör Mongɣol -un surɣan kümüǰil-ün keblel-ün qoriy-a, 1987, p.1（内モンゴル自治区少数民族教育研究学会『民族教育論文集』内モンゴル教育出版社，1987年，p.1）。

4　予樹全「輝煌五十年」（包文正，那達木徳『甘旗卡第一高級中学：輝煌五十年』甘旗卡，2008年，p.1）。

5　中共科左後旗人民政協委員会『科左後旗文史資料』（第6輯，2005年，pp. 442-450）。

6　巴根那『科左後旗誌』（内蒙古人民出版社，1993年，pp. 727-728）。

7　同上　（p. 728-730）。

8　博和，薩音『博彦満都生平事略』（内蒙古大学図書館，1999年，pp. 60-64）。

9　特木巴拉「東科後旗喇嘛学校」内蒙古自治区委員会文史◇料委員会『偽満興安史料』（[『内蒙古文史資料』第34集] 内蒙古政－≠文史和学習委員会，1989年，pp.138-139）。

10　予樹全，前掲「輝煌五十年」（p. 1）。

11　劉国卿『楓葉紅了』（京華出版社，2002年，pp. 73-74）。

12　「中央，華北局，内蒙，哲盟委，関予在農村中開展“三反”運動的指示，批転天津市委関予深入開展城市糧食三反運動的報告和有関試点材料通知，簡報」，公文のタイトル「中央関予在農村中開展“三反”運動的指示」（中発 [60] 452号，1960年5月15日。中共中央弁公庁机要室，1960年5月18日発布。科左後旗档案局（ホルチン左翼後旗档案局）文書，旗委档案（長期）第194巻，pp. 2-7）。

13　同上。

14　「転発内蒙古党委三反領導小組関予『三反』運動中若干問題的意見」（[60] 旗212，1960年6月28日，同上，pp. 95 ～ 100）。

15　同上　（pp. 1-3）。

16　「内蒙古党委，弁公庁：関予印発烏蘭夫検査要点，自治区党委歴次検査匯集，自治区人代会政府工作報告，印発三個重要参考資料的通知」。公文のタイトル「批転内蒙古党委

宣伝部関予在農村牧区継続深入開展社会主義教育的意見」（[62] 旗 016，内蒙古党委弁公庁秘書処，1962 年 1 月 29 日印発。科左後旗档案局［ホルチン左翼後旗档案局］文書，旗委档案［長期］第 275 巻，pp. 19-21）。

17　同上。公文のタイトル「関予今冬明春開展農村整風整社工作的通知」（[62] 旗 159［秘密］，1962 年 12 月 27 日）。

18　「七個国営農・牧・林場評級站隊工作転正的通知，増設机構的通知，甘旗卡小学為旗直実験小学的通知，対高永生処分問題的決定」，公文のタイトル「関予対一九六三年報考高等学校的考生進行政治審査的通知」（[63] 教高字第 34 号［機密］，内蒙古自治区教育庁，公安庁，民政庁，人事局，1963 年 4 月 2 日。科左後旗档案局［ホルチン左翼後旗档案局］文書，政府档案［永久］第 131 巻，pp. 19-21）。

19　「中共科左後旗委社会主義教育弁公室関予以四清為綱的社会主義試点工作終結報告」（中共科左後旗委社会主義教育弁公室，1963 年 11 月 21 日。科左後旗档案局［ホルチン左翼後旗档案局］文書，公検法档案［永久］第 240 巻，pp. 23-32）。

20　「批転旗委粛反清理領導小組"関予正個旗反清理工作的具体計画"」（[64] 2 号，中共科左後旗委員会，1964 年 1 月 24 日。科左後旗档案局［ホルチン左翼後旗档案局］文書，公検法档案［永久］第 240 巻，pp. 33-41）。

21　包文正，那達木徳，前掲『甘旗卡第一高級中学：輝煌五十年』（pp.47-48）。

22　2009 年 9 月，ホルチン左翼後旗に行われた現地調査。筆者がラントゥー氏に対するインタビューによる。

23　劉国卿，前掲『楓葉紅了』（pp. 76-77）。

24　同上（p. 49）。

25　閻天倉『科左後旗文史資料』（科左後旗人民政協委員会編集，2005 年，pp. 523-524）。

26　同上（p. 524）。

27　同上（pp. 525-526）。

28　劉国卿，前掲『楓葉紅了』（p. 88）。

29　2009 年 10 月 2 日，ラントゥー氏に対するインタビューによる。

30　同上。

31　中国語で「遊街」と書く。文化大革命時期に，党支部によって行なわれる「犯人」を村や町の道路で，往復に行ったり来たりさせ，群衆に対して懲戒する懲罰である。

32　実は「包俊卿」氏のことであった。公安局の秘書が「包俊清」と記録していた。本当の名前は「包俊卿」である。

33　「旗公安局関予警衛的終結報告及政保工作的終結報告」，公文のタイトル「科左後旗公安局関予甘中以包俊清為首民族分裂集団線捜新発見情況的続報」（[1964 年］後公偵字第六号，1964 年 6 月 9 日。科左後旗档案局［ホルチン左翼後旗档案局］文書，公検法档案［永久］第 229 巻，pp. 111-115）。

34　中国での綿布配給切符。中国のいわゆる「計画的経済」の時代に，綿の布地や衣服を購入する際に代金とともに渡す配給切符。1984 年まで，「布票，綿票，線票，糧票」を使用していた。

35　「旗公安局関予警衛的終結報告及政保工作的終結報告」，公文のタイトル「科左後旗公

安局一九六四年政保工作終結報告」（1965 年 2 月 15 日。科左後旗档案局［ホルチン左
翼後旗档案局］文書，公検法档案［永久］第 229 巻，pp. 47-46）。

36　劉国卿，那達木徳『甘旗卡一中誌（1958-1997)』(附「『三起民族分裂案』始末」甘旗卡，
　　　2008 年，pp. 295-298)。

37　劉国卿『艱難的経歴，不渝的追求』（私家版，出版年なし)。科左後旗人民政協　主編「科
　　　左後旗文史資料」第六輯，526 ～ 527 頁。

38　同上書，527 頁。

39　包文正，那達木徳，前掲『甘旗卡第一高級中学：輝煌五十年』(pp.179)。

40　中共科左後旗人民政協委員会，前掲『科左後旗文史資料』(p. 528)。劉国卿，前掲『艱
　　　難的経歴，不渝的追求』。

41　同上（p. 178)。

42　同上（p. 526)。劉国卿，前掲『艱難的経歴，不渝的追求』。

参考文献

（日本語）

宋永毅編，松田州二訳『毛沢東の文革大虐殺』（原書房，2006 年)。

ペマ・ギャルポ『チベット入門』（[改訂新版］日中出版，2000 年)。

ペマ・ギャルポ『中国が隠し続けるチベットの真実 —— 仏教文化とチベット民族が消滅す
　　　る日』（扶桑社，2006 年)。

ボルジギン・フスレ『中国共産党・国民党の対内モンゴル政策（1945 ～ 1949)：民族主義
　　　運動と国家建設との相克』（風響社，2011 年)。

ボルジギン・フスレ「内モンゴルにおける文化大革命直前の政治状況についての一考察
　　　—— 内モンゴル大學における『民族分裂主義分子』批判運動を中心に」『学苑』（第
　　　811 号，2008 年)。

楊海英『モンゴル人ジェノサイドに関する基礎資料（4)：毒草とされた民族自決の理論 -』
　　　（風響社，2012 年)。

（モンゴル語)

Öbör Mongɣol-un Öbertegen jasaqu Orun-u Čöken Toɣatu Ündüsüten-ü Suryan Kümüjil-ün Sudulah
　　　Qural, *Ündüsüten-ü Suryan Kümüjil-un tuqai Ögülel-ün Tegübüri*, Öbör Mongɣol -un suryan
　　　kümüjil-ün keblel-ün qoriy-a, 1987（内モンゴル自治区少数民族教育研究学会『民族教育論
　　　文集』内モンゴル教育出版社，1987 年)。

（中国語)

阿拉騰徳力海『内蒙古挖粛災難実録』（私家版，呼和浩特，1999 年)。

巴根那『科左後旗誌』（内蒙古人民出版社，1993 年)。

博和，薩音『博彦満都生平事略』（内蒙古大学図書館，1999 年)。

包文正，那達木徳『甘旗卡第一高級中学：輝煌五十年』（甘旗卡，2008 年)。

内モンゴル東部地域における教育の一考察

曹永年『内蒙古通史』(内蒙古大学出版社, 2009 年).

徳勒格, 烏雲高娃『内蒙古喇嘛教近現代史』(遠方出版社, 2004 年).

黄奮生『蒙蔵新誌』([上] 中華書局, 中華民国 27 [1938 年]).

科左後旗档案局「政府档案」(1946 年〜 1982 年).

科左後旗档案局「旗委档案」(1946 年〜 1982 年).

科左後旗档案局「公検法档案」(1963 年〜 1982 年).

科左後旗誌編集委員会『科左後旗誌(1650 〜 1988 年)』([内蒙古地方誌叢書] 内蒙古人民
　　出版社, 1993 年).

科左後旗誌編集委員会主編『科左後旗誌(1989 〜 2007 年)』(内蒙古文化出版社, 2008 年).

劉国卿, 那達木徳『甘旗卡一中誌(1958-1997)』(附「『三起民族分裂案』始末」)(甘旗卡,
　　2008 年).

劉国卿『艱難的経歴, 不渝的追求』(私家版, 出版年なし).

劉国卿『楓葉紅了』(京華出版社, 2002 年).

内蒙古自治区档案館『中国第一個民族自治区誕生档案史料選編』(遠方出版社, 1997 年).

施聯朱『施聯朱民族研究文集』(民族出版社, 2003 年).

特木巴拉「東科後旗喇嘛学校」内蒙古自治区委員会文史◇料委員会『偽満興安史料』([『内
　　蒙古文史資料』第 34 集] 内蒙古政 − ≠文史和学習委員会, 1989 年).

烏蘭夫研究会編『烏蘭夫論民族工作』(中共党史出版社, 2013 年).

閻天倉『科左後旗文史資料』(科左後旗人民政協委員会編集, 2005 年).

「中国民族区域自治 50 年」課題組『中国民族区域自治 50 年』(内蒙古人民出版社, 1997 年 .

中共科左後旗人民政協委員会『科左後旗文史資料』(第 6 輯, 2005 年).

.

執筆者紹介 （掲載順）

坂東眞理子 （Bando Mariko）
  昭和女子大学理事長・学長・教授
田中克彦 （Tanaka Katsuhiko）
  一橋大学名誉教授
林伸一郎 （Hayashi Shinichirou）
  在モンゴル日本大使館参事官
G. ミャグマルサムボー （G. Myagmarsambuu）
  モンゴル科学アカデミー歴史・考古学研究所教授
ボルジギン・フスレ （Husel Borjigin）
  昭和女子大学人間文化学部国際学科准教授
ソルヤー （索麗姫, Suruy-a）
  東京外国語大学大学院総合国際学研究科博士後期課程
青木雅浩 （Masahiro Aoki）
  早稲田大学文学学術院助教
湊　邦生 （Kunio Minato）
  高知大学教育研究部総合科学系地域協働教育学部門准教授
シバウチン・チョロモン （Shubuuchin Cholmon）
  桐蔭横浜大学大学院法学研究科
池部尊則 （Takanori Ikebe）
  在モンゴル日本大使館専門調査員
泉田浩子 （Hiroko Izumita）
  昭和女子大学人間文化学部国際学科学生
髙橋　梢 （Kozue Takahashi）
  東京外国語大学大学院・日本学術振興会特別研究員
ノルジン・ドラムジャブ （Norjin, Dulamjav）
  モンゴル国立教育大学国際交流部長
井場麻美 （Asami Iba）
  東北大学大学院教育学研究科教育設計評価専攻博士前期課程
ボヤント （Sedorjiin Buyant）
  桐蔭横浜大学大学院法学研究科

編者紹介

ボルジギン・フスレ(Husel Borjigin)

1989年北京大学哲学部卒。2006年東京外国語大学
大学院地域文化研究科博士後期課程修了、博士(学
術)。

現在、昭和女子大学人間文化学部国際学科准教授。

主な業績:『中国共産党・国民党の対内モンゴル政
策(1945〜49年)──民族主義運動と国家建設との
相克』(風響社、2011年)、共編著『20世紀における
モンゴル諸族の歴史と文化──2011年ウランバー
トル国際シンポジウム報告論文集』(風響社、2012
年)他。

日本・モンゴル関係の近現代を探る　国際関係・文化交流・教育問題を中心に

2015 年 8 月 10 日　印刷
2015 年 8 月 20 日　発行

編　者　ボルジギン・フスレ

発行者　石　井　　雅

発行所　株式会社　風響社

東京都北区田端 4-14-9 (〒 114-0014)
℡ 03(3828)9249　振替 00110-0-553554
印刷　モリモト印刷

Printed in Japan　2015　© Husel Borjigin　　ISBN978- 4-89489-806-6 C3022